职业教育旅游类专业升级与数字化改造系列教材

研学旅行基础

朱丽男 石媚山 主 编

孟凤娇 田张珊 迟庆红 张 震 刘 珮 李 颖 副主编

清华大学出版社
北京

内容简介

本书秉承教、学、做一体化课程设计理念，强调将研究性学习教育和旅行体验相结合，以"项目式"解决以往"基础"类教材说教的问题，设计"认识研学旅行""设计中小学生研学旅行课程""组织研学旅行活动""运营研学旅行基地""研学旅行安全保障与管理"五个项目以及一个"实战案例"项目，汇编各类经典案例、规范表格、政策文件，让读者在了解研学旅行概况，掌握研学活动组织与实施、基地运营与管理能力的同时，还能具备研学课程设计与授课的能力，具有较强的适用性和前沿性。其中，"实战案例"项目以电子活页的形式呈现出来，以便于读者阅读使用，同时，我们也会及时更新相关案例。

本书为校企合作研发教材，联合企业、协会、院校等专家和骨干教师组成编写团队；注重信息化技术在开发中的应用，重点知识点配有微课视频；编写内容与1+X职业类证书融通，为研学旅行策划与管理职业技能等级证书和研学旅行课程设计与实施职业技能等级证书的前序学习教材。

本书封面贴有清华大学出版社防伪标签，无标签者不得销售。
版权所有，侵权必究。举报：010-62782989，beiqinquan@tup.tsinghua.edu.cn。

图书在版编目（CIP）数据

研学旅行基础 / 朱丽男，石媚山主编 . — 北京：清华大学出版社，2023.3（2024.8 重印）
职业教育旅游类专业升级与数字化改造系列教材
ISBN 978-7-302-63136-1

Ⅰ.①研… Ⅱ.①朱… ②石… Ⅲ.①教育旅游—职业教育—教材 Ⅳ.① F590.75

中国国家版本馆 CIP 数据核字（2023）第 044118 号

责任编辑：聂军来
封面设计：刘　键
责任校对：袁　芳
责任印制：杨　艳

出版发行：清华大学出版社
　　　　　网　　址：https://www.tup.com.cn, https://www.wqxuetang.com
　　　　　地　　址：北京清华大学学研大厦A座　邮　编：100084
　　　　　社 总 机：010-83470000　邮　购：010-62786544
　　　　　投稿与读者服务：010-62776969, c-service@tup.tsinghua.edu.cn
　　　　　质量反馈：010-62772015, zhiliang@tup.tsinghua.edu.cn
　　　　　课件下载：https://www.tup.com.cn, 010-83470410
印 装 者：三河市龙大印装有限公司
经　　销：全国新华书店
开　　本：185mm×260mm　　印　张：17.75　　字　数：354 千字
版　　次：2023 年 4 月第 1 版　　印　次：2024 年 8 月第 3 次印刷
定　　价：56.00 元

产品编号：094938-02

习近平总书记在主持中央政治局第三十四次集体学习时强调,发展数字经济是把握新一轮科技革命和产业变革新机遇的战略选择。《中华人民共和国国民经济和社会发展第十四个五年规划和2035年远景目标纲要》提出,迎接数字时代,激活数据要素潜能,推进网络强国建设,加快建设数字经济、数字社会、数字政府,以数字化转型整体驱动生产方式、生活方式和治理方式变革。党的二十大报告指出,推进教育数字化,建设全民终身学习的学习型社会、学习型大国。这些都表明,数字化转型是世界范围内教育转型的重要载体和方向,以数字化转型推动职业教育的创新发展是新时代赋予职业院校的历史使命,也是职业教育主动贯彻国家战略,服务经济社会数字化转型的必然选择。

2021年,教育部印发的《职业教育专业目录(2021年)》从专业名称到内涵全面进行数字化改造。2022年,教育部发布的《职业教育专业简介》突出了职业岗位能力培养,更新了课程体系,升级了专业内涵。在《职业教育专业目录(2021年)》中,旅游大类下分别设置了旅游类和餐饮类两个小类,其中旅游类又设置了旅游管理等13个专业。在新时代、新产业、新目录、新简介、新标准下,如何实现旅游类专业升级和数字化改造成为旅游职业教育高质量发展的重大课题。

青岛酒店管理职业技术学院作为参与《职业教育专业目录(2021年)》和《职业教育专业简介》(2022版)研制的单位之一,依托"双高计划"建设的有利契机,积极探索专业升级和数字化改造的路径与方法,将纸质教材的数字化改造作为推进专业升级和数字化改造的重要内容。学校坚持践行立德树人根本任务,适应新时代技术技能人才培养的新要求,服务经济社会发展、产业转型升级、技术技能积累和文化传承创新,牵头打造了职业教育旅游类专业升级与数字化改造系列教材。本系列教材具有以下特点。

一是强化课程思政,以习近平新时代中国特色社会主义思想为指导,在教材编写过程中充分融入中华优秀传统文化,引导学生树立正确的世界观、人生观和价值观。

二是突出校企双元开发，兼顾理论，强调实践，满足不同学习方式需求，注重以典型工作任务、案例等为载体组织教学单元，融入相关"1+X"职业技能等级证书标准。

三是注重数字化资源融入，面向教师"教"、学生"学"和教学做一体化，教材中以二维码的形式，大量融入微课、动画、案例、表格、电子活页等，同时还有大量面向新技术、新产业、新业态、新模式的原创性数字化素材。

四是关注教师数字化素养提升，通过习题、案例、讨论、实操等方式引导教师从数字化意识、数字技术知识与技能、数字化应用、数字社会责任以及专业发展五个维度积极拥抱数字化，助力教师的教学。

感谢所有参与教材的主编和编写成员，他们都是旅游职业教育领域的佼佼者；感谢清华大学出版社的大力支持，经过多轮的研讨最终确定了这些选题确保这套教材的顺利出版。"人生万事须自为，跬步江山即寥廓"，希望通过我们的一点探索，能够为旅游职业教育的发展贡献一份绵薄之力，希望通过我们的一点努力，能够为文旅产业这个幸福产业的发展添砖加瓦。

青岛酒店管理职业技术学院文旅学院院长
石媚山
2023 年 2 月

前言

2021年以来，国家相关部门积极推动研学旅行发展。国务院《"十四五"旅游业发展规划》指出"推动研学实践活动发展，创建一批研学资源丰富、课程体系健全、活动特色鲜明、安全措施完善的研学实践活动基地，为中小学生组织研学实践活动提供必要保障及支持"。《"十四五"文化和旅游发展规划》提出"开展国家级研学旅行示范基地创建工作，推出一批主题鲜明、课程精良、运行规范的研学旅行示范基地"，目前各地正推进落实相关规划的实施。2022年6月，人力资源和社会保障部正式向社会发布研学旅行指导师新职业信息。行业的快速发展产生了巨大的人才需求，从客户端看，2021年我国中小学生在校生规模1.9亿人以上，对服务中小学生团队的研学旅行指导师的需求已达到较大规模。此外，大学生研学、亲子研学、老年研学以及大众个性化研学等新兴市场蓬勃发展，对专业化研学旅行指导师人才的需求量日益扩大。党的二十大报告更是提出，要用好红色资源，深入开展社会主义核心价值观宣传教育工作。研学旅行是深化爱国主义、集体主义、社会主义教育的有效措施之一。

青岛酒店管理职业技术学院是"双高计划"建设单位，是全国首批开设研学旅行管理与服务专业的院校之一。学校率先成立全国第一个省级研学旅行研究院，牵头制订教育部、文化和旅游部委托的研学旅行管理与服务专业国家教学标准，起草全国研学旅行基地建设与服务规范国家标准。与青岛市文化和旅游局联合推动的"青岛市研学旅游体系构建"项目荣获山东省人民政府颁发的山东省文化创新奖，为推动青岛市研学旅行产业发展作出了突出贡献。近年来，学校研学旅行管理与服务专业荣获国家级成果4项、省部级成果23项，牵头出版国内首套研学旅行管理与服务专业教材，建设成国内首个研学旅行管理与服务专业教学资源库，引领了全国研学旅行职业教育的发展，为撰写这本教材奠定了坚实的基础。

本书紧密围绕典型职业活动和工作任务，紧密对接研学旅行指导、安全管理、计调、智慧营销、基地运营、课程设计、产品开发、数字化发展等工作的新要求，有效支撑企业对职工素质能力需求的变化。秉承教、学、做一体化课程设计理念，强调将研究性学习教育和旅行体验相结合，围绕安全、课程化、复合型人才培养、基地运营等研学行业、企业最关注的问题，以"项目式"解决以往"基础"类教材说教的问题，围绕组织实施研学活动和课程、设计研学主题和产品包装模式、运营与维护研学旅行基地、设计主题研学课程内容、策划开发研学产品等典型工作任务，融合"教育+旅游"的优势和特色，设计"认识研学旅行""设计中小学生研学旅行课程""组织研学旅行活动""运营研学旅行基地""研学旅行安全保障与管理"五个项目以及一个"实战案例"项目，汇编各类经典案例、规范表格、政策文件，让学生在掌握研学活动组织与实施、基地运营与管理能力的同时，还能具备研学课程设计与授课的能力，具有适用性和前沿性。其中，"实战案例"项目以电子活页的形式呈现出来，以便于读者阅读使用，读者可以扫描前言下方的二维码学习使用，同时我们也会根据教学需要及时更新相关案例。

本书为校企合作研发教材。联合华南师范大学、华东师范大学、中国海洋大学、山东师范大学、鲁东大学、聊城大学、中国旅行社协会、北京中凯国际研学旅行股份有限公司、北京世纪明德教育科技股份有限公司、亲子猫（北京）国际教育科技有限公司、青岛市研学旅行基地协会、南京旅游职业学院、河南职业技术学院、泰山职业技术学院、山东外贸职业学院、青岛幼儿师范高等专科学校、济南幼儿师范高等专科学校等单位专家和骨干教师组成编写团队，认真调研行业需求，合理取舍编写内容，及时将行业的新案例、新方法、新技能、新模式编入教材中。本书注重信息化手段在开发中的应用，重点知识点配有微课视频。编写内容与1+X职业类证书对接、融通，为研学旅行策划与管理职业技能等级证书和研学旅行课程设计与实施职业技能等级证书的前序学习教材。

本书由朱丽男、石媚山任主编，孟凤娇、田张珊、迟庆红、张震、刘珮、李颖担任副主编，具体分工如下：孟凤娇、张震编写项目一，田张珊、李颖编写项目二，朱丽男编写项目三，石媚山编写项目四，迟庆红、刘珮编写项目五，实战案例由全体人员编写。

在本书的编写过程中，编者参阅了大量的文献资料，力求内容全面、翔实，文字生动、有趣。由于水平有限，虽然经过反复修改，书中仍难免有错漏和可堪商榷之处，请专家和读者不吝指正。

编　者

2023 年 1 月

实战案例

项目一　认识研学旅行　1

任务一　研学旅行的起源与发展　2
任务二　理解研学旅行相关概念　13
任务三　解读研学旅行相关政策法规　25
任务四　构建研学旅行产业生态圈　30

项目二　设计中小学生研学旅行课程　41

任务一　掌握中小学生研学旅行课程设计理念　42
任务二　制定中小学生研学旅行课程设计方案　53
任务三　撰写中小学生研学旅行课程教学方案　87
任务四　实施中小学生研学旅行课程教学方案　98

项目三　组织研学旅行活动　125

任务一　调研研学旅行需求　126
任务二　设计研学旅行活动　141
任务三　研学旅行活动筹备　153
任务四　撰写研学旅行手册　177
任务五　实施研学旅行活动　188

项目四　运营研学旅行基地　　　　　　　　　　**203**

　　任务一　认识研学旅行基地　　　　　　　　204
　　任务二　设计研学旅行基地　　　　　　　　209
　　任务三　申报研学旅行基地　　　　　　　　216
　　任务四　研学旅行基地管理　　　　　　　　223

项目五　研学旅行安全保障与管理　　　　　　**237**

　　任务一　认识研学旅行安全　　　　　　　　238
　　任务二　明晰研学旅行活动的规范管理　　　241
　　任务三　保障研学旅行活动的安全　　　　　246
　　任务四　处理研学旅行突发事件　　　　　　265

参考文献　　　　　　　　　　　　　　　　　**273**

项目一

认识研学旅行

🔍【项目导入】

某旅行社负责人得到了与青岛市市南区某初中校长见面的机会，虽然经过了长时间的准备，但是在向该校长阐述对研学旅行的理解时，因为与该校长的理解存在很大分歧而直接被"请"出了学校，可是事后他仍不知道是哪里出了问题。

研学旅行，作为一个正在冉冉升起的新行业，是近年来教育、旅游领域的焦点话题。但也正是因为行业之新、之跨界性，所以很容易引起相关领域工作者的误读和误用，就越加验证了对研学旅行进行系统辨析的必要，此项目也为后续项目的开展奠定了理论基础。

任务一　研学旅行的起源与发展

任务内容		了解研学旅行的起源与发展
对应典型工作名称		研学旅行理论基础（一）
对应典型工作任务描述		能够厘清研学旅行的历史发展脉络
学习目标	素质目标	思政素养 信息素养 勤奋踏实
	职业能力	熟悉研学旅行的基础知识 具备较高的职业道德和职业素养
	知识目标	掌握我国研学旅行的起源 掌握我国当代研学旅行的发展 掌握国外研学旅行的发展

一、我国研学旅行的起源

我国古代就有研学教育思想，研学教育源远流长，在人类文明发展历程中具有重要地位。2000多年前，孔子打破了"学在官府"的传统，杏坛设教，开启了体验式教学的新篇章；西汉时期，司马迁足迹遍布华夏大地，长期的游学经历为《史记》的撰写打下了坚实的基础；唐朝时期，豪情万丈的李白、忧国忧民的杜甫、含蓄恬淡的王维在跋山涉水的过程中，一边体会地方情怀与智慧，一边以学会友，共同探讨真理和智慧；明朝时期，徐霞客基于游学经历写就的《徐霞客游记》更是中国古代游学著作的集大成者。清代钱泳在《履园丛话》中说道："读万卷书，行万里路，二者不可偏废。"读万卷书是知识学问的博览；行万里路是实践经验的积累。正所谓"物有甘苦，尝之者识；道有夷险，履之者知"。实践才是检验真理的唯一标准，以"知行合一"为显著特征的游学造就了一代又一代文人志士，创造了辉煌灿烂的自然和社会文明。近代中国，修学始于为"救国存亡"而发起的教育旅游活动。1915年，蔡元培等人在法国创立"勤工俭学会"，以勤工俭学的方式吸引有志青年赴法留学，探索救国之路；抗日战争期间，在陶行知"生活即教育"理论的指导下，创立了中国首个少年儿童抗日团体——新安旅行团，该团体主张到"民族解放斗争的大课堂"

研学旅行国内古代发展史

里进行教、学、做，这些独特的修学旅行方式造就了大批人才，推动了社会制度的变革。

（一）古代游学

1. 春秋战国：游学起源

"游学"一词最早出自《史记·春申君列传》，曰"游学博闻"。在中国，游学活动起源很早，但史学记载则始自孔子。公元前497年，孔子率众门生周游列国，历时十余年，行程数千里，开坛讲学，传道授业，在游历中体悟人生，并将种种体悟传授给弟子。自此，游学成为中国古代教育的一个传统。杏花纷飞处，那幕天席地的课堂，成为中华文化史上最富诗意的一幕。像孔子这样舟车劳顿，在游学中论道讲学、传播知识的先贤，在春秋战国时代并不在少数。战国时期的权臣养士，"士阶层"奔走列国，游说诸侯，游学结党盛行一时。孔子就是在周游列国的路上，一边讲学，一边践行施政理想，和弟子们一起广泛地接触了各国的权贵文士，考察了各地的政风民情，丰富了自身的阅历和思想。孔子与其弟子们用14年时间周游的这些地区，在今天看来，虽然它们之间的距离其实并不算特别遥远，但就是这番"国际"游历，不但对孔子来说是一次人生精华的提炼，同时也给他的学生和后人留下了一笔非常宝贵的精神财富。尤其是孔子出游列国时，带着众多弟子在路上践行理想，教导学生，这种带有浓厚教育色彩的独特出游方式，简直就是研学旅行的古代版。因此，可以说孔子就是我国研学旅行的鼻祖。孔子周游列国在主观上是一次漫长的政治之旅，在客观上却是带领弟子在旅行中不断践行理想的过程。孔子的弟子们则在孔子的言传身教之下，在游学的过程中学习做人、做学问，乃至是运用治国理政的方法和道理。可以说，周游列国这一践行过程，既成全了孔子的伟大，也成就了其弟子的人生功业，对于今天的研学旅行的开展，有着深远的借鉴意义。

2. 汉代：游学之风盛行

两汉"游学增盛"之时，太学生多达3万余人，其游学者涉及地域之广，班固《两都赋》以"四海之内"加以形容。可以说，游学是汉代教育的一个重要组成部分，司马迁等名士大师大多有丰富的游学经历。

以游学成就史学的大家——司马迁，他撰写的纪传体通史《史记》，以其"究天人之际，通古今之变，成一家之言"的史识，被公认为中国史书的典范。近代文学家鲁迅则称《史记》是"史家之绝唱、无韵之离骚"。不过，《史记》这部伟大史书的完成，其实与司马迁重视实地考察有着极为重要的联系。受父亲的影响，司马迁在少年时代就开始遍访河山，设法收集逸闻旧事，在实践中钻研历史真相。在他20岁那年，更是在父亲的鼓励下开始了他人生当中第一次有计划的游学考察。他从长安出发，经河南、湖北到湖南时，还特意去考察了汨罗江。然后沿着长江，攀登了庐山，了解了大禹疏通九江的传说。再转到浙江绍兴，勘察大禹陵。接着北上苏州，过淮阴，到达今日的江苏及山东等地，既探寻了楚汉相争的古战场，又探访了齐鲁大地的孔学遗风，最后返回长安。这次考察历时两三年，行程达万余里，不但亲身感受到了各地的风土人情，更收集到了大量的一手资料。奉使西征巴蜀以南，则是司马迁青年时代的第二次重要游历。司马迁特意将这次奉使之游，拿来与自己20岁那年的壮游相比较，还很隆重地写进了《太史公自序》中："于是迁仕为郎中。奉使西征巴、蜀以南，南略邛、笮、昆明，还报命。"此外，他还多次跟随汉武帝出游，都极大地丰富了他的历史知识。

司马迁在父亲的影响和建议之下，积极游学于沉淀着中华文明史迹的现场，亲身感受历史跳动在中华大地上的脉搏，以此催生了《太史公书》(《史记》)这部巨著，司马迁也成为华夏后人在精神上的导师。他在两千多年前考察过的游学线路，至今仍是研学课程设计中的重要参考。

3. 南北朝：开创中国游记文学

南北朝时期的郦道元不仅是北魏的一位官员，还是一位遍游山水的地理学家。他从小就博览群书，还不时跟随父亲出游，因此激发了他对大好河山的热爱。他的足迹先后遍及如今的河南、安徽、江苏、山东、山西、河北、内蒙古等地，每到一个地方，他都会细心勘察河道沟渠、水流地势，并仔细搜集各地的风土人情和传说故事。在不断的游历过程中，他一方面认识到了当时地理史籍存在诸多不足，另一方面还发现大量地理现象是随着时光变迁而经常变化的，古书的描述很多已经不符合实际情况。因此，他就以古书《水经》为基础，搜集数百种文献史料，结合自己多年亲身考察积累的资料，写下了40卷的《水经注》。《水经注》是我国古代最全面、最系统的综合性地理著作，记述了1 200多条河流的发源地点、流经地域、支渠分布以及古河道变迁等信息，同时还大量记载了农田水利建设工程资料，以及城郭、风俗、土产等信息，为我国地质勘探的发展和研究提供了宝贵的历史资料。而且，它不但是一部内容丰富多彩的地理著作，还是一部优美的山水散文游记。郦道元以其饱满的热情、优美的文笔，不仅成为详细描述中华大地历史人文、地质风貌的第一人，也成为我国游记文学的开创者，对后世游记散文的发展影响深远。郦道元以现实社会和山川自然为生动有趣的课堂，在旅途中考察学习，在学习中发现问题，在解决问题中成就自己，这种在实践中探索的精神，正是研学旅行指导师所应继承的珍贵遗产。

4. 唐朝：游学备受青睐

唐朝时期，中国社会经济、文化空前繁荣，为游学的开展创造了良好的社会条件。游学备受当时学者的青睐，产生了求学之游、求士之游、体验之游。在科举制度的推动下，唐代士人们自发前往京城达官贵府穿梭游走，以结交名士为荣。李白年轻时游仙问道，漫游蜀中。为实现人生理想，他又"仗剑去国，辞亲远游"，游学带给了他创作灵感。漫游途中，李白认识孟浩然、杜甫、高适等人。玄奘，通称三藏法师，是唐佛教学者、旅行家、唯识宗创始人之一，与鸠摩罗什、真谛并称为中国佛教三大翻译家。唐贞观三年，即公元629年秋，为探究佛教各派学说的分歧，找到真正的佛教经典，玄奘经凉州玉门关，一路上历经种种艰难险阻，西行奔赴天竺。前后历经17年，他游学天竺各地，遍学当时大小乘各种佛门学说。直到公元645年，才返回大唐。

回国后，玄奘将他西游的亲身经历，以口述的方式，编写成《大唐西域记》12卷。在这本书里记载了唐代西北边境至印度的山川疆域、物产风俗、大量佛教故事和史迹等内容，成为后人研究西域和印度古代政治、经济、宗教、文化等课题的重要文献。他还把印度的天文、历算、医学等传入大唐，丰富了我国传统文化的宝库。成书1300年后，英国考古学者和印度学者正是借助英译本的《大唐西域记》，在古老的印度大地上陆续发掘出了一批佛教圣地和古迹。连印度本土的历史学家都评价道："如果没有玄奘等人的著作，重建印度史是完全不可能的。"从19世纪开始，《大唐西域记》被译为英、法、德、日等多国文字，对世界文化的发展产生了深远影响，玄奘也因此成为世界文化名人中的一员。而以他为原型创作的明代神话小说《西游记》，更是将他九死一生、舍身求法的精神，升华为华夏民族的一种集体记忆，激励着一代代人追求理想的脚步。正因如此，鲁迅先生盛赞玄奘为"中华民族的脊梁"，梁启超则称玄奘是"千古第一人"。在玄奘身上，我们看到的是他"不畏艰险、敢于求真"的精神。这种精神本身就是中华文明生生不息的真谛所在，也是作为研学旅行课程所要传承的教学目标。

5. 明朝：游学成为必要历练

明朝时期，游学成为一般士子成长的必要历练。"游圣"徐霞客更是游学的典型代表人物之一，其旅行生涯前后长达35年之久，其足迹遍及今天的江苏、浙江、安徽、山东、河北、贵州、云南和江西等在内的共计21个省（自治区、直辖市），甚至走遍了明朝的大部分统治区域。他的旅行将陶冶性情、开阔视野、探险考察三者融合在一起，让旅行成为一项综合性活动，具有非常明显的教育性和求知性，其以旅行经历为基础所著的60万字的世界地理名著——《徐霞客游记》，具有地理学、文学等多方面的价值。

（二）近代海外修学旅游

游学发展到近代，和古代游学有了一定区别。人们更多使用"海外修学旅游"这一词，也就是所谓的"留学"。鸦片战争以后，我国领土主权遭到破坏，并逐步丧失独立自主的地位。对此，清王朝被迫实行对外开放政策，特别是海外修学旅游政策的出台。这一举动造成一大波爱国知识分子和开明绅士开始学习西方科技文化，寻求救国之道。近代的留学热潮主要经历了四个阶段：赴美留学、留学日本、庚款留学和留法勤工俭学。

最早将游学引申为近代意义上出国学习的，是清代洋务运动代表人物张之洞。正是由于张之洞本人以及其《劝学篇》在清廷上下的巨大影响,游学作为出国学习交流的一种方式开始得到认可。晚清期间兴起的留日热潮是"到此时为止的世界史上最大规模的学生出洋运动",这种热潮改变了千年来"游学"的地域局限。同时,赴美、法的学生中也涌现了一批优秀人才:著名铁路工程师詹天佑、中华民国首任内阁总理唐绍仪、著名启蒙思想家严复、著名海军将领邓世昌等。游学活动从"向内"到"向外"的转变,是教育向现代化迈进的关键性一步,它在一定程度上影响了我国近代化的进程。

(三)现代修学旅行

在我国教育发展史中,陶行知是相当有影响力和国际声望的教育家之一。作为幼儿教育的开拓者之一,他将毕生奉献于中国教育的发展事业,为探索符合中国国情的教育发展道路作出了不可磨灭的贡献。而由他所提倡的"生活即教育、社会即学校、教学做合一"这三大生活教育理论,至今对教育实践仍有重要的指导意义。1929年,陶行知在江苏淮安创办"私立新安学校",成为该校的第一任校长。1933年10月,为践行陶行知的教育理论,在陶行知的学生、时任新安小学校长汪达之的组织下,该校7名学生前往镇江与上海,进行了为期两个月的修学旅行。陶行知亲自为该新安旅行团安排了行程,并给予密切的关注。这次活动取得了空前成功,也因此激发了两年后更大规模的修学旅行团的诞生。1935年10月,在中华民族生死存亡的重要关头,14名新安小学的学生,在汪达之的带领下,开启了一次宣传抗日救亡的全国修学旅行。他们每人只穿着一身单衣、一双草鞋、一把雨伞及简单行装,全团仅50元和一台由陶行知捐资购买的电影放映设备、几部黑白无声抗日影片等。一路上他们通过放映爱国救亡电影、进行抗日救国演讲、售卖进步书报等形式,自筹经费,足迹遍及全国十几个省市。学生们一边沿途考察风俗人情,感受祖国河水之美,一边直接参与到抗日救国的运动中,增长了见识,学到了很多在教室里学不到的东西。而"新安旅行团"更是被誉为"中国少年儿童的一面旗帜",事迹名扬海内外。

陶行知以他渊博的学识和先进的教育理念,在近现代的中国教育史上留下了光辉形象,其人其识正是今天研学旅行指导师的学习楷模。而他当年所倡导的新安旅行团,更是初步具备了今天研学旅行概念的基本要素,对今天开展研学旅行教育,仍然有着相当重要的现实指导意义。也可以说,陶行知就是开创我国研学旅行的第一人。

二、我国当代研学旅行的发展

2013年2月2日,国务院办公厅颁发《国民旅游休闲纲要(2013—2020年)》,首次正式提出"研学旅行"概念。此后教育部、文化和旅游部等不断出台研学相关政策,各省、自治区、直辖市也先后发文实施,

研学旅行近现代及当代发展史

积极推广落实。经过几年的发展，关于研学旅行的产品创新、基地建设、运营管理、人才培训等都有了长足进展。

（一）研学旅行的发端

20世纪90年代以来，世界各国不断加强设计实施综合实践活动课程，美国各州中小学都设计和实施了"设计学习（projector design learning）""应用学习（applied learning）"；法国中小学推广"动手做（hands-on）"；日本1999年颁布的《小学、初中、高中学习活动纲要》规定中小学必须实施"综合学习时间"，要求设计和实施"基于课题的探究学习活动"和"体验性学习活动"。

我国20世纪90年代初提出教育改革并全面推行素质教育，许多地方将"研学旅行"作为一项重要的教改方式来探索。2003年上海成立了中国首个"修学旅行中心"，该中心组织编写出版了《修学旅行手册》一书，倡议江苏、浙江、安徽等地区联合打造华东研学旅行文化游黄金线路。2006年山东曲阜举办了"孔子修学旅行节"，这不仅是我国第一个修学旅行节庆活动，还是我国第一个以儒家文化为主题的修学节庆活动。2008年广东省把研学旅游列为中小学必修课，写进教学大纲。2010年7月29日发布的《国家中长期教育改革和发展规划纲要（2010—2020年）》（以下简称《纲要》）明确提出，学校要把减负落实到教育教学的各个环节中，要给学生留下了解社会、深入思考、动手实践、健身娱乐的时间。《纲要》中明确提出，要提高教师业务素质，改进教学方法，增强课堂教学效果，减少作业量和考试次数，培养学生学习兴趣和爱好；特别提出高中教育阶段要积极开展研究性学习、社区服务和社会实践。

2001年，国家颁布《基础教育课程改革纲要（试行）》，启动重大课程改革，俗称"新课改"。"新课改"的一个重要内容就是在九年义务教育阶段和高中阶段增设综合实践活动为必修课，与学科课程并列设置，从小学到高中，各年级全面实施，所有学生都要参加学习。到2017年，教育部又颁布《中小学综合实践活动课程指导纲要》，从课程理念、课程目标、课程内容和活动方式、课程规划与实施、课程管理与保障等方面，对该课程进行了全面而详尽的界定。同时明确了研学旅行是综合实践活动的重要活动形式，是"通过探究、服务、制作、体验等方式培养学生综合素质的跨学科实践性课程"，至此，我国中小学研学旅行以完整的课程化方式嵌入义务教育阶段和高中阶段学校的课程体系中。

（二）研学旅行的试点启动

研学旅行的政策出台源于2012年教育部考察团访问日本的一次经历，考察团回国后表示："这次访问日本，对日本成群结队修学旅行印象极为深刻。对比之下，也深感我们的教育方式确有应改进的地方，否则孩子的身心健康、集体主义、爱国主义情感的养成都将留下不足。如全面推进做不到，个别地方、个别学校是可以试行的。如有计划地推进，不断加以倡导，逐步扩大范围，是会有效果的，我觉得这是一件很大的事，主要问题在于经费，特别是安全。"之后，我国以日本的修学旅行为研究起点，又逐步研究英国、俄罗斯、美国等国家有关研学旅行、营地教育等方面的政策。

2012年11月，教育部启动中小学研学旅行工作研究项目，指定合肥、上海、西安、杭州四个城市为全国首批研学旅行试点城市。

2013年2月，国务院办公厅出台了《国民旅游休闲纲要（2013—2020年）》，该纲要指出要逐步推行中小学研学旅行。这是为迎合教育的发展需要，第一次从国家层面上提出研学旅行的教育规划。

2014年3月4日，教育部基础教育司发布《关于进一步做好中小学生研学旅行试点工作的通知》，在前期试点基础上进一步扩大了试点范围，决定在河北省、上海市、江苏省、安徽省、江西省、广东省、重庆市、陕西省、新疆维吾尔自治区进行试点。

2014年12月，教育部在北京召开全国研学旅行试点工作推进会议，扩大试点范围至河北省、上海市、江苏省、安徽省、江西省、广东省、重庆市、陕西省和新疆维吾尔自治区。西安市和合肥市的相关做法与经验获得教育部的高度肯定并向全国试点城市推广。

（三）研学旅行的全面推广

2016年被称为研学旅行的元年，为全面开展素质教育，促进教育的转型和发展，教育部在其启动中小学研学旅行试点工作取得一定成果和经验的基础上，于2016年11月30日出台了《教育部等11部门关于推进中小学生研学旅行的意见》，要求把研学旅行纳入中小学教育教学计划。

此后，相关政策文件密集出台。国务院发布的《关于促进旅游业改革发展的若干意见》等文件对开展研学旅行活动做出更明确的要求和规范，地方相关主管部门积极跟进，相关产业扶持政策、规范标准等文件陆续出台。受政策引导和需求牵引的影响，研学行业市场主体发展迅猛。2016年12月23日，教育部在江苏镇江召开"全国校外教育经验交流暨研学旅行工作部署会"，指定西安市教育局和安徽省教育厅介绍研学旅行经验。2017年被称为研学旅行的推广年，各地研学旅行政策密集出台，研学旅行成为新的行业热点。2018年是研学旅行的实践年，政策也从各省逐步推行向市县，同期诞生了多家研学旅行企业。

2019年研学旅行开始向专业化发展。2019年2月，中国旅行社协会与高校毕业生就业协会联合发布了《研学旅行基地（营地）设施与服务规范》（T/CATS 002—2019）。目前教育部初步完成了覆盖全国的国家级基地（营地）布局。经专家评议和营地实地核查及综合评定，分两批在全国遴选命名了621个研学实践教育基地和营地，构建起以营地为枢纽、基地为站点的全国研学实践教育体系，并建立了全国中小学生研学实践教育网络平台。2019年6月，教育部教育发展研究中心对全国研学实践教育营地的问卷调研显示，仅40家国家级营地就已经开发了1 123门课程、541条线路。根据我国研学旅行行业的首个行业发展白皮书《中国研学旅行发展白皮书2019》数据显示，截至2020年8月末，全国中小学生研学实践教育基地超过1 600个，全国中小学生研学实践教育营地有177个。

2019年2月，中国旅行社协会与高校毕业生就业协会联合发布了《研学旅行指导师（中小学）专业标准》（T/CATS 001—2019）；2019年10月18日教育部增补"研学旅行管理与服务"专业，归属旅游大类中的旅游类，修业年限3年，于2020年9月在全国33个职业院校开启首届研学旅行管理与服务的专业招生，将研学旅行推向专业化发展的方向；2022年7月，人力资源和社会保障部向社会公示了18个新职业信息，其中，研学旅行指导师纳入新版国家职业分类大典。截至2022年12月，全国已有超过90家高职院校设立研学旅行管理与服务专业。

"十四五"开局以来，国家及相关部门积极推动研学旅行发展。国务院《"十四五"旅游业发展规划》指出"推动研学实践活动发展，创建一批研学资源丰富、课程体系健全、活动特色鲜明、安全措施完善的研学实践活动基地，为中小学生有组织研学实践活动提供必要保障及支持"。《"十四五"文化和旅游发展规划》提出"开展国家级研学旅行示范基地创建工作，推出一批主题鲜明、课程精良、运行规范的研学旅行示范基地"，目前各地正推进落实相关规划的实施。

三、国外研学旅行概览

从世界范围来看，欧洲在15世纪就有"大陆游学"活动；日本的研学旅行活动始于19世纪。当前，全球范围内研学旅行快速发展，构成了以明确地教育目标、丰富的主题内容、完善的制度保障、多元的评价机制为核心元素的研学旅行产业体系。

研学旅行国际发展历史

（一）古希腊时期：研学旅行的溯源

希罗多德是古希腊时期著名的历史学家及作家，他把自己旅行中的所见所闻，结合第一波斯帝国的历史记录，写成了一本书，名为《历史》。这本书由此成为西方文学史上第一部完整流传下来的散文作品，希罗多德也因此被后世尊称为西方"历史之父"。300多年后，在世界东方的汉朝，也诞生了一位中国的"历史之父"兼散文家，他的名字叫司马迁。冥冥之中，生活在不同时代、不同地域的两位历史人物有着不少神似之处。大约从30岁开始，希罗多德开始了地域广泛的一次旅游。他向北走到黑海北岸，向南到达埃及最南端，向东至两河流域下游一带，向西抵达意大利半岛和西西里岛。为维持旅途生计，他还长途行商贩卖物品。就这样，希罗多德每到一地，就到各处历史古迹游览凭吊，同时考察地理环境，了解风土人情，把当地人讲述的民间传说和历史故事都记了下来，最后写成了《历史》这部书。在书中他生动地叙述了西亚、北非以及希腊等地区的地理环境、民族分布、经济生活、政治制度、历史轶闻、风土人情、宗教信仰和名胜古迹等，展示了古代近20个国家和地区的民族生活图景，简直就是一部古代社会的小型"百科全书"。希罗多德一方面从官府档案文献、石刻碑铭和当时多种著作中，大量获取写作资料；另一方面，他更多的是利用自己亲身游历和实地调查采访所获得的大量资料来编纂书籍。最终，《历史》被认为是西方史学上的第一座丰碑，为西方历史编纂学"开辟了一个新时代"。

（二）古希腊时期：背包旅行

柏拉图出生于公元前427年，他被认为是古希腊伟大的哲学家和思想家之一，与他的老师苏格拉底、学生亚里士多德一起，并称为"希腊三贤"。在柏拉图的一本批判性自传中，他至少提到了自己的五次单独出行，可以说是一位典型的"古代背包客"。现在已很难得知柏拉图独自出游的准确目的，不过据记载，他27岁时的一次早期出行，目的地是意大利的阿格里真托，尝试研究毕达哥拉斯学派的奥秘所在。这次探索显然对柏拉图产生了很大的影响，在柏拉图的思想中，有很多是与毕达哥拉斯学派如出一辙的，如视数学为万物的本质、灵魂的轮回和不朽、宇宙二元论等。

公元前399年，由于他的老师苏格拉底受审并被判处死刑，理由是"藐视传统宗教、引进新神、腐化青年"等罪行。受到影响的柏拉图和同伴纷纷离开雅典，去往意大利、埃及等地躲避，由此开始了为时12年的游学期。公元前387年，40岁的柏拉图回到雅典，建立起柏拉图学院，开始了个人讲学著述的生涯。同为后来古希腊伟大学者的亚里士多德，就在柏拉图学院度过了长达20年的学习时光，并深受柏拉图的影响。作为一名伟大的思想家，他就跟中国的孔子一样，曾经离开故土，周游列国。对当时希腊政治完全失望的柏拉图，周游了意大利、埃及等地方，开阔了眼界，积累了丰富的知识，也正因为他有这样丰富的个人经历，才能在后来培养出亚里士多德这样的伟大人物。要想给学生一滴水，自己就要先有一桶水，这是作为一名优秀老师的先决条件，作为一名研学旅行指导师更是如此。

（三）12世纪：掀起东方热潮

12世纪意大利旅行家马可·波罗，在元朝时来到中国，随后将自己的中国之行整理出来《马可·波罗游记》。他不但对中国人而言是一个谜一样的存在，在中世纪时期的欧洲，更被认为是一种传奇。1254年，马可·波罗出生于意大利威尼斯一个商人家庭。17岁时，跟随父亲和叔叔出发前往中国，历经4年才抵达元上都，见到了元世祖忽必烈。忽必烈很赏识年轻聪明的马可·波罗，携他们同返大都，此后还留他们在元朝当官任职。马可·波罗就利用奉忽必烈之命巡视各地的机会，走遍了中国的大江南北，先后到过新疆、甘肃、内蒙古、山西、陕西、四川、云南、山东、江苏、浙江、福建以及北京等地。他每到一处，都要详细地考察当地的风俗、地理、人情，回到大都后，再详细汇报给忽必烈。

在中国待了17年之后，1292年春天，马可·波罗借护送一位蒙古公主到波斯成婚的机会，于1295年终于回到了阔别24年的家乡。三年后，马可·波罗在一场战争中被俘，在狱中他遇到了一位名叫鲁斯蒂谦的作家，于是，由马可·波罗口述，鲁斯蒂谦执笔的《马可·波罗游记》就此诞生。它第一次比较全面地向欧洲人介绍了发达的中国物质文明和精神文明，将地大物博、繁荣富强的中国形象生动地展示在欧洲人面前。《马可·波罗游记》不是单纯的游记，而是一部启蒙式作品，对于当时闭塞的欧洲人来说，无异于振聋发聩，为欧洲人展示了全新的知识领域和视野，从而掀起了一股中国热，激发了欧洲人此后几个世纪的东方情结。

研学旅行就是离开课堂，去往陌生的场所亲历各种体验的过程，这种在异地实践的经历，很可能会改变一个人的一生，甚至影响到社会历史的进程。就像从意大利来到中国的马可·波罗，东方神奇的世界不但开阔了他的视野，也因为他的介绍和宣传，让中国成了当时西方世界的热门话题。隐含在其中的历史意味，似乎也在提醒我们，游学对一个人或一个社会的影响是有多大啊！

（四）17世纪：欧洲大陆游经典线路形成

根据相关记载，17世纪30年代，英国诗人弥尔顿和哲学家霍布斯就游览过意大利，其中霍布斯是以贵族导师的身份伴游的。在那时的英国上流社会，基本已达成共识，认为16~25岁的贵族子弟，应到国外游学1~3年。到欧洲学习语言和多种功课，掌握舞技、剑术、骑术，了解各地风土人情，增长见闻。英国游学者首先垂青法国，一是两国之间距离相对比较近；二是法国作为当时欧洲启蒙运动的中心，像伏尔泰、孟德斯鸠和卢梭这样伟大的思想家辈出；三是作为法国首都的巴黎，是欧洲著名的都会，景观荟萃，文化厚重。其次就是意大利，这是因为几乎英国所有的宗教、法律、艺术等内容，都与这个地中海边的国家有着密切的关系。意大利厚重的文化遗产和亮丽的自然风光所形成的独特魅力，是其他多数欧洲国家所无法比拟的。

在这样的背景之下，1643年11月，英国学者约翰·艾维伦离开牛津，经多弗尔海峡到加莱，至巴黎，再越过阿尔卑斯山，抵达罗马和威尼斯，把意大利作为最后的目的地。此后的许多贵族和乡绅子弟，就将他的这条旅途视作典型路线。英格兰的桑德兰伯爵罗伯特·斯宾塞，也创造了一条复杂的路线，且一样被后人奉为游学经典。他的线路是这样的：先渡过海峡去巴黎，再前往日内瓦，接着翻越阿尔卑斯山，在意大利的佛罗伦萨、比萨、博洛尼亚、威尼斯和罗马各停留一至数月,学习游览;顺道赴维苏威火山览胜;然后乘船至希腊,前往西西里文化遗址怀古;折回那不勒斯后,游历柏林、德累斯顿、维也纳和波茨坦等地,最后在慕尼黑大学和海德堡大学学习。

游学线路的形成,为"大旅行时代"的到来,指明了行动目标。欧洲大陆游不仅是一般的观光旅行,而且具备了明确的教育目的,具体的学习内容和行动线路,还有了鲜明的教育特征。

(五) 18世纪:"大旅行"时代到来

早在15世纪中叶,受旅居英国的意大利人文主义者影响,英国贵族中便出现了前往意大利学习人文主义新文化的群体。到17世纪,旅行指南书的流行、导游行业的产生和旅游业的发展,为欧陆旅行提供了一条成熟完备的服务链,于是,青年学子们的欧陆之行得以形成一套相对固定的规范和形式,这就是今天所知的"大旅行"。

"大旅行(grand tour)"一词,最早见于理查德·拉塞尔斯所著的《意大利游记》(1670年)。这是一本欧洲文化史和旅行史上的重要著作,作者拉塞尔斯是一位天主教神父,出生于英格兰约克郡,在法国接受教育,之后长期在欧洲大陆各国游历,还曾经为多名英国贵族担当家庭教师。根据拉塞尔斯在《意大利游记》中的记载,在他大半都在国外生活和游历的生涯中,进行过三次长期旅行,六次游览法国,五次探访意大利,分别到过荷兰和德国各一次。在这些出游当中,他大多数的身份是英国贵族游历欧洲大陆的伴游向导。

这部集旅行指南和旅行教育学于一身的著作,结合了拉塞尔斯自己的教育经验和游历体验。在书中,他一方面描述了自己在意大利的旅行经历和见闻,另一方面从思想文化、社会认知、伦理道德和政治修养这四方面的修习出发,大力宣扬"大旅行"的好处。此书令人信服的论述和强大的实用性,使它在英国风靡一时,"大旅行"观念在英国社会可谓人尽皆知。到了18世纪,随着越来越多的英国人前往欧洲大陆游历和学习,具备鲜明游学特征的"大旅行"时代也随之到来。

对于放眼世界的英国青年而言,"大旅行"带给他们的作用是非常深远的。他们脱离自己熟悉的生活环境游历欧洲大陆,培养了他们独立的人格、稳重的阅世经验和维护家庭名誉的责任心。同时,自然世界和艺术海洋的滋润开拓了他们的心智,提升了他们感受美的能力,强化了他们的处事能力。这些对今天设计研学课程,培养中小学生的世界观、人生观和价值观,有不少可以借鉴的地方。

【任务实操一】绘制研学旅行发展脉络图。

略。

任务二　理解研学旅行相关概念

任务内容	掌握研学旅行的基本概念
对应典型工作名称	研学旅行理论基础（二）
对应典型工作任务描述	从研学旅行的概念、性质、特征、原则、类型以及构成要素、目标、意义等基本问题，搭建研学旅行的理论架构
学习目标　素质目标	思政素养 信息素养 谦虚踏实
学习目标　职业能力	掌握研学旅行基础知识及技能 具备较高的职业道德和职业素养
学习目标　知识目标	掌握研学旅行的内涵 掌握研学旅行的构成要素

一、领悟研学旅行的内涵

研学旅行是教育与旅游两个领域融合而成的新事物，"研学旅行"一词在我国出现较晚，2013年2月国务院办公厅印发的《国民旅游休闲纲要》首次提出，在国外称修学旅行、修学旅游、教育旅游、游学等。2018年中国旅游研究院等发布的《中国研学旅行发展报告》指出，未来3~5年中国研学旅行市场总体规模将超千亿元，不仅市场规模扩大，涉足研学旅行的机构也很多，有学校、培训机构、旅行社，以及基地、营地、研学旅行服务机构等，各个机构都推出研学项目，喧嚣热闹的研学市场渐渐呈现出诸多现象。在此情形下，厘清研学旅行的基本概念和本质特征，规范研学行为和市场，显得十分必要和重要。

研学旅行政策解读

（一）研学旅行的概念

目前研学旅行的概念还没有完全统一定义。2013年，国务院办公厅发布了《国民旅游休闲纲要（2013—2020年）》，在纲要中正式提出了研学旅行概念。2014年，教育部在第十二届全国基础教育学校论坛上对"研学旅行"进行了解释：研学旅行是集体活动，可以以年级为单位，以班为单位，乃至以学校为单位进行集体活动，学生在教师或者辅导员的带领下一起活动，一起动手，共同体验相互研讨。

2016年，教育部等11部门发布的《关于推进中小学生研学旅行的意见》中明确定义："中小学研学旅行是由教育部门和学校有计划地组织安排，通过集体旅行、集中食宿的方式开展的研究性学习和旅行体验相结合的校外教育活动，是学校教育和校外教育衔接的创新形式，是教育教学的重要内容，是综合实践育人的有效途径。"并指出，研学旅行"一般安排在小学四到六年级、初中一到二年级、高中一到二年级"，研学旅行内容为"小学阶段以乡土乡情为主，初中阶段以县情市情为主，高中阶段以省情国情为主"。同年由国家旅游局（现文化和旅游部）发布的《研学旅行服务规范》（LB/T 054—2016）将研学旅行定义为以中小学生为主体，以集体旅行生活为载体，以提升学生素质为教学目的，依托旅游吸引物等社会资源，进行体验式教育和研究性学习的一种教育旅游活动。

此后，关于研学旅行的论述进一步充实和完善。2017年8月，教育部颁布的《中小学德育工作指南》中指出研学旅行是实践育人的优先途径，要把研学旅行纳入学校的教育教学计划，要促进研学旅行与学校课程、德育体验、实践锻炼有机融合。同年9月，教育部发布《中小学综合实践活动课程指导纲要》明确研学旅行作为综合实践活动课程的具体实施方向和细则，规范了实践育人的课程设置和教学行为，提升了综合实践活动课程在学校的地位。至此，研学旅行完全实现了以课程化方式嵌入学校教育。

随着中小学研学旅行的推广实施，学者对研学旅行的概念进行了进一步研究界定。朱立新教授提出研学旅行的定义有广义和狭义两种界定方式：广义的研学旅行指以研究性、探究性学习为目的的专项旅行，是旅游者出于文化求知的需要，暂时离开常住地，到异地开展的文化性质的旅游活动；狭义的研学旅行特指由学校组织、学生参与的，以学习知识、了解社会、培养人格为主要目的的校外考察活动。杨崇君教授在其《研学旅行概论》一书中定义教育视野下的研学旅行内涵至少包含以下五个方面：一是研学旅行的主体部门是教育部门和学校；二是研学旅行的组织形式是集体旅行、集中食宿；三是研学旅行的性质是校外教育活动；四是研学旅行是一种研究性学习和旅行体验相结合的学习；五是研学旅行是一种教育创新。

实际上，研学旅行在全国推进的应用过程中，不仅涵盖中小学生群体，还涵盖了对知识性、文化性、体验性、教育性旅行有需求的其他年龄阶层，本书认为：研学旅行是指人们出于文化求知、实践体验、研究探索和促进自我全面发展的目的，以各类文化和旅游资源为依托，开展研究性学习和旅行体验相结合的一种教育旅游活动。[①] 目前各地普遍采用的还是教育部等11部门发布的《关于推进中小学生研学旅行的意见》中对研学旅行的定义，这个定义使用最普遍，也最权威。因此，在后续的理论剖析、

---

① 该定义描述引自青岛酒店管理职业技术学院石媚山教授的观点。

任务实操、案例分析中，本书将重点以中小学生研学旅行为主要研究对象，同时兼顾大众研学范畴。

（二）研学旅行产业特点

1. 大众研学旅行兴起

在文旅融合的大背景下，与中小学生教育伴生而来的研学旅行市场已经发生很大变化，受众范围逐步扩大，大众研学旅行市场已初现端倪。研学旅行的出现有其特定的背景，但是，随着整个社会经济的发展，这个市场已经发生变化，如果单把研学旅行作为一项课外实践活动，其市场发展并不如预期。但在大众市场，脱胎于中小学群体的研学旅行却有了新的发展空间，全年龄段的各个群体对旅游产品都提出了研学需求，这是一个大的发展趋势。

2. 市场规模巨大

仅以"中小学研学旅行"范畴来看，第七次全国人口普查数据显示，我国0岁至14岁人口为2.53亿，占17.95%，较10年前上升了1.35个百分点，不断增长的适龄青少年人口将为研学旅行带来巨大的市场需求。未来几年，预计中小学研学主力人群（3～16岁）规模持续增长，整体规模将保持在2.5亿人以上。随着素质教育理念的深入和旅游产业跨界融合，中小学研学旅行市场需求不断释放，中国研学旅行市场总体规模将超千亿元。而研学旅行客群范围的不断壮大，将推动研学旅行市场以更多元的方式快速发展，成为研学经济发展的新动能和文旅消费市场新的增长点。

3. 基本建成研学旅行的课程化体系

研学课程是"从学生的真实生活和发展需要出发，从生活情境中发现问题，转化为活动主题，通过探究、服务、制作、体验等方式，培养学生综合素质的跨学科实践性课程"；基于此，以优秀传统文化、革命传统教育、国情教育、国防科工、自然生态五大板块为主题，全国各地已经打造了一批精品课程和精品线路。

4. 形成一些富有地方特色的管理模式

形成经典模式，如陕西西安模式、湖北宜昌模式、河南郑州模式等。湖北省初步形成了以教育部和省教育厅命名的中小学生研学实践教育营地基地为主体，以市州县区多渠道自建基地、青少年校外活动中心、乡村学校少年宫等为一翼，以教育系统外举办的各种未成年人校外活动场所如科技馆、博物馆、革命传统教育基地等为另一翼的"一主两翼"格局。在宜昌，形成了政府统筹＋学校＋基地＋家长委员会＋旅行社的"1+4"运行管理模式。

5. 开展研学业务的企业种类、数量不断增长

由中国旅游研究院发布的《2021中国研学旅行发展报告》透露，近三年研学企业数量猛增，2021年达到了31 699家，类型涵盖专业研学机构、旅行社专线板块、语言培训机构、亲子教育机构、留学中介机构、研学基地机构等多种业态，呈现多元化趋势。

（三）中小学研学旅行的原则

教育部等11部门发布的《关于推进中小学生研学旅行的意见》中指出，研学旅行要坚持教育性原则、实践性原则、安全性原则和公益性原则。

1. 教育性原则

研学旅行要结合学生身心特点、接受能力和实际需要，通过学习研究和旅行体验的有机结合，寓教育性、知识性、科学性、趣味性于研学旅行活动中，以生动直观、形象有趣、现场操作、亲身体验的方式实现教育目标。在活动内容上，要注重联系社会发展，联系学生生活实际，联系各学科教学内容，推动中小学生自主、多样、可持续发展。

2. 实践性原则

研学旅行是综合实践活动课程的重要内容，需要因地制宜，呈现地域特色，引导学生走出校园，在与日常生活不同的环境中开阔视野、丰富知识、了解社会、亲近自然、参与体验。例如，北京市教委印发的《关于北京初中开放性科学实践活动管理办法（试行）》中提到，每次活动时长不少于2/3的时间应用于学生动手实践和科学探究，活动要重体验、重实践、少说教。

3. 安全性原则

研学旅行要坚持安全第一，建立安全保障机制，明确安全保障责任，落实安全保障措施，完善预案制度，确保学生安全。在教育部等11部门发布的《关于推进中小学研学旅行的意见》里，"安全"一词出现次数最多，高达23次，这是教育主管部门关心、校长担心、家长揪心的核心内容。在研学旅行中要做到"活动有方案，行前有备案，应急有预案"，确保安全是开展研学旅行活动的基本前提。

4. 公益性原则

研学旅行不得开展以营利为目的的经营性创收，对贫困家庭学生要减免费用。在研学旅行中，要关照家庭贫困的学生，鼓励免费接待贫困家庭和建档立卡学生。内蒙古自治区要求各研学基地免费项目的数量不少于总项目数量的50%；山东提出建立研学旅行经费保障机制，采取多种形式、多种渠道筹措中小学生研学旅行经费，探索建立政府、学校、社会、家庭共同承担的多元化经费筹措机制。实现公益性的最好办法是政府拨一点、学校贴一点、承办机构减免一点、社会赞助一点、家庭支付一点。

（四）研学旅行的类型

关于研学旅行的分类可以根据教学、研究、运营等实际需要，采用不同的分类方法。为便于研究和匹配行业发展，借鉴教育部门和文旅部门重要文件中的一般做法，根据研学资源的类型和研学主题内容的不同，对研学旅行进行分类。

1. 依据研学资源的分类

文旅部门发布的《研学旅行服务规范》中，将研学旅行产品按照资源类型分为知识科普型、自然观赏型、体验考察型、励志拓展型、文化康乐型五种，研学旅行也可照此进行划分。

（1）知识科普型研学：主要包括依托各种类型的博物馆、科技馆、主题展览、动物园、植物园、历史文化遗产、工业项目、科研场所等资源开展的研学旅行活动。

（2）自然观赏型研学：主要包括依托山川、江、湖、海、草原、沙漠等资源开展的研学旅行活动。

（3）体验考察型研学：主要包括依托农庄、实践基地、夏令营营地或团队拓展基地等资源开展的研学旅行活动。

（4）励志拓展型研学：主要包括依托红色教育基地、大学校园、国防教育基地、军营等资源开展的研学旅行活动。

（5）文化康乐型研学：主要包括依托各类主题公园、演艺影视城等资源开展的研学旅行活动。

2. 根据研学主题的分类

学校和教师组织研学旅行时要根据教学课程目标，基于学生发展的实际需求，设计活动主题和具体内容，教育部也把具有主题课程作为遴选命名国家级研学实践教育基地的重要条件。据此，根据主题内容的不同，将研学旅行活动分为以下几种类型。

（1）红色文化主题：主要依托爱国主义教育基地、革命历史类纪念遗址等单位开展的研学旅行，目的是引导学生了解革命历史和红色文化，增长革命斗争知识，学习革命斗争精神，培育新的时代精神和爱国主义精神。

（2）传统文化主题：主要依托旅游服务功能完善的文物保护单位、古籍保护单位、博物馆、非物质文化遗产场所、优秀传统文化教育基地等单位开展的研学旅行，目的是引导学生传承中华优秀传统文化思想理念、中华传统美德、中华人文精神，坚定学生的文化自觉和文化自信。

（3）科技创新主题：主要依托体现科技力量和技术创新的知名企业、大型公共设施、重大工程等单位开展的研学旅行，目的是引导学生树立创新意识和实践能力，培育科学素养。

（4）自然生态主题：主要依托自然景区、城镇公园、植物园、动物园、风景名胜区、世界自然遗产地、世界文化遗产地、国家海洋公园、示范性农业基地、生态保护区、野生动物保护基地等单位开展的研学旅行，目的是引导学生感受祖国大好河山，树立爱护自然、保护生态的意识。

（5）国防科工主题：主要依托国家安全教育基地、国防教育基地、海洋知识教育基地、科技馆、科普教育基地、科技创新基地、高等学校、科研院所等单位开展的研学旅行，目的是引导学生学习科学知识、培养科学兴趣、掌握科学方法、增强科学精神，树立总体国家安全观，树立国家安全意识和国防意识。

（6）安全健康主题：主要依托应急安全研学基地、消防实践体验馆、交通安全体验馆等单位开展的研学旅行，目的是引导学生树立"生命至上、健康第一"的理念，学习身体健康知识，增强应急避险能力，提升健康素养。

（7）艺术体验主题：主要依托博物馆、图书馆、文化馆、美术馆、文化创意艺术展览馆、旅游休闲街区等单位开展的研学旅行，目的是引导学生提升文化素养和艺术修养，提升创意精神、创新思维，增强审美力和创造力。

（8）劳动实践主题：主要依托工业、农业、商业或服务业的生产基地或产业园等资源单位开展的研学旅行，目的是引导学生树立正确的劳动观，养成尊重劳动的情感，形成热爱劳动的习惯，学习基本劳动技能。

此外，还可以借鉴旅游产品按时间分类的方法，将研学旅行分为研学一日游、研学三日游、研学五日游等。

在应用上述标准对研学旅行进行分类时，所划分出来的类型有交叉或重叠现象。这种情况表明，对研学旅行进行类型划分本身不是目的，只是出于教学、研究或运营的实际需要，不存在绝对的排他性划分。

二、辨识与研学旅行常混淆的概念

当前除了国家推行的研学旅行，我国中小学生还参与春秋游、冬夏令营、综合实践、劳动教育等其他校外活动，这些活动形式在参与主体、组织方式、出行时间等方面都与研学旅行有较大差异。为解除相关领域工作者对这些概念认识上的困惑，更好地领悟研学旅行在教育教学活动中的价值以及该如何体现其价值，对与其相关联的概念进行辨析十分重要。

国家政策应用案例

研学旅行是教育部门和学校组织的校外教育活动，出行主体为全体学生；综合实践活动是国家义务教育和普通高中课程方案规定的必修课程，与学科课程并列设置，是基础教育课程体系的重要组成部分；劳动教育是中共中央国务院推出的，涉及校内、家庭、基地等多个场景，参与主体为大中小学学生；营地教育更多的是市场化推动，主要由家长或机构组织开展的冬夏令营、亲子游学等。针对以上概念，以下分述之。

（一）综合实践活动的概念

2017年，教育部印发《中小学综合实践活动课程指导纲要》，明确指出中小学综合实践活动是从学生的真实生活和发展需要出发，在生活情境中发现问题，转化为活动主题，通过探究、服务、制作、体验等方式，培养学生的综合素质，是一门跨学科实践性课程。该课程由地方统筹管理和指导，具体内容以学校开发为主，自小学一年级至高中三年级全面实施。在课程属性上，综合实践活动是动态开放性的跨学科实践课程，强调从学生的真实生活和发展需要出发，选择并确定活动主题，鼓励学生根据实际需要，对活动过程进行调整和改进，实现活动目的。注重引导学生在实践中学习，在探究、服务、制作、体验中学习，并能分析和解决现实问题。综合实践活动涉及多门学科知识，非某门学科知识的系统学习，也不同于某一门学科中的实践、实验环节，是一门综合性的跨学科实践课程。研学旅行可归属于综合实践活动的考察探究类。

（二）劳动教育的概念

劳动是创造物质财富和精神财富的过程，是人类特有的基本社会实践活动。劳动教育是发挥劳动的育人功能，对学生进行热爱劳动、热爱劳动人民的教育活动。当前实施劳动教育的重点是在系统的文化知识学习之外，有目的、有计划地组织学生参加日常生活劳动、生产劳动和服务性劳动，让学生动手实践、出力流汗、接受锻炼、磨炼意志，培养学生正确的劳动价值观和良好劳动品质。

劳动教育是新时代党对教育的新要求，是中国特色社会主义教育制度的重要内容，是全面发展教育体系的重要组成部分，是大中小学必须开展的教育活动。在评价标准上，《大中小学劳动教育指导纲要（试行）》要求将劳动教育纳入大中小学必修课程，将劳动素养纳入学生综合素质评价体系，把劳动素养评价结果作为衡量学生全面发展情况的重要内容，作为评优、评先的重要参考和毕业依据，也作为高一级学校录取的重要参考或依据。在课程设置上，要求构建劳动教育课程体系，大中小学设立必修课程和劳动周，同时强调其他课程有机融入劳动教育内容和要求。

（三）营地教育的概念

根据美国营地协会1998年给出的定义，营地教育是一种在户外以团队生活为形式，并能够达到创造性、娱乐性和教育意义的持续体验，通过领导力培训以及自然环境的熏陶帮助每一位营员达到生理、心理、社交能力以及心灵方面的成长。

20世纪90年代初，随着国外营地教育在我国的兴起，一些学校或旅行社、校外教育机构在寒暑假开展夏令营、冬令营活动，营地活动有军事、素质拓展、英语、艺术、科技等不同主题。现代意义上的营地教育以教育学和发展心理学等跨学科理论与实践为依据，鼓励和引导青少年发现潜能，培养学生在21世纪经济全球化与社会多元化背景下共处、共赢所需的意识与能力，如跨文化沟通与交流能力、领导力、生存能力、服务精神等。

（四）易混淆概念之间的关系辨析

营地教育活动在知识传授、能力培养、素质养成等方面与研学旅行有异曲同工之妙，但较研学旅行的目的性、教育性仍有差别。本质上，营地活动是市场化的校外教育形式，没有强制性和义务性，不在上学期间进行，不是所有学生都必须参与，费用也相对较高，具体营地服务和课程质量受社会市场化的推动。

综合实践活动、劳动教育、研学旅行三者之间的关系目前还没有定论。一种较为广泛的看法是，三者是当前和今后校外实践教育的三大核心要点，研学旅行和劳动教育都是综合实践活动的主要组成部分，二者融合共生，助推综合实践教育发展。在研学旅行等综合实践活动主题中设计劳动活动，是劳动教育的主阵地。当然，这种关系并非完全对应和被包容的关系，正是因为研学旅行有更广阔的空间且劳动教育有更深刻的内涵，研学旅行和劳动教育才能成为独立的体系，地位更加凸显。

同时，研学旅行与劳动教育不仅从理论上有强烈的共鸣，在实践上也能够实现产业深处的无缝对接。就重大意义和工作目标而言，研学旅行和劳动教育都以立德树人、培养人才为目的，让学生学会生存和生活，实现知行合一，促进其形成正确的世界观、人生观和价值观，培养他们成为德智体美劳全面发展的社会主义建设者和接班人。从产业角度看，研学旅行并没有规定的主题，或者说，一切主题都可以纳入研学旅行的视野和范围中。在旅游活动中，打通劳动教育、研学旅行、综合实践活动的界限隔阂，回归教育本义，一切都可以水到渠成。表1-1为研学旅行与其常混淆概念的对比。

表1-1 研学旅行与其常混淆概念的对比

名　称	区　别		
	组织形式维度	组织时间维度	课程内容维度
综合实践	义务教育和普通高中课程方案规定的必修课程，与学科课程并列设置，从小学到高中，各年级全面实施，所有学生都要学习，都要参加	小学1~2年级，平均每周不少于1学时；小学3~6年级和初中，平均每周不少于2学时；高中执行课程方案要求，完成规定学分	综合实践活动课程不仅有明确的课程目标，还要求对活动内容进行选择和组织，对活动方式进行认真设计，对活动过程和结果进行科学评价等，具备作为一门课程的基本要素

续表

名　称		区　　别		
		组织形式维度	组织时间维度	课程内容维度
劳动教育		作为综合实践中职业体验部分，由教育部门和学校有计划地组织安排学生参加日常生活劳动、生产劳动和服务性劳动	中小学劳动教育课程平均每周不少于1学时；职业院校开设劳动专题教育必修课程，不少于16学时；本科阶段不少于32学时	有明确的目标和体系，要求：中小学用于活动策划、技能指导、练习实践、总结交流等，与通用技术和地方课程、校本课程等有关内容进行必要统筹；职业院校开设劳动专题教育必修课程，主要围绕劳动精神、劳模精神、工匠精神、劳动组织、劳动安全和劳动法规等方面设计；普通高等学校要将劳动教育纳入专业人才培养方案，明确主要依托的课程，可在已有课程中专设劳动教育模块，也可专门开设劳动专题教育必修课程，课程内容应加强马克思主义劳动观教育，普及与学生职业发展密切相关的通用劳动科学知识，并经历必要的实践体验
营地教育	冬夏令营	由教育机构或旅行社利用中小学生寒暑假组织开展的学习和训练活动，采取社会招募模式	寒暑假	以各种组合型活动为主，课程缺乏系统性
	亲子游学	由教育机构或旅行社利用中小学生包括周末在内的各类法定假期组织开展的与父母同行的活动，采取社会招募模式	法定假期	以各类目的地亲子游活动为主，基本无课程内容，缺乏系统性
研学旅行		作为综合实践中考察探究部分，由教育部门和学校有计划地组织安排，通过集体旅行、集中食宿的方式开展的研究性学习和旅行体验相结合的校外教育活动，既是学校教育和校外教育衔接的创新形式，也是教育教学的重要内容，还是综合实践育人的有效途径	原则上为常规教学期间，每学年1至2次	有明确的课程研发体系，要求：学校根据学段特点和地域特色，逐步建立小学阶段以乡土乡情为主、初中阶段以县情市情为主、高中阶段以省情国情为主的研学旅行活动课程体系

三、理解研学旅行的构成要素

从研学旅行的目的、特点和内容等因素考量，研学旅行活动的构成包括九大要素：教育行政管理部门、中小学校、中小学生、研学旅行指导师、研学课程、研学基地、服务机构、研学线路、安全保障。

地方政策应用案例

（一）教育行政管理部门

教育行政管理部门既是研学旅行的保障方，又是研学旅行的决策者和指导者。教育行政部门和学校必须为学生的研学旅行活动保驾护航，提供各类保障措施，要建立工作领导机构，制定有关制度，不断总结推动，为学校开展研学旅行活动提供政策支持。学校要制定具体工作方案，建立研学旅行长效管理体系。

（二）中小学校

学校是研学旅行的主要组织者。学校要制定科学严密的研学旅行工作手册，在研学前制订完善的研学旅行行动计划，做到精心策划、确定主题，并与有关服务机构和研学基地、营地一起科学制定研学旅行实施方案，通过多种宣传方式告知家长。根据学生数量和活动需要，成立专门的工作小组，明确分工，细化方案和责任，周密做好有关准备工作。在研学过程中要严格执行行动计划，做好应急处理，对各类可能出现的问题进行科学研判，做到未雨绸缪，防患于未然。研学结束后要加强后续管理，及时做好研学旅行的总结工作，转化研学成果。应认真总结，积极交流经验，不断完善学校研学旅行课程设计和方案，提升研学旅行的品质。

（三）中小学生

中小学生是研学旅行的主体。据统计2022年全国小学阶段在校生1.07亿人，初中阶段在校生5 120.60万人，高中阶段在校生2 713.87万人，如果研学旅行全面展开，那么中小学生将是中国最大的游客群体。中小学生通过集体旅行、集中食宿方式开展的研究性学习和旅行体验相结合的校外教育活动，达到学校教育和校外教育创新和综合实践育人的目标。

（四）研学旅行指导师

无论研学旅行组织实施形式如何，研学旅行指导师始终是教学质量的直接影响因素。《研学旅行服务规范》中规定应至少为每个研学旅行团队配置一名研学旅行指导师，研学旅行指导师负责制订研学旅行教育工作计划。研学旅行指导师不仅需要创新的教育思维、广博的旅游知识和强大的控场能力，还要有深厚的教学素养和能力，要在研学过程中结合活动内容设置教学内容，在内容上超越教材、课堂和学校的局限，设计出具有探究性、实践性的综合实践活动课程。

（五）研学课程

研学课程是专门为研学旅行设计的课程体系。课程体系设计包含课程目标、课程内容、课程安排、课程评价四大要素在内的集体体验性的教育实践活动。研学课程设计应满足以下要求：课程设计应针对不同学段；设计课程包含课程名称、课程目标、课程简介、实施流程、研究问题、分享展示、总结评价等要素；课程内容与实施要遵循开放、体验、实践、互动、安全等原则；基地可根据自身资源特点编排研学路线，也可研发推荐与周边资源相结合的组合课程。不同类型的课程也对应着不同的资源需求，围绕一次研学旅行的核心主题，要设计线路、行程，每一个流程的学习目标与计划，应该归属于综合实践活动课程的大分类里，可以看成是一个系列主题的基地课程。

例如，湖北省十堰市郧阳区青少年活动中心研学旅行基地对接中小学德育、综合实践活动课程、劳动课、优秀传统文化教育、爱国主义教育等教育目标要求，结合郧阳区实际情况，挖掘本土的自然、历史、人文课程资源优势，充分发挥其教育功能，开发满足小学、初中、高中不同学段需求的"拜水源、寻恐龙、访人类"研学课程体系。

（六）研学基地和营地

研学基地是为中小学生研学旅行提供研学实践教育活动的场所。包括各类青少年校外活动场所、爱国主义教育基地、国防教育基地、革命历史类纪念设施或遗址、优秀传统文化教育基地、文物保护单位、科技馆、博物馆、生态保护区、自然景区、公园、美丽乡村、特色小镇、科普教育基地、科技创新基地、示范性产业基地、高等学校、科研院所、知名企业以及大型公共设施、重大工程基地等优质资源单位。

研学营地是为中小学生研学旅行提供研学实践教育活动和集中食宿的场所。研学营地应有可供学生教学、活动、体验、休整、食宿的场所，且布局科学合理、功能齐全，还应有与研学实践教育活动相匹配的教学设施和器材，且各项教学用具、器材性能完好，能够满足开展研学实践教育活动和集中食宿需求。优质的基地和营地能够提供给学生独特的学习体验与真实的学习环境，能让学习与旅行游玩达成平衡。

（七）服务机构

研学旅行服务机构是联系参加研学旅行的学校学生与研学目的地基地教学资源的

中介机构。因为研学旅行服务对象是中小学生，所以必须强调研学旅行服务机构的专业性和安全性。根据专业性要求，研学旅行服务机构可由专业旅行社和专业教育机构组成。要有专门服务于研学旅行的部门和专职的研学旅行导游队伍，服务机构要有研学旅行系列产品并且不断完善，并具有根据学校的教学内容定制研学旅行线路的能力。基于安全性要求，旅行社作为研学旅行服务机构要在近三年内无重大质量投诉记录及安全责任事故发生，旅行社要对旅行车辆、驾驶员、行车线路、住宿、餐饮严格把关，杜绝安全隐患。

（八）研学线路

从教学设计上看，研学线路要围绕主题，设计沿途较为合适的活动地点，可以是景点基地、博物馆等，所选地点要在格调上与主题具有一致性，不能偏离主题太远。一条好的研学旅行线路可以看出设计者的用心与对教学的理解，如何通过旅行的深入来循序渐进地达成教学目的是线路设计者要考虑的。研学线路包括计划的活动地点、交通、住宿等，需要从合理、安全的角度对研学线路的设计进行规定，做到距离合适，旅程连贯、紧凑，从而保证学生的安全和学习的良好体验。

（九）安全保障

研学旅行行政主管部门、学校、服务机构、基地等组织主体要制定详细的安全应急预案，防患于未然；制定研学旅行活动安全预警机制和应急预案，建立科学有效的安全保障体系，落实安全主体责任；有针对性地对参与研学旅行的师生进行安全教育与培训，帮助其了解有关安全规章制度，掌握自护、自救和互救方面的知识技能；设立安全责任机制，与参与研学旅行的学生家长和开展研学旅行的相关企业或机构签订安全责任书，明确各方安全责任；设置安全管理机构，建立安全管理制度和安全事故上报机制，配备安全管理人员和巡查人员，有常态化安全检查机制和安全知识辅导培训；为研学旅行学生购买基地活动的公共责任险，并根据特色活动需求建议或者协助学生购买相应特色保险；建立健全服务质量监督保障体系，明确服务质量标准和岗位责任制度；建立健全投诉处理制度，保证投诉处理及时、公开、妥善，档案记录完整；对基础设施进行定期管理，建立检查、维护、保养、修缮、更换等制度；建立结构合理的专职、兼职、志愿者等相结合的基地安全管理队伍；培养高素质、爱岗敬业的研学旅行医疗救护人员，特别是青少年医疗人员，加强医疗人员的业务能力培训。

四、把握研学旅行的目标和意义

研学旅行是培育学生践行社会主义核心价值观的重要载体，也是拓展文化旅游发展空间的重要举措。研学旅行承载着基础教育阶段素质教育的重任，其根本目的是落实立德树人的根本任务。指导文件中明确提出了"感受祖国大好河山，感受中华传统美德，感受革命光荣历史，感受改革开放伟大成就，增强对坚定'四个自信'的理解与认同"的爱国主义、革命传统和国情教育目标，同时要求研学旅行的组织开展要以学生"学会动手动脑，学会生存生活，学会做人做事，促进身心健康、体魄强健、意志坚强，促进形成正确的世界观、人生观、价值观，培养他们成为德智体美劳全面发展的社会主义建设者和接班人"的社会责任感和实践能力为培养目标。

研学旅行作为学校教育与校外教育相结合的重要组成部分，其教育教学价值主要体现在以下三个层面：从国家层面看，研学旅行承载着为国家民族培养优秀人才的使命；从学校层面看，研学旅行是突破应试教育向素质教育转变的有效载体，是深化基础教育课程改革的重要途径，是学校教育与校外教育相结合的重要组成部分，是形成学校办学特色和品牌的有效途径；从学生层面看，研学旅行是激发中小学生学习兴趣、培养核心竞争力的重要手段，培养问题解决和思考能力、人际沟通能力、信息管理能力、自我管理能力、适应能力、对社会与文化的包容能力、时间及财务管理能力及自我激励和独立个人品性能力八项能力。

【任务实操二】采访一家研学机构，了解他们对研学旅行的理解，并与本节内容对比，分析有哪些异同点，以及为何会出现这种差异。

实操解析

根据实际采访情况完成。

任务三 解读研学旅行相关政策法规

任务内容		解读研学旅行相关政策法规
对应典型工作名称		研学旅行理论基础（三）
对应典型工作任务描述		学习贯彻关于青少年教育工作的重要讲话精神和国务院及各部委以及各省、自治区、直辖市研学旅行政策法规，能够遵循研学旅行开展的要求
学习目标	素质目标	思政素养 信息敏锐 与时俱进

续表

学习目标	职业能力	熟悉研学旅行提出的时代背景和发展趋势 具备良好的执行能力 具备较高的职业道德和职业素养
	知识目标	掌握研学旅行的法律法规知识 管窥研学旅行在理论和实施方面的规律与要求 熟悉本地研学旅行政策的具体要求

青少年研学旅行是近年来国内兴起的新型教育方式，拓宽了传统教育的外延，突破了传统教育的模式，取得了明显的社会效益。政策法规是党政机关制定的关于处理党内和政府事务工作的文件，一般包括中共中央、国务院及其相关部门制定的规定、办法、准则以及行业的规范和条例规章等。研学旅行政策法规，是指特定国家机关依据法定职权和程序制定的、调整研学旅行活动和管理工作中产生的各种社会关系的规范性文件的总称。它具有明确研学方向、规范研学行为、评价研学成效等重要作用。

为了中小学生的身心健康发展，培养社会主义接班人，国家大力支持青少年研学旅行，近年来发布多项重要文件，要求为学生创造更丰富的研学旅程，创造更安全的研学环境。对研学旅行政策法规进行盘点解读，为研学旅行事业建言献策，助力研学旅行事业发展书写出更加美好的新篇章。

一、学习贯彻关于青少年教育工作的重要讲话精神

习近平总书记曾指出："培养好少年儿童是一项战略任务，事关长远。"他还专门强调："人们想起童年都是美好的、最难忘的，童年也是人的一生中经常会回忆的时光。我看到你们，就想到了我们民族的未来。我国社会主义现代化、中华民族伟大复兴的中国梦，将来要在你们手中实现，你们是未来的主力军、生力军。"以上的重要指示充满了对青少年的关心和希望，是做好研学旅行工作的指导思想，必须认真学习，不断深刻领会，把相关思想落实在研学旅行事业的实践之中。

党的十八大以来，习近平总书记在多次讲话中强调，要加强党的领导，全面贯彻党的教育方针，坚持德育为先、立德树人、全面实施素质教育，中小学生的德育工作要与时俱进，跟上时代的步伐，不断创新德育形式。

相关研学旅行思想汇总

党的十九大报告再次强调，要将立德树人，培养全面发展的人作为人才培养目标。作为新时代的实践育人新模式，研学旅行遵循教育规律，把研究性学习与旅游体验结合起来，有效地将学校教育与校外教育联系起来，强调学习与思维相结

合，体现知识与实践的统一，使学生在教育实践中实现身心健康和谐发展，增强动手实践能力，有助于生活经验的积累、培育学生社会责任感，启发创新精神和实践能力，是中小学生德育的创新形式。2018年9月，全国教育大会提出"坚决克服唯分数、唯升学、唯文凭、唯论文、唯帽子的顽瘴痼疾"，强调"弘扬劳动精神"，"培养德智体美劳全面发展的社会主义建设者和接班人"。要做到这些，就必须落实素质教育，注重学生全面发展，特别是要注重学生实践能力的培养，而研学旅行正是提升学生实践能力的有效途径。

党的二十大报告中提出，推进文化自信自强，铸就社会主义文化新辉煌。在研学旅行的开展过程中，要以社会主义核心价值观为引领，发展社会主义先进文化，弘扬革命文化，传承中华优秀传统文化。弘扬以伟大建党精神为源头的中国共产党人精神谱系，深入开展社会主义核心价值观宣传教育，深化爱国主义、集体主义、社会主义教育，着力培养担当民族复兴大任的时代新人。开展研学旅行活动时，要坚守中华文化立场，讲好中国故事、传播好中国声音，展现可信、可爱、可敬的中国形象。

二、国务院及各部委行动

随着新一轮基础教育课程与教学改革的逐步深入，研学旅行进入我国基础教育改革者的视野，并被列入中小学课程体系之中。1992年国家教委（现更名为教育部）颁布《九年义务教育全日制小学、初级中小学课程计划（试行）》中提出开设两类课程：学科课程和活动课程；2004年颁布的《中共中央国务院关于进一步加强和改进未成年人思想道德建设的若干意见》提出"要丰富未成年人节假日参观、旅游活动的思想道德内涵，精心组织夏令营、冬令营、革命圣地游、红色旅游、绿色旅游以及各种参观、瞻仰和考察等活动，把深刻的教育内容融入生动有趣的课外活动之中"；2010年出台的《国家中长期教育改革和发展规划纲要（2010—2020年）》进一步强调"充分利用社会教育资源，开展各种课外及校外活动"等。为此，2012年教育部下发《关于开展中小学研学旅行试点工作的函》，各地根据此函开始试点，先后选取了安徽、江苏、陕西、上海、河北、江西、重庆、新疆八个省（区、市）开展研学旅行试点工作，并确定天津滨海新区、湖北武汉市等12个地区为全国中小学生研学旅行试验区。2013年，国务院办公厅《国民旅游休闲纲要（2013—2020年）》提出"逐步推行中小学生研学旅行"的设想，首次提出研学旅行的概念。

2014年8月，国务院印发了《关于促进旅游业改革发展的若干意见》，明确了"研学旅行"要纳入中小学日常教育范畴，积极开展研学旅行。同年，教育部印发了《中小学生赴境外研学旅行活动指南（试行）》。2015年国务院办公厅印发《关于进一步促进旅游投资和消费的若干意见》，再次提出要"支持研学旅行发展"。2016年11月，教育部等 11 部门联合印发了《关于推进中小学生研学旅行的意见》。进入 2017 年，国家层面更是比较集中地出台了相关政策。2017 年 5 月 1 日，为进一步提升研学旅行质量，原国家旅游局发布的《研学旅行服务规范》行业标准正式实施。2017 年 9 月 27 日，教育部印发《中小学生综合实践活动课程指导纲要》再提研学旅行。2017 年 11 月，教育部办公厅向中央和国家机关各相关部门、全国地方各省教育厅发出了《关于商请推荐"全国中小学生研学实践教育基地"的函》，在经部门推荐、专家评议、营地实施核查及综合评定的基础上，研究确定并公布了全国 204 个单位为第一批"全国中小学生研学实践教育基地"，同时公布了全国 12 家教育营地为第一批"全国中小学生研学实践教育营地"。综合 2017、2018 年两次公布名单，全国中小学生研学实践教育基地合计 581 个单位，营地合计 40 个单位。由此可知，国家对研学旅行高度重视的程度。

国务院及各部委制定的研学旅行政策法规

2019 年 10 月，紧扣国家经济社会发展所涌现出来的新需求、新业态，教育部在公布的《普通高等学校高等职业教育（专科）专业目录》中将"研学旅行管理与服务"专业增补进入高职专业目录。该专业主要面向旅行社、旅游景区等机构与单位开展研学旅行的新需求而设立。2020 年 10 月，教育部、国家文物局联合印发《关于利用博物馆资源开展中小学教育教学的意见》，对中小学利用博物馆资源开展教育教学提出明确指导意见，进一步健全博物馆与中小学校合作机制。2021 年 7 月，中共中央办公厅、国务院办公厅印发的《关于进一步减轻义务教育阶段学生作业负担和校外培训负担的意见》（简称"双减"政策），对研学产业发展带来重大利好。

拓展知识

三、各省、自治区、直辖市政府行动措施

自教育部等 11 部门印发《关于推进中小学生研学旅行的意见》以来，全国各省、市、县层面积极响应并努力落实。截至 2021 年 8 月，已有 25 个省、自治区、直辖市积极响应国家政策，出台了研学旅行相关的地方政策，如北京、天津、上海、重庆、黑龙江、山东、湖北、湖南、江西、安徽等。许多市、县层面的贯彻更加具体到位，中小学校学期有计划安排，工作有专人负责，研学旅行列入学生社会实践课程学分制管理等，有不少学校已经与本地基（营）地建立了紧密联系，开展了战略合作。

部分省、自治区、直辖市政府研学旅行政策法规

【任务实操三】解读某一具体政策的要点，与同学进行分享。

> 实操解析

根据具体政策进行解读和分析,以2020年1月青岛市教育局印发的《青岛市中小学研学旅行工作管理办法》[①]为例。

1. 研学旅行的内容

我市中小学校研学旅行主要包括知识科普、体验考察、励志拓展、自然观赏、文化康乐等方向,根据不同学段特点和培养目标,不同研学旅行方向可以相互融合,并不断扩展延伸,逐步建立小学以市情为主,初中以市情、省情为主,高中以省情、国情为主的研学旅行体系。

2. 研学旅行的开展时间

(1)中小学生研学旅行应当依据学校的教育教学活动实际和季节特点,一般在每年3—5月、9—11月6个月中进行。

(2)原则上小学4~6年级每学年安排集体研学旅行不少于2次,每次1~2天;初中7~8年级每学年安排集体研学旅行不少于2次(含学工学农),每次1~5天;高中1~2年级每学年安排研学旅行不少于2次,每次1~7天。

(3)鼓励中小学在寒暑假组织学生参与主题明确的研学旅行夏(冬)令营。

3. 研学旅行承办方的要求

中小学校应当与承办单位签订合同,承办单位应当具备国家旅游局《研学旅行服务规范》(LB/T 054—2016)所规定的行业标准。承办单位应当根据研学旅行主题,制定配套活动方案,并配备项目组长、安全员、研学旅行指导师和导游等相关人员,确保研学旅行安全。

4. 研学旅行基地的要求

提供研学旅行实地课程、地接、交通、住宿、餐饮等服务的机构(以下简称研学旅行基地),应当具备国家旅游局《研学旅行服务规范》(LB/T 054—2016)所规定的研学旅行供应方行业标准。研学旅行基地应当根据研学旅行主题和小学、初中、高中不同学段的教育目标,突出研学特色,有针对性地配置教育资源、编制研学旅行课程内容和选派研学旅行导师,力争做到"一地一特色,一地一品牌"。

5. 研学旅行的服务与安全

(1)应当坚持"安全第一"的原则,开展研学旅行活动。实施分级备案制度,开展研学旅行15日前,各区(市)所辖学校应当向区(市)教育行政部门上报《青岛市中小学研学旅行活动备案表》和应急预案,市教育局直属学校和有关民办学校应当向市教育局上报《青岛市中小学研学旅行活动备案表》和应急预案。

[①] 资料来源:青岛市教育局.关于印发《青岛市中小学研学旅行工作管理办法》的通知.http://edu.qingdao.gov.cn/n32561880/n32561882/n32561885/200422151025377305.html.

（2）中小学校组织研学旅行活动应当由学校领导带队，研学旅行实施工作小组相关人员参与，按年级或班级统一行动。学校应当为每个班级配备不少于3人的随行人员（随行人员数量与学生数量比例不低于1∶15），并安排校医或聘请医护人员随行。有条件的学校安排掌握应急知识技能人员随队。

6. 研学旅行的经费

（1）研学旅行承办单位应当研究调整收费标准，所制定的收费标准应当低于同期学生票价和旅游团队票价，给予研学旅行活动特别的优惠。

（2）各区（市）和中小学应当积极探索对家庭经济困难的学生参与研学旅行活动的优抚政策，区（市）、学校、承办单位、研学旅行基地应当共同承担责任和义务，对家庭经济困难的学生给予一定减免。鼓励通过社会捐赠、公益性活动等形式支持开展研学旅行。

7. 研学旅行的工作要求

中小学校应当建立研学旅行档案管理制度，对学校研学旅行工作计划、工作方案、课程内容、照片影像资料、总结材料、家长反馈资料和对承办单位、研学旅行基地的评价资料等进行归档整理。

任务四 构建研学旅行产业生态圈

任务内容		掌握研学旅行产业生态圈
对应典型工作名称		研学旅行理论基础（四）
对应典型工作任务描述		能够分析研学旅行产业生态圈的要素，清楚认识研学旅行生态圈面临的挑战，并能够破解研学旅行生态圈面临的难题
学习目标	素质目标	全局思维 勇于承担 创新意识
	职业能力	主动收集、统计分析研学产业发展信息 掌握研学业务流程 具备与他人进行有效沟通的能力
	知识目标	掌握研学旅行产业生态圈的理论知识 熟悉研学旅行上下游产业链上的相关企业 了解研学旅行产业生态圈的前沿技术和发展动态

一、正确认识研学旅行产业生态圈

（一）研学旅行产业生态圈的层次架构

研学旅行产业生态圈的层次架构需要分别从研学旅行生态环境、研学旅行产业生态结构和研学旅行产业生态链三者之间的相互关系来考虑。

如图1-1所示，研学旅行产业生态环境、生态结构和生态链三者密切联系，层层递进，存在着"共生共享共融共赢"的关系。从三个圈层看，内圈的研学旅行产业生态链是研学旅行产业生态圈的核心，决定了研学旅行产业的竞争力大小，也是研学旅行产业生态圈不同于其他产业生态圈的独特之处；中间圈层的研学旅行产业生态结构是研学旅行产业生态圈的重要组成部分，由各类企业组成，且在其内部形成上下游的关系，决定了研学旅行产业生态圈的内部关系，研学旅行产业生态结构包含研学旅行相关企业、行业，反映了研学企业间的合作与竞争关系；外圈的研学旅行产业生态环境是研学旅行产业生态结构和产业生态链生存与发展的基础条件，它在一定程度上决定了区域研学旅行产业的结构与发展水平。从时间结构上看，外圈层基础性条件的影响是长期的，内圈层核心性影响是短期直接的。

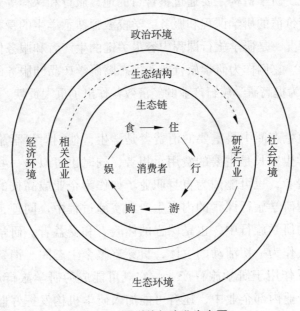

图1-1 研学旅行产业生态圈

（二）研学旅行产业生态圈体系模型要素分析

研学旅行行业属于旅游与教育融合发展的交叉领域，所涉业态、行业边界和利益相关者正处于发育演化过程中。目前，研学旅行产业生态圈的主要特点是利益相关者类型较多,包括学校、教师、学生、家长、政府部门、研学机构、人才培养单位、研学旅行基(营)地,以及旅游交通、餐饮、住宿等支持部门。参照旅游产业生态圈层次架构模型,具体可将研学旅行产业生态圈分为物质和能量源、生产者、消费者、分解者和生态环境五个部分。①

1. 物质和能量源

旅游产业生态圈的物质和能量来源是资金、信息、人才、政策和技术,这是研学旅行产业生态系统存在的基础和发展的根源所在,也是研学产业生态圈的重要基础组成部分。在市场经济的前提下,资金、信息、人才和技术都是通过市场来实现资源的优化配置,政策为之辅助。它们为研学产业生态圈提供了源源不断的不竭动力,使研学旅行产业生态圈得以存在和发展。

2. 生产者

研学旅行产业生态圈的生产者是研学机构,主要承担各类研学目的地的课程开发、课程服务和场地提供等功能。其中,研学旅行基地营地是经过教育系统认定,具有一系列研学课程和符合一定硬件标准的场地,多为博物馆、景区、各类军事拓展营地等。企事业单位和城镇乡村的开放,可以为研学旅行提供各种职业体验、社会调研、劳动教育等内容和场地。研学机构主要通过整合目的地、旅行和课程等资源,提供具有教育价值的研学课程和服务。学校教师熟悉学生的身心发展特点和学习情况,是研学旅行课程内容最关键的生产者和服务体验最核心的保障者。它们作为研学旅行产业生态圈研学产品和服务的制造者和提供者,为提高研学旅行产业的经济效益作出了重大贡献。

拓展知识

3. 消费者

研学旅行产业生态圈中最重要的消费者是学生,他们对研学旅行课程有最直观地体验和反馈。学生家长是主要的费用承担者,同时也可以是一些亲子研学课程的体验者和直接消费者,也可能因为自身职业(如作为企业或高校的专家型研学旅行指导师)而参与到研学旅行课程的内容生产和实施过程中。同理,学校教师在超出自己认知范围内的研学旅行中,也是课程的体验者和受益者。研学旅行产业生态圈的特殊之处在于人作为一切活动的主体,贯穿着整个生态圈。消费者既消费了研学产品和服务,又反作用于研学旅行产业。它既可能成为研学旅行产业的人力资源,也有可能参与到产业内部企业中,还有可能加入研学机构发挥好监管作用,更可能仅仅作为一名消费者。因此,消费者是整个研学旅行产业生态圈中最为关键和最为活跃的因素。

---

① 马勇,周婵.旅游产业生态圈体系构建与管理创新研究[J].武汉商学院学报,2014,28(117):5-9.

4. 分解者

研学旅行产业生态圈的分解者，主要承担研究行业现象、制定行业规范、保障行业各方权益、监管和引导行业有序发展等功能。研学机构存在的目的即监督和完善研学旅行产业生态圈，强化生态圈内部的沟通与协作，实现行业自律，保护研学者的合法权益，同时促进研学旅行产业的健康、有序、持续发展。政府部门主要从政策上规范和助推行业发展；高等院校和研究机构主要研究行业各方机制和相关理论及应用，并提供相应的行业人才培养平台；行业协会则是将单个的企业和从业人员聚拢成不同的群落，促进各群落之间的分工、协作和友好竞争环境。

5. 生态环境

研学旅行产业生态圈的生态环境即围绕研学旅行产业发展的政治环境、经济环境、社会环境和生态环境。任何生态系统都与生态环境息息相关，因此研学旅行产业生态圈的生态环境是至关重要的组成部分。政治环境指与研学旅行相关的政策、制度、法律、法规等。经济环境指整个宏观经济和区域发展状况。社会环境是研学旅行产业生态圈运行的精神文明环境和社会文化环境，如城市、乡镇、各族各地区的社会文明和文化氛围。生态环境是指研学旅行产业生态圈中最根本的生态环境，包括山河湖泊、花草树木、虫鱼鸟兽等。前两者对研学机构的发展有重要影响，而后两者是研学旅行课程的主要载体。

二、研学旅行生态圈面临的挑战

（一）生产者面临的挑战

研学旅行行业的生产者面临着多重挑战。目前，承担研学旅行指导师工作的多为导游和教师。事实上，导游更加擅长"游"和"行"，缺乏教育教学方面的相关知识；而教师大多是专业性强的教学人才，缺乏"旅行"方面的知识。研学旅行指导师目前普遍存在教育修养不够、知识储备欠缺、组织协调能力较弱等问题，"只学不旅"或"只旅不学"的现象层出不穷，背离了研学旅行的初衷。一方面，研学旅行基地营地要想提升课程质量，需要聘请高水平的教育人才进行课程设计和实施。另一方面，为了丰富研学旅行课程的种类和学生的参与体验度，需要增加很多必要的硬件和软件，这势必会增加基（营）地的投资运营成本，与研学旅行的"公益性原则"相矛盾。

根据对全国研学企业用人需求的调研结果[①]，研学企业对于研学类岗位人才的主要需求集中于研学课程开发师、研学旅行产品销售人员、研学旅行指导师和研学线路设

---

① 本模块调研结果引自研学旅行管理与服务专业研制组撰写的《研学旅行管理与服务专业人才培养调研报告》。

计师这四大岗位。此外，研学旅行基地运营人员和研学导游也是企业需求相对较多的岗位。调研发现，研学企业希望研学从业人员能够具备研学旅行相关政策及法律法规、研学旅行行业标准、心理学、中华优秀传统文化、安全与消防和研学旅行课程设计等知识内容。在实际工作中，研学企业更加青睐具有研学旅行课程设计与实施能力、研学活动组织与管理能力、图文设计与产品策划能力、研学旅行计划调度与安全管理能力以及良好沟通表达能力的研学从业人员。团队精神、爱岗敬业、有亲和力、关爱学生、爱国情感、健康的身心及健全的人格、安全意识和服务意识等专业素质更受企业关注。

另外，研学企业认为当前毕业生存在项目综合策划与运营能力不足、专业技能不强、吃苦耐劳精神欠缺、专业知识匮乏等短板，亟须尽快补足。针对人才培养问题，与企业合作建立实习基地、根据行业需求设置专业模块课程、为学生提供真实的项目是更加符合企业期待的人才培养方式。企业也更加期待未来学校能够进一步了解企业的岗位需求和用工需求，能够及时为企业提供高质量的专业人才和专业服务。因此，未来加强校企之间的合作，根据行业需求对人才进行系统培养是必然趋势。

总体而言，旅行社和研学机构需要投入更多的人力成本和时间成本进行研学旅行课程研发和研学旅行指导师培养。学校和学生对教育内容的更新和多样性要求，倒逼旅行社、研学机构加速课程设计迭代。但是，目前从事研学旅行指导师的人数较少，优秀毕业生从事研学旅行行业的意愿较低，而研学团对于研学旅行指导师的知识讲解、学习辅导等能力要求较高，研学行业陷于高素质专业人才缺乏的困境。另外，学生大规模出行的时间基本属于旅游旺季，优质的研学旅行指导师无法照顾到每一个研学团，造成学生学习效果参差不齐。中小学教师同样面临着学校教学管理任务繁重和研学旅行设计与实施任务复杂的双重挑战。同时，调动中小学教师在研学旅行研究和指导工作方面的积极性，推动教师课堂之外教学技能的提升，也面临着相关政策激励和经费不足的挑战。

（二）分解者面临的挑战

分解者提供研学旅行行业可持续发展的人才培养、理论研究与相关政策支持。高校和职业院校作为研学人才培养单位，需要研究和适应行业需求，以"旅游＋教育"推动旅游教育创新，为行业高质量人才的培养提供保障。

对全国19个省、自治区、直辖市的30所职业院校进行调研后发现，被调研院校普遍认为研学旅行专业的学生应该具有爱国主义情感、社会公德、团结协作、顾全大局、爱岗敬业、服务意识、安全意识、遵纪守法、有亲和力、关爱学生和工匠精神等素质，具备中国优秀传统文化知识、研学旅行法律法规及行业标准、安全消防、研学旅行课程设计等相关知识，注重培养学生的研学旅行产品开发能力、指导学生开展研学课程的能力、交流沟通能力、良好的口语表达和书面写作能力、对研学旅行活动进行组织与管理的能力等。

打造高水平专业教学团队对研学专业发展至关重要。目前，研学旅行管理与服务专业专职教师的数量较少，在被调研院校中有86%的院校专职教师数量小于10人，其中小于5人的院校占45%，5～10人的院校占41%，10～20人的院校占10%，超过20人的院校占比仅为3%，因此，研学管理与服务专业专职教师短缺，需要加强研学师资培训，增加研学专业老师数量。双师型教师在专业教师中的占比不高，调研院校中只有14%左右的院校拥有100%双师型教师，56%的院校双师型教师比例为50%～100%，而双师型教师比例不足50%的院校占30%。

在校内外实践教学方面，研学旅行基地实训室应配备研学教材教具、研学旅行基地接待系统、研学旅行基地规划软件、研学旅行基地沙盘、医疗急救物品、消防栓、灭火器等，研学产品设计实训室应配备研学旅行产品图文设计软件、多媒体、投影仪、虚拟VR场景、模拟沙盘等，研学旅行讲解实训室应配备交互式场景软件、研学讲解系统、一体化智慧屏幕等，研学指导师实训室应配备研学旅行指导师业务实施训练系统、场景录播系统和器材、研学器材、教材教具等，智慧研学旅行实训室应配备研学相关人工智能技术、一体化智慧屏幕、VR体验设施，研学营销实训室应配备线上营销系统、市场营销模拟平台、呼叫中心等软硬件设施设备。同时，院校也应当通过校外实训活动，加强与研学企业的紧密融合，创建融合机制，通过提供校外实训场所，使学生能有效地参与校外实践活动，从而使各方面的专业能力得到锻炼。

此外，高校和行业科研机构需要关注研学旅行发展所衍生的关键议题，在研学活动的教育属性、研学课程设计、研学旅行中的学习机制、学生学习效果评价等方面加大科研力度。政府部门需要进一步研究协调研学旅行的公益性与营利性之间的矛盾，协调科研机构和行业协会，尽快研究制定行业准入监管机制和质量保障体系，推动市场良性运行和监管效能。

（三）外部环境面临的挑战

从外部环境看，首先，在区域政策环境方面，只有拥有更多优质的研学目的地，才能提供给学生更多选择和学习内容。同时，研学安全、研学费用、研学机构服务标准等相关的政策和财政支持也备受关注。其次，区域经济环境决定了当地学生的研学目的地选择和研学质量。如东西部经济的差距，造成了同样的研学旅行课程安排，最终在服务质量、学习效果等方面差距甚大的局面。最后，瞬时、大规模的研学团也会对研学目的地的自然环境和社会环境造成较大的环境干扰和流量压力，对当地课程质量的保持带来了巨大的挑战。

拓展知识

对国家出台的研学旅行相关政策进行梳理后发现，2013年2月出台的《国民旅游休闲纲要（2013—2020年）》最早提出要逐步推行中小学生研学旅行。此后，国家出台了系列政策以有效推进中小学生研学旅行。2016年11月，《关于推进中小学生研学旅行的意见》发布后，全国多个省、区、市积极响应国家政策，出台了研学旅行相关的地方政策，推动本地研学旅行健康发展，帮助中小学生身心健康成长。从各省出台的政策来看，大多数省、区、市已经有计划地将研学旅行纳入学校教育教学计划中，促进了研学旅行与学校课程和学生学习的有机融合，确保每位中小学生都能参加有效的研学旅行。

但是，当前出台的政策多是对研学旅行的统筹安排和业务指导、课程建设、基地建设、活动组织与管理等方面的内容作出规定，比较缺乏对专业人才进行培养的具体方向、系统方案和有效措施。2021年7月，中共中央办公厅、国务院办公厅印发《关于进一步减轻义务教育阶段学生作业负担和校外培训负担的意见》（简称"双减"政策），指出要强化学校教育主阵地作用，深化校外培训机构治理，有效缓解家长焦虑情绪，坚决防止侵害群众利益的行为，构建教育良好生态，促进学生全面发展、健康成长。研学旅行作为健康教育生态的重要组成部分，在"双减"政策背景下会越来越受到学校和家长的关注，研学旅行新需求也会得到充分释放。因此，有必要进一步明确研学旅行开展的要求及专业人才培养方案，助力研学旅行真正成为帮助学生开阔眼界、增长知识、促进书本知识和生活经验相融合的学习方式。

三、改善研学旅行生态圈的方法

（一）营造良好的政策环境

中小学研学旅行的课程建设离不开良好的课程运行环境和完善的外部保障体系作为支撑。2016年11月，教育部等11部委联合印发《关于推进中小学生研学旅行的意见》，将研学旅行纳入中小学教育教学计划。截至2021年8月，已有25个省、自治区、直辖市积极响应国家政策，出台了研学旅行相关的地方政策。在旅游业、教培行业转型升级的背景下，研学旅行相关的政策红利仍然在持续释放，密集的政策引导和需求牵引，迅速催生了一个庞大的研学市场，同时也推动研学旅行成为旅游发展的重要新业态之一。

目前来看，研学旅行行业关注的焦点主要是安全、经费、课程化、人才、基地、数字化等问题。政府及社会有关部门应制定相关政策及法律法规推动研学旅行课程建设，为研学旅行课程建设创造良好的外部环境。同时，应出台相应的政策文件，为中小学研学旅行课程建设提供支持和补贴，协调好学校和社会资源，服务中小学研学旅行课程的开展。此外，还应加强对研学旅行基地的建设和管理，建立研学旅行基地及研学机构的行业准入标准和评价体系，规范研学旅行市场，联系和利用好社会资源，建设一批具有高质量、高水准的研学基地和研学旅行指导师团队，做好对中小学研学旅行的监督工作。

（二）进行精准的行业研究

2016 年 11 月，《关于推进中小学生研学旅行的意见》出台后，全国多个省、区、市陆续颁布了具体实施意见，研学旅行在全国快速推进，成为当前教育改革和文旅融合的热点议题。在自上而下的行政力量和自下而上的市场力量共同推动下，近年来国内研学行业呈现井喷式发展。但与此同时，行业初期发展的众多乱象也逐渐暴露出来，如缺乏准入标准、人才培养缺失、经营主体混杂、恶性竞争频现、课程重游轻学、教旅价值不清等问题，一定程度上威胁到研学行业可持续发展和实践育人目标的实现。因此，加强对行业发展的系统研究，精准识别行业发展痛点并弥补关键短板，系统提升利益相关者的认知和能力，是推动研学旅行行业向更快更好发展所需要迈出的重要一步。

与传统旅游产业相比，研学旅行不仅没有缩小覆盖企业的类型，更是在传统的景区、研学旅行服务机构、酒店基础上，增加了基地、研学旅行机构、教育培训机构、留学机构、文化传播公司、学校等新主体类型，就业范围更广、岗位类型更多、技术含量更高。因此，有必要对研学行业进行精准研究，以适应研学旅行产业链的延长。研学旅行产业链如图 1-2 所示。

拓展知识

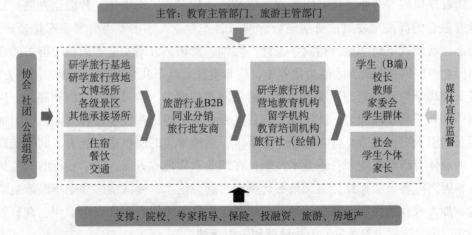

图 1-2　研学旅行产业链

(三) 培养高素质的专业人才

研学旅行是融社会调查、参观访问、亲身体验、集体活动、同伴互动、文字总结为一体的综合性社会实践课程。它既不同于课堂学习，也不同于团队旅游，其本质是一种体验式学习，课程主要由前置课程、体验课程和拓展课程三部分构成。根据研学旅行课程的特征，研学旅行管理与服务专业人才培养应当以职业能力培养为导向，突出跨界能力和创新能力的培养，重点聚焦于职业基本素质、旅行服务能力、教育教学能力和特殊专项能力四个方面。换言之，无论是导游还是教师，都很难单独承担研学旅行课程的开发和组织工作。因此，研学行业亟须培养具备旅游和教育双重知识的高素质专业人才，主要有两种途径：一是在学校开展研学旅行管理与服务专业教育；二是在企业或培训组织中开展职业培训。

研学人才的培养要满足研学旅行服务的需求。研学作为依托教育、旅游两大领域的综合性行业，行业结构发生变化，产业链上各企业所提供的产品和服务内容也发生变化。学生研学体验提升成为趋势，随着研学旅行行业规范发展，校方用户需求的不断提升，倒逼研学行业的人才综合素养需要进一步完善，而研学行业人才的素质提升又必然给用户带来更好的用户体验，这种良性机制，有效提高了行业用户黏性；研学行业协同整合成为趋势，研学旅行行业在产品设计与服务过程中，具有完善的研学课程设计、渠道建设、商业化落地等各个层级的协作，研学行业需要更多高素质技术技能人才促进研学全行业协同整合，进而提高行业竞争力；新型冠状病毒感染疫情常态化背景下，"互联网+研学"成为未来发展的另一个趋势，需要院校深入研究研学行业与互联网的整合，培养专业人才参与行业流量、产品和服务优化提升等工作岗位。

随着现代旅游产业优化升级需要，旅游产业数字化、网络化、智能化发展，旅游和教育融合的高质量发展；研学旅行管理与服务专业人才培养需要紧密对接新产业、新业态、新模式下研学旅行运营、设计、咨询、营销、方案实施等岗位（群）的新要求。因此，在本专业的人才能力培养中，应着重注意以下几个方面：在能力培养方面，应着重提高学生沟通能力、发现问题并解决问题的能力、学习能力、创新能力、应用新媒体和智慧化手段能力、抗压能力和各类专业能力等；在教学过程方面，应增加真实项目的引入，提前适应行业和企业的要求，增加学生的岗位适应能力，同时兼顾培养一两项体育游戏技能和音乐美术技能；在职业素质培养方面，研学旅行的对象是青少年，因而应着重加强社会主义核心价值观、理想信念、爱国情感和中华民族自豪感塑造，加大教育情怀和亲和力的培养，培养学生具备法律意识和安全意识，在日常教学和实训中，注重培养学生的团队精神和协作精神。

（四）加强高素质师资队伍建设

高素质的师资队伍是指导研学旅行开展的重要保障，因此可以采取内培外引的方式建立双师型素质教学团队，采取多种措施全力提高教师的教学能力和水平。在研学企业中聘请高水准企业导师，为师生传授专业经验。通过深度校企融合，共建一批专兼结合的"双导师"教师团队。具有高职旅游教育背景的专职教师可以发挥其"教育和心理"方面的优势，给予学生在教育学和心理学等专业方面的学习指导，引导学生树立教育情怀，帮助学生掌握教育理论和教育规律，提升学生的课程设计与实施、教学组织与管理等教育教学能力。来自研学业务机构的企业导师则可以充分发挥其在"旅游和研学"方面的优势，在学生实训和顶岗实习中给予实践指导，培养学生的组织运营技巧，使学生具备扎实的研学综合实践能力。

【任务实操四】绘制研学旅行产业生态圈。

研学旅行产业生态圈如图 1-1 所示。

项目二

设计中小学生研学旅行课程

🔍【项目导入】

暑期，枣庄市峄城区A校拟以本地特色产品"石榴"为核心，设计劳动教育主题的研学旅行课程，邀请B旅行社参与课程设计与实施工作。B旅行社派出项目部李经理负责该项目的执行。

在与A校进行工作对接的过程中，李经理了解到A校是一所十二年一贯制学校，集小学、初中和高中为一体，且学校基于区域的石榴种植特色，开发了系列校本课程。根据学校秋季学期教学计划安排，1~3年级学生的研学旅行课程安排在第5教学周，4~6年级学生的研学旅行课程安排在第6教学周，7~8年级学生的研学旅行课程安排在第7教学周，10~11年级学生的研学旅行课程安排在第8教学周。B旅行社需要为学校提供全套的研学旅行课程设计方案及配套教学方案。

任务一　掌握中小学生研学旅行课程设计理念

任务内容	作为 B 旅行社的工作人员，对该校研学旅行课程总体设计提供建议
对应典型工作名称	课程设计
对应典型工作任务描述	根据客户需求，设计主题研学课程内容，制订研学课程实施总体计划
学习目标　素质目标	关爱学生 质量意识 服务意识 具备良好的教师职业道德与职业素养★
学习目标　职业能力	能够与他人进行有效沟通 能够分析学情及研学需求★ 能够有效实施研学旅行课程★
学习目标　知识目标	掌握课程设计知识 掌握中小学课程知识

一、认识研学旅行课程

（一）研学旅行课程的定义

1. 课程的定义

在我国，"课程"一词最早出现在唐宋时期。唐代孔颖达对"奕奕寝庙，君子作之"作疏："维护课程，必君子监之，乃依法制。"但这里的课程指的是"礼仪的活动形式"；宋代朱熹在《朱子全书·论学》中曾多次提到"课程"一词，如"宽着期限，紧着课程""小立课程，大作工夫"等，这里所使用的"课程"意指功课及其进程。在西方国家，"课程"（curriculum）一词源于拉丁文词根"currrer"，最早见于英国教育家斯宾塞的《什么知识最有价值》，意为"跑道"。根据这一词源，西方对"课程"最早的解释是"学习的进程"。关于课程的概念可谓众说纷纭，概括起来，可以归为以下三类。

研学旅行课程
内涵及定位

（1）课程作为学科，这是使用最普遍也是最常识化的课程定义。如《中国大百科全书·教育》中对于课程的定义是"广义的课程是指所有学科（教学科目）的总和，或学生在教师指导下各种活动的总和；狭义的课程则是指一门学科或一类活动"。这种课程定义片面强调内容，而且把课程内容仅限于源自文化遗产的学科知识，将课程内容与课程过程割裂开来，对学习者的经验重视不够。

（2）课程作为目标或计划，这种课程定义把课程视为教学过程要达到的目标、教学的预期结果或教学的预先计划。这种课程定义将课程视为教学过程之前或教育情境之外的东西，把课程目标、计划与课程过程、手段分开，并片面强调前者，其缺陷也是忽视了学习者的现实经验。

（3）课程作为学习者的经验或体验，这种课程定义把课程视为学生在教师指导下获得的或学生自发获得的经验或体验。这种课程定义的突出特点是把学生的直接经验置于课程的中心位置，消除了课程中"见物不见人"的倾向，消除了内容与过程、目标与手段的对立，其缺陷在于忽视了系统知识在儿童发展中的意义。

20世纪60年代以后，课程的含义被大大扩展。研究者认为学校生活中的非学科经验对于学生的态度、动机、价值观的形成和发展也有明显的作用，以学科为中心的课程观受到了挑战，当代课程观注重学习者在学校环境中的全部经验。另外，将课程主要看作是教程的静态课程观也受到了挑战，课程不再被看作是单向的传递过程，而是双向的流动实践过程。

基于以上观点，我们认为课程是一种通过教师、方案、学生三者之间的互动以实现教育意义的专业实践。在这一过程中，教师根据一定的目的，用"课"的方式，规范、引导学生学习的过"程"，即教师通过专业化的设计、安排学习机会，促进学生的学习。

2. 课程的基本类型

（1）按照课程教学形态进行划分，可以分为学科课程和活动课程。

学科课程是指根据培养目标，分门别类地从各门科学中选择适合学生年龄特征与发展水平的知识所组成的教学科目，也称分科课程。它强调不同学科门类之间的相对独立性，强调一门学科的逻辑体系的完整性。学科课程的优点在于能够突出教学的逻辑性和系统性，易于学生在较短时间内掌握人类长期积累起来的科学文化基础知识和基本技能。其弱点也很明确，一是由于分科课程的"分科"是人为的，因而缺乏内在整合性，忽视知识的联系性，从而也割裂了学生的理解力；二是忽视了学生的学习动机、现实兴趣和生活经验，使学生处于被动、消极之中。

活动课程与学科课程相对立，它打破了学科逻辑系统的界线，以学生的兴趣、经验、需要和能力等为基础，强调不同学科的相互整合，通过引导学生进行有目的的活动促进学生发展。活动课程的优点在于重视学生的经验、兴趣、需要、能力等，注重引导学生在做中学，有利于培养学生的创新能力和实践精神；其缺点在于对系统的科学文化知识的重视程度不够，过于重视学习过程的灵活性而导致缺乏规范性，以及对于教师的素质要求过高，不易于实施与落实。教育部印发的《基础教育课程改革纲要

（试行）》中明确指出小学阶段以综合课程为主，初中阶段设置分科与综合相结合的课程，高中以分科课程为主。[①]

（2）按照课程教学要求进行划分，可以分为必修课程和选修课程。

必修课程是指为保证所有学生的基本学力，由政府或学校规定的学生必须修习的课程，所占比例较大。我国规定，从小学至高中要设置综合实践活动并作为必修课程，其内容主要包括信息技术教育、研究性学习、社区服务与社会实践以及劳动与技术教育。[②]综合实践活动的具体内容可由地方和学校根据教育部的有关要求自主开发或选用。[③]

选修课程是指为使学生在普遍达到基本要求的前提下实现有个性地发展而开设的培养学生生存能力、实践能力和创造能力的课程。我国鼓励学校努力创造条件开设丰富多样的选修课程，以利于学生获得更多的选择和发展的机会。

（3）按照课程管理权限进行划分，可以分为国家课程、地方课程和校本课程。

为保障和促进课程对不同地区、学校、学生的适应性，我国实行国家、地方和校本三级课程管理。

国家课程是指国家教育行政部门规定的统一课程，它体现着国家意志，是专门为未来公民所要达到的共同素质而开发的课程。教育部总体规划基础教育课程，制定基础教育课程管理政策，确定国家课程门类和课时。

地方课程是指在国家规定的各个教育阶段的课程计划内，由省级教育行政部门依据当地的政治、经济、文化等发展实际和需要而开发的课程。省级教育行政部门依据国家课程管理政策和本地区实际，制订本省（自治区、直辖市）实施国家课程的计划，规划地方课程，报教育部备案并组织实施。

校本课程是指以学校教师为主体，在实施国家课程和地方课程的前提下，充分利用当地和学校的课程资源所开发的多样性的、可供学生选择的课程。学校在执行国家课程和地方课程的同时，应视当地社会、经济发展的具体情况，结合本校的传统和优势、学生的兴趣和需要，开发或选用适合本校的课程，学校有权利和责任反映在实施国家课程和地方课程中所遇到的问题。[④]

（4）按照课程呈现方式划分，可以分为显性课程和隐性课程。

显性课程是指一个教育系统内用正式文件颁布提供给学生学习，学生通过考核后可以获取特定教育学历或资格证书的课程，表现为课程方案中明确列出和有专门要求的课程。显性课程是有明确目标要求的、公开性的，且能够被所有课程主体所意识到。

隐性课程是指以内隐的、间接的方式呈现课程。它是学生在显性课程以外所获得

---

①②④ 教育部.关于印发《基础教育课程改革纲要（试行）》的通知［EB/OL］. http://www.moe.gov.cn/srcsite/A26/jcj_kcjcgh/200106/t20010608_167343.html.

③ 教育部.关于印发《义务教育课程设置实验方案》的通知［EB/OL］. http://www.moe.gov.cn/srcsite/A26/s7054/200111/t20011119_88602.html.

的所有学校教育的经验,并不作为获得特定教育学历或资格证书的必备条件。隐性课程有多种表现形式,包括隐藏于显性课程之中的意识形态、学校的校风和学风、教师的教育理念、学校管理体制、学校建筑和教室布置等。

显性课程和隐性课程不是对立的,两者互动互补、相互作用,在一定条件下,两者可以相互转化。

3. 研学旅行课程的定义

由于中小学生的研学旅行课程需要符合教育规律性和严谨性,在实际工作中,要求更高,难度最大,也会包含其他情况,因此,本书中关于研学旅行课程的论述主要以此类为自主,辐射其他年龄段所需的研学旅行课程。

本书认为,研学旅行课程是围绕正确的价值观,依据研学旅行的目标而设计的教学方案,它包含课程目标、课程内容、课程实施、课程评价等要素。

2016年11月,教育部等11部门联合印发的《关于推进中小学生研学旅行的意见》(以下简称《意见》)中对于中小学生研学旅行作出如下定义:中小学生研学旅行是由教育部门和学校有计划地组织安排,通过集体旅行、集中食宿方式开展的研究性学习和旅行体验相结合的校外教育活动。

《意见》中提出,各中小学要结合当地实际,把研学旅行纳入学校教育教学计划,与综合实践活动课程统筹考虑,促进研学旅行和学校课程有机融合,要精心设计研学旅行活动课程,做到立意高远、目的明确、活动生动、学习有效,避免"只旅不学"或"只学不旅"现象。这些要求鲜明地提出了学校推进研学旅行活动的基本要领,即在研学旅行课程设计与实施过程中,应当构建一种实践活动形态的综合性课程,这类课程不仅是跨学科的,而且应该促进学生德、智、体、美、劳的全面发展。

同时,《意见》中还明确要求学校根据学段特点和地域特色,逐步建立小学阶段以乡土乡情为主、初中阶段以县情市情为主、高中阶段以省情国情为主的研学旅行活动课程体系。也就是在研学旅行课程开发过程中,需要结合乡土乡情、县情市情、省情国情和学生的研学需求,在研学内容设计中既要兼顾学生的生活情境,又能引导学生关注人类社会和自然界的问题,为学生开展实践学习提供一整套的体验活动和专题研究的指导方案。

(二)研学旅行课程的正确定位

1. 校内外教育相结合的重要组成部分

综合实践活动课程与学科课程并列设置、相互补充,是中小学课程结构不可或缺的组成部分。研学旅行是中小学综合实践活动的重要方式,因而是各个学段课程方案中的必修课程。研学旅行课程是学科课程内容的延伸、综合、重组与提升,既是学科课程基础知识、基本原理的应用,也是对学生各学科核心素养养成的实践检验、各学科领域学习成果的拓展和加深。研学旅行的开展利于推进中小学研究性学习,培养学生良好的学习习惯。

2. 拓展地方课程和校本课程的重要载体

研学旅行课程的开发需要综合考量学校育人需求和地方研学资源特色,基于此,研学旅行课程的开展能够进一步推进中小学地方课程、校本课程的建设和实施,使地方课程、校本课程突破地域资源限制,拓展地方课程、校本课程的视野,提升地方课程、校本课程的品位和实效。

3. 培育学生发展核心素养的重要路径

研学旅行对于全面培育人文底蕴、科学精神、学习能力、健康生活、责任担当、实践创新等学生发展核心素养,落实立德树人根本任务以及培养德、智、体、美、劳全面发展的社会主义建设者和接班人具有重大意义。随着高校和高中招生考试的改革,综合素质评价成为招生录取的重要参考,研学旅行作为综合实践活动的有效方式,对高考和中考的影响也日益凸显。

(三)中小学生研学旅行课程的特点

中小学生研学旅行不是泛泛的游学,而是纳入教育部门和学校教育教学计划的重要教育教学活动,是参与学生一个也不能少的集体教育活动。研学旅行课程一般具有以下几个特征。

1. 教育性

研学旅行虽然只是一种校外教育活动,但并非一般意义上的旅行活动,而是学校组织的,有目的、有计划的集体旅行式的教育活动,并且是在真实情境下以研究性学习的方式来完成的旅行体验,基于学生的真实生活、以研究性学习为主导方式,注重体验和探究,都是让教育回归到"知行合一"的本质上来。

2. 实践性

研学旅行是学校理论教育与校外实践教育相结合的教育教学方式,面对自然界与社会的真实情境,让学生在"做""考察""探究""旅行""反思""体验"等一系列实践活动中发现和解决现实问题、体验和感受真实生活。

3. 跨学科性

研学旅行是跨学科的综合教育教学课程,它整合教育教学内容和方式,鼓励学生综合运用各学科知识和方法,思考、认知、解决综合性问题,要求学生综合考虑与自然、与他人、与社会、与自我的关系。

4. 生成性

学生在研学旅行课程实际开展过程中,会时刻产生新的想法,并在实践活动中不断进行修正与改进,直至找到新的解决问题的方式。研学旅行强调教师和学生在活动中共同创生的过程,体现着强烈的生成性特征。

5. 开放性

研学旅行将课堂延伸至校外，学习情境是开放的，学生探究的问题没有唯一的答案，有利于发散思维。研学活动是开放的，学生面向真实的世界，与开放的社会互动。

6. 趣味性

研学旅行离开学生常住地，旅行经历、异地景观和研学实践容易引发学生探究兴趣，提高学生的生活品位、审美情趣和创新意识，因而研学活动往往也更加丰富、有趣。

7. 持续性

从实践操作的视角看，相较于一般的学校课程而言，研学旅行课程持续时间普遍较长，一般为半天、一天、两天、三天，乃至一周时间。

（四）中小学生研学旅行课程设计遵循的基本理念

1. 落实立德树人的根本任务

2014年，教育部印发的《教育部关于全面深化课程改革落实立德树人根本任务的意见》中指出，立德树人是发展中国特色社会主义教育事业的核心所在，深化课程改革、落实立德树人根本任务具有重大意义。因此，研学旅行课程应坚持全面落实以学生为本的教育理念，充分发挥跨学科主题活动的综合育人功能，提高学生综合分析问题、解决问题的能力。

2. 培育学生发展核心素养

2016年9月，中国学生发展核心素养研究成果新闻发布会召开，公布了《中国学生发展核心素养总体框架》。学生发展核心素养，主要是指学生应具备的，能够适应终身发展和社会发展需要的必备品格和关键能力。核心素养是关于学生知识、技能、情感、态度、价值观等多方面要求的综合表现，是每一名学生获得成功生活、适应个人终身发展和社会发展都需要的、不可或缺的共同素养；其发展是一个持续终身的过程，可教可学，最初在家庭和学校中培养，随后在一生中不断完善。因此，研学旅行课程应该更加注重学生"能够干什么"和"具有怎样的行为表现"，强调从"表达输出"的角度刻画学习者所应具有的行为表现。

3. 注重寓教于乐的教学形式

研学旅行应以"寓教于乐、润物无声"为原则，充分利用"听、看、讲、触、演、感"的全方位、立体化、多模式的教学方式对学生进行引导，激发学生的学习动机，关注学生的身心体验，提升学生的学习参与感。

4. 关注知行合一的体现

"知行合一"是将课堂所学知识内化到主体的认知结构中，并产生相应的思维活动，最终将其付诸实践的过程。研学旅行课程将教学内容与课外真实情境相连接，因而学生在研学旅行过程中能够将所学知识内化于心，形成自身的认知结构，并在研学主题相关活动中进行理论与现实的对照，发现理论的不足，利用现实的感受和经验去补充并完善所学理论。此外，学生在自然中探索、在社会中实践、在活动中学习，在运用所学知识的同时获得了知识课堂所缺失的真实情境体验，升华所学学科知识内容，进而达到对课堂知识的反思、巩固、运用与超越。

【任务实操一】请绘制出"认识研学旅行课程"部分的思维导图。

实操解析

略。

二、认识中小学生研学旅行课程设计的理论基础

（一）自然主义教育理论

1. 自然主义教育的内涵

自然主义教育思想代表的是一种遵从儿童天性、遵循自然规律的教育观。教育应当遵循儿童身心发展的自然规律，顺应儿童的天性。

2. 自然主义教育的发展脉络

一般认为，自然主义教育发源于古希腊，可追溯至亚里士多德，经夸美纽斯和卢梭的正式确立，再到裴斯泰洛齐、杜威等学者的不断继承与发展，形成至今颇具影响力的教育流派。

亚里士多德基于对当时教育现状的思考与柏拉图教育理念的总结，提出"教育效法自然"的主张，认为教育应当遵循人自然发展的阶梯顺序：首先，是以体格教育为主的婴幼儿教育，重点关注身体健康与发育等生理方面的需求，使其有一个健康的体魄；其次，是以德育为主的儿童教育，重点留意于情欲与习惯的发展变化，养成良好的行为习惯；最后，才是以智育为主的青少年教育，注重思辨能力的培养与系统知识的学习，发展其理性。亚里士多德的教育思想成为西方自然主义教育思想的理论源泉，影响着世界范围内的教育思想走向。

捷克教育家夸美纽斯是西方自然主义教育思想的集大成者，他在《大教学论》一书中系统地阐释了他的自然主义教育思想，并提出"教育适应自然"的原则。这里具体涵盖了两方面的含义：一是指教育要适应自然界中普遍存在的"法则"或"规律"，即夸美纽斯所说的"秩序"，秩序体现着自然的法则；二是指教育要适应儿童本性的自然发展，即教育教学工作要尊重儿童的身心发展规律，遵守自然规律。正如夸美纽斯所言，"自然不强迫任何事物去进行非它自己的成熟的力量所策进的事"，学生的成长也会犹如生物的"体格"长大、植物结果实、鸟儿学飞一般，他们会随着学习与年龄自然地实现这些事情，但也只能慢慢地前进。夸美纽斯强调了教育适应自然、遵从自

然规律的不可抗性与重要意义。

18世纪法国杰出教育家卢梭进一步发展了自然主义教育思想，提出"教育要服从自然"的永恒法则。在其代表作《爱弥儿》一书中，自然主义教育思想贯穿始终，向人们讲述了其虚构的学生爱弥儿从出生到成为一个"自然人"的整个历程。卢梭倡导教育应回归自然，符合儿童发展的天性。正如卢梭在《爱弥儿》开篇中谈道："出自造物主之手的东西，都是好的，而一到了人的手里，就全变坏了。"为了寻求善的本性，我们需要回归自然，充分尊重儿童自然发展的天性，做好自然的教育、人的教育、事物的教育三者相互配合，让儿童获得良好的教育。此外，人的身心发展具有一定的规律性，教育应遵循儿童身心发展规律，不同时期实施不同的教育，把握好不同阶段发展的关键期。自然主义教育的最终目标是培养"自然人"。这里的"自然人"并非指回归原始生活、脱离现实社会的人，而是有自身价值、体脑发达、身心健康的独立个体，是完全为自己而活的人。毋庸置疑，万事万物的运行有其法则所在，自然的法则摸不着却时时都在发生着。卢梭的自然主义教育思想在当时启迪了一个教育新时代，时至今日依旧是教育思想史上的一颗璀璨明珠。

3. 教育启示

儿童身心健康发展有其自身的内在规律，一方面来自其内在天性不受压制的张扬，另一方面则来自儿童本能地向自然的融入。为此，教育必须顺应儿童的天性，让儿童在新奇的环境中产生好奇感，引导儿童围绕好奇感思考、追问；耐心宽容地倾听儿童的倾诉，鼓励儿童言说与书写自己的内心世界。这样，儿童的感受力、思考力、表达力、创造力都会随之提高。

（二）生活教育理论

1. 生活教育理论的内涵

生活教育是指教育以生活为中心的教育，培养人适应社会和改造社会的能力，真正做到学以致用。生活教育是针对传统教育而言的，生活是教育内容的来源，教育是为了更好的生活。

2. 生活教育理论的发展脉络

生活教育是瑞士教育学家裴斯泰洛奇于19世纪提出的教育学说，他在《天鹅之歌》这部著作中提出了"生活具有教育的作用"的箴言。19世纪末，杜威继承了这个学说，并提出了"学校即社会、教育即生活"的主张。作为杜威的学生，陶行知根据中国的实际，提出了"生活即教育，社会即学校，教学做合一"的生活教育主张。

陶行知先生提倡的生活教育理论包括三个方面的内容。一是生活即教育。这首先表明生活与教育是一致的关系，生活的范围与教育的范围相等。陶行知先生说："生活与教育是一个东西，不是两个东西。"有什么样的生活就应该有什么样的教育与之相对应，生活伴随人的一生，教育与生活一致，意味着教育也伴随人的一生，人要活到老，学到老。教育对生活具有依赖性，教育是为生活服务的，为人类的生存和发展服务的，生活是什么样的，教育就应该什么样，生活决定教育。二是社会即学校。这一观点主张打破学校的围墙，认为社会生活就是学习的内容，社会的一切场所就是学习的地方，只有与社会生活充分接触，才是活教育，真教育。三是教学做合一。陶行知反对教师"教死书、死教书、教书死"，学生"读死书、死读书、读书死"的陈腐的传统教学，在反对传统教学中创造性创立了"教学做合一"的生活教育教学法。"教学做合一"将"书本中心"转向了"实践中心"。

3. 教育启示

学习是为了实践，为了创造更好的生活，书本只是工具，而不是学习的目的。因此，在教育教学过程中，老师要多带学生接触大自然和社会，参与社会实践，帮助学生学会把知识用在生活实践中，提高学生动手的能力。同时，教师要根据学生的"学"来教，引导学生积极主动地探究问题，勤于动手，乐于学习，从而提高学生搜集、处理信息的能力，获取新知识的能力，分析和解决问题的能力以及交流与合作的能力。

（三）具身认知理论

1. 具身认知理论的内涵

具身认知是指个体的心智形成和认知发展以身体为基础，身体及其所在的环境提供着认知的内容，身体的生理结构、感官感受、情感体验、行为活动以及与环境的相互作用等形塑着个体的认知方式和认知结构。心智嵌于大脑，大脑嵌于身体，身体嵌于环境，心智、身体和环境层层嵌套，形成一个动态平衡的统一体。

2. 具身认知理论的发展脉络

具身认知理论最初起源于对传统的身心二元论的批判。西方对身心关系的探讨，最早可以追溯至古希腊时期。在柏拉图的哲学中，世界包含理念世界和感性世界，且理念世界在本质上高于感性世界。灵魂和肉体分别作为理念世界和感性世界的代表，被割裂为相互分离的两部分，身体的地位居于心灵之下。在这种身心对立的关系中，心智逐渐成为身体的主宰，代表非理性和本能欲望的肉身则处于从属地位，长期以来受到人们的忽略。

17世纪，为进一步弘扬理性精神，笛卡尔提出"我思故我在"的格言，对身体与灵魂、物质与精神的分离进行了进一步论证。笛卡尔将人二分为心灵和身体，主张精神和肉体二者之间是完全对立的关系，经由身体经验得到的认识是不可靠的，而将知识和真理置于无躯体的心灵之中。

梅洛·庞蒂从知觉现象学的角度出发，剖析了身体在认知过程中的作用和价值。他对身体和心灵的关系进行了重新思考，指出"灵魂和身体的结合每时每刻在存在的运动中实现，我们通过第一入口——生理学入口——进入身体时在身体中发现的就是存在"。根据梅洛·庞蒂的观点，人通过"体认"的方式与世界打交道，在身体与世界的互动中产生知觉并进而认识整个世界。身体不仅仅是认知发生的场所，更是认知的主体。

3. 教育启示

具身认知视角下的学习是身体参与并与环境动态交互、生成的过程，身体与环境在互动的过程中形成了心智，而心智、身体以及环境是一体化的。因此，在进行学习设计的时候，应充分调动身体活动参与到学习过程中，在身体与环境的互动过程中建构知识。除此之外，环境对认知的发生起着关键作用，学习设计应当注重学习情境的设计，尽可能地将逼真性、交互性、多感官体验等因素考虑进去，使身体在与多元环境的交互中获得丰富的感知经验，促进认知活动的形成与发展。

（四）体验学习理论

1. 体验学习理论的内涵

体验学习指学习者在不断的体验中汲取知识并验证知识，强调持续性地体验对学生习得知识的正面影响。体验学习鼓励学生积极主动地参与到学习的过程之中，通过真实、丰富的体验充分调动学生的各种感知觉与学习的积极性，建立与学生大脑中已有认知的联结，帮助学生达到更好的学习效果。

2. 体验学习理论的发展脉络

20世纪，实用主义教育家杜威针对美国当时的教育现状，从经验论的角度，提出"教育即生活""教育即经验""从做中学"的教育理论。杜威认为，教育的本质是经验的不断改造和重组。杜威抨击了当时以教师、知识与讲授为中心，却忽视了学生的主体性与能动性的传统教学模式。他认为，被动接受知识的教学方式是无法满足学生成长的真正需求的，这种教学方式之下学生只是短暂性地接受一些文字知识而已，学生真正吸收内化、能灵活运用的知识则少之又少。因此，杜威指出，持续性体验才是学习的核心所在，应积极引导学生能动地参与到教学过程之中，通过持续性的感官体验，调动学生学习的主动性与积极性，获得有意义的经验。

美国著名的心理学家罗杰斯指出，学习应该是有意义的、体验式的学习，是人的身心参与到学习活动之中，可以影响学习者的行为、态度乃至人格的学习。在这种学习中，学习者清楚地知道学习的内容与方式是否符合自己的需要与兴趣，能否解答心中的疑惑。罗杰斯提到，"体验是最高的权威"，"我相信唯一能影响个人行为的知识，是他自己发现和化为己有的知识"，"这种由个人发现的知识，这种在一次经验的过程中个人的化为己有和消化了的真理，是不可能直接地交流给另一个人的"。因此，教育应当从学习者的个人需求出发，尊重学生在学习中的主体地位，鼓励学生个体在学习中主动探索、在体验中获得经验的学习，而不是简单地灌输式教学，没有意义的学习。

美国教育家大卫·库伯教授是体验学习理论的集大成者，他在吸收哲学、心理学及生理学等方面的研究成果基础上，提出了一整套的体验学习理论。库伯教授认为，学习是一种精心设计的感官体验，学生的知识源于感官的经验，没有体验的学习如同无源之水、无本之木。他从以下三个方面阐释了体验性学习的特性：第一，体验学习强调的是学习的过程性变化，而非最后的结果；第二，体验学习强调知识不断转化并重新创造的过程，而非机械式的文字知识的传递；第三，体验学习是身心与环境持续交互作用的过程。

3. 教育启示

体验教育既是一种"以人为本"的教育，也是一种将学习者的知、情、意、行统一整合的教育，强调学习者在学习上的自觉自愿，反对传统的灌输式学习方式。因此，在体验教育中应倡导自主学习、合作学习、探究学习等学习方式，加强课程设计与学习者学习体验的结合。

【任务实操二】请绘制出"认识中小学生研学旅行课程设计的理论基础"部分的思维导图。

实操解析

略。

三、认识中小学生研学旅行课程设计的基本原则

1. 教育性原则

研学旅行是研究性学习和旅行体验相结合的校外教育活动，因而研学旅行课程的开展是实现综合育人目的的途径之一。研学旅行课程的教育属性，决定了研学旅行课程首先需要彰显其育人功能。换言之，研学旅行课程设计应该回归以生为本，遵循教育教学规律，增加学生与自然和社会互动的机会，丰富活动形式和环境，强化学生的实践体验，为学生研学提供更加丰富的情境。

2. 实践性原则

研学旅行需要注意防止应试教育的浸染，避免变成课堂搬家式的学习，造成学生兴趣的缺失。作为一种人才培养模式的创新，研学旅行活动课程的设计要特别注重学生的实践性学习，让学生通过亲自参与和亲身实践激活书本知识，在实际情境中让学生认识与体验客观世界，亲近自然、了解社会、认识自我，并在学习过程中提高发现问题、分析和解决问题的实践能力，实现从知识到素养的获得。

3. 开放性原则

研学旅行课程的优势在于超越了学校、课堂和教材的局限，在活动时空上向自然环境及学生的生活领域和社会活动领域延伸。研学旅行活动超越了封闭的课堂教学时

空局限和单一的学科知识体系，面向学生的实际生活，场景的开放性决定了知识内容的开放性，因而教师在设计研学旅行活动时，应在学生知识水平基础上，考虑学生的最近发展区，适当提升与深化。并且，教师应根据学生的表现，灵活调整研学内容与活动，适当增减，展现个人的能动性。在选择研学旅行评价方式与总结方式时，也要根据班级与小组的情况，灵活变通。

4. 系统性原则

研学旅行课程设计的系统性原则体现在两个方面。一方面，研学旅行的方案结构要具有系统性。研学旅行方案是集研学主题、课程目标、研学内容、研学评价等要素于一身的有机整体，各要素之间相互渗透、共同支撑起研学旅行方案的结构框架。这些结构部分并不是随意排列构成的，而是有一定合理的先后顺序。另一方面，研学旅行中的阶段设计也要遵循系统性原则。研学旅行活动主要由活动前的准备阶段、活动中的实施阶段、活动后的总结阶段三个方面构成系统化的整体。因此，研学旅行方案的阶段设计也是有完整的顺序的。

5. 安全性原则

研学旅行的过程需要学校、家庭和社会的参与，涉及教育行政部门、研学基地、旅行社等多方利益。研学旅行的顺利进行需要各团体通力合作做好研学旅行的安全、经费、制度和组织保障，安全保障是开展研学旅行课程的前提。无论是对学校、研学企业还是教育基地，人员的安全保障问题始终是工作的第一要务。

【任务实操三】请在小组中交流"如何把握好中小学生研学旅行课程设计的基本原则"。

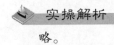

略。

任务二　制定中小学生研学旅行课程设计方案

任务内容		作为 B 旅行社的工作人员，依据该校各学龄段研学者的学习特征及研学需求，设计研学旅行课程
对应典型工作名称		课程设计
对应典型工作任务描述		根据客户需求，设计主题研学旅行课程
学习目标	素质目标	尊重学生 理解学生 关爱学生★ 心理素质稳定 教育教学素养★

续表

学习目标	职业能力	能够与他人进行有效沟通 能够收集信息及处理数据 熟悉本活动区域的研学资源及概况 能够分析学情及研学需求★ 能够提升研学者的学习兴趣★
	知识目标	了解中小学课程知识 掌握学情分析的流程及要点 掌握常见的研学主题类型及选择方法 掌握课程设计的基本程序★ 掌握设计研学课程目标的方法★ 掌握选择和安排研学课程内容的方法★ 掌握课程评价的相关知识★

"现代课程理论之父"拉尔夫·泰勒提出了著名的泰勒原理，即课程与教学是围绕四个基本问题展开的：学校要达到哪些教育目标？如何选择有助于达到这些目标的学习经验？如何组织这些经验？如何评价这些目标正在得以实现？结合研学旅行课程的自身特点和操作的可落地性，研学旅行课程操作过程可以分为"前、中、后"三个阶段，即研学旅行行前课程、行中课程和行后课程。泰勒指出课程的基本要素包括课程目标、课程内容、课程组织实施和课程评价。研学旅行课程作为综合实践活动课程的类型之一，应具备课程的基本规定性，但研学旅行又有别于学科课程，因而其课程要素和课程设计环节具有特殊性。

一、研学需求调研

研学需求是学校开展研学课程的出发点和落脚点，因此在进行研学课程设计前，有必要对研学需求进行全面、深入的调研。研学需求调研工作主要分为以下几个方面。

需求调研概述

（一）明确调查对象及内容

1. 学校主管领导

通过对学校组织开展研学课程的主管领导进行需求调查，了解学校的育人目标、特色课程等基本情况，以及学校开展研学旅行课程的背景、基本原则、具体要求和对研学课程设计的期待。

2. 教师

通过对参与研学课程的教师进行调研，进一步了解学生的学科知识掌握情况、认知特点、能力水平以及学习风格等信息，有助于实现研学课程与校内课程知识内容的有效衔接，更好地发挥研学课程对于校内教学的补充作用。

3. 学生

通过对参与研学课程的学生进行调研，能够直接地了解学生的身心发展特征、学习兴趣、对研学课程的理解和期待等内容，从而帮助课程设计者制定出学生真正感兴趣的研学课程方案。

（二）问卷调查

通过问卷调查的方式了解研学需求，可以采用在线问卷调查或现场问卷调查的方式。问卷调查的优点是简单易操作，能够有效节省人力物力财力，调研对象的覆盖面较广，收集到的信息量大。问卷调查法总共分为六个步骤：问卷前准备、问题设计、问卷发放、问卷数据清理、问卷分析和后续研究。

问卷调查法

1. 问卷前准备

事实上，虽然问卷调查是为了得到定量的分析结果，但前期的定性研究对于之后要进行的问卷调查尤为有用，因而不应该一开始就着手想问卷的问题如何设计。在设计问卷之前，要先定义好研究的方向和目标。

首先，可以考虑召集需求方、利益相关者和产品设计者进行一次启动会，能让团队深入了解本次调查的意义。这个时候需要明确目标：为什么要做这个调查。例如，了解某所学校对于研学旅行产品的需求从去年开始是否发生变化，如果是，原因是什么，并了解他们眼中最吸引人的产品特征。在启动会中，可以从需求方得到很多问题，此时可以先进行收集，以供日后设计问题时使用。

在时间和成本条件允许的情况下，可以进行一次针对目标人群的用户访谈。焦点小组、访谈和观察研究可以提供细致、特定的价值和行为信息，引导人们写出调查问卷的问题来检验普遍性，从而能够为问卷的选项提供更多的可能性，有利于帮助后期问卷的编写。确定好问卷的目标后，可以先写下此次问卷调查的日程安排。

2. 问题设计

首先对设计问题进行头脑风暴，基本的调查问题分为三类。一是特征类别，也就是描述用户是谁，其硬件和软件环境如何。例如人口统计学，即了解调查对象的概况、年龄、职业等。二是行为类别，也就是刻画用户的行为表现。例如产品使用，即什么类型的研学旅行课程是用户想体验或购买的；竞争对手，即他们还购买过哪些其他研学旅行产品。三是态度类别，探究用户的想法和信念。例如满意度，即他们是否喜欢你设计的课程，我们的课程活动设计是否满足他们想要的功能；偏好，即我们的研学旅行产品中最吸引他们的要素是什么；希望，即他们想要什么，他们觉得缺少了哪些功能或作用。

在通过这几类问题收集到的数据中，特征数据最为稳定，不会经常变化，可研究价值较低。行为数据和态度数据对于研究较为有价值，但会容易因时间变化而变化，因此，在条件允许的情况下，最好隔一段时间进行一次调查，以提高研究的准确性。随后，需要制作调查问题列表，根据头脑风暴和之前启动会收集下来的问题和问题的类型，制作一份问题列表，问题的答案选项应该要具体、详尽且相互排斥。整份问卷最好控制完成时间少于20分钟，问题个数最好小于20题。

【拓展知识】

典型问卷由四个部分构成

引言：在这部分主要是说明此次调查的目的、奖励、调查说明等信息，提前给受访者一个心理准备。

开头：开头的问题不应该太难，选择容易回答的问题，可减少问卷跳出率。

中间：可以采取受访者感兴趣与不感兴趣的问题来交替提问，这样不会让受访者感到无趣而终止填写。

结尾：一般是提问人口统计学相关问题和开放式问题，但开放性问题不宜太多。同时收集受访者的联系方式，对后续跟进研究有所帮助。

在问题设计中，还需注意以下几点。

1. 不要让人们预测他们的行为，例如：

你愿意购买我们的海洋研学课程吗？（×）

你体验过或想要体验海洋研学课程吗？比如×××主题海洋研学。（√）

2. 避免否定问题，例如：

下列哪些特征是您不感兴趣的？（×）

下列哪些特征是您感兴趣的？（√）

3. 选项设计尽量具体，例如：

您参与过几次研学旅行？（×）

A.一些　　B.很多　　C.很少

您参与过几次研学旅行？（√）

A.没有　　B.1次　　C.2~3次　　D.4次以上

4. 包含退出选项，例如：

"以上都不是""不知道""没有答案""其他"，给大家可以真正自主选择的空间。

3. 问卷发放

发放问卷并不是仅将问卷投放到线上平台，而是需要选定投放的样本、途径，还要考虑降低投放期间出现的一些偏差。

1）确定调查样本和数量

根据调查的目标和前期的定性调查，确定调查样本的范围。注意，调查样本有时候并不等于产品的目标用户。以研学课程设计的前期问卷调研为例，不能因为课程体验者是学生，就直接选择学生群体作为唯一的调研对象。样本需要包括学校、家长等重要的利益相关群体。样本的选择必须根据调研目标来精准确定，否则会出现严重的偏差。

2）尽量避免偏差

（1）抽样偏差：样本与目标受众偏差。例如，回答问卷的 90% 都是女性用户。

（2）不回复偏差：有一部分人总是忽视问卷链接，也不回复调研邀请，那么这部分人的意愿则无法在最终结果中得到体现。

（3）时间偏差：邀请的人参与调研的时机会影响回答方式。例如，对于"想参与什么类型的研学课程"这一问题，不同的调研对象也许会在期末考试前后产生不同答案。

（4）呈现性偏差：问卷的外观、长度、问题设置可能会让部分用户拒绝填写，所以在进行问卷设计时要加以注意。

（5）期望性偏差：用户在填写问卷时，可能会因为选项与自身情况不符而拒绝填写问卷。

4. 问卷数据清理

问卷回收后，进行数据清理是很必要的。因为无论问卷投放的市场多么精确，都会有用户因为各种原因而导致填写的问卷不符合要求。而数据清理，就是要尽可能排除这些情况，保证数据准确性，确保结论不会失真，更有说服力。大致可以从以下几点来筛选数据。

1）填写时长

设计者通过问卷内测，会知道用户填写完问卷大概需要的时间。假设用户完成问卷的时间远超于 2 分钟，而回收的问卷中有个别问卷的作答时间低于 1 分钟，那么就可以把作答时间低于 1 分钟的问卷挑选出来。当然，一些用户可能对于问卷的内容较为熟悉或者自身的阅读速度较快，也会出现问卷作答时间较短的情况，因此在对问卷的作答时长进行限制时，需要认真查看筛选出的问卷。如果用户作答内容完整、问卷内容丰富，那么该问卷可以归类为有效问卷，不过这需要设计者根据自身的调研经验进行判断。

2）根据评分

针对问卷中的评分题目，如满意度，如果出现用户全部打满分、打分都一样、打分呈现某种规律、全部打最低分等情况，那么可以推测用户或许没有认真回答，可能是一位习惯差评者，也可能是胡乱填写。可以先将这些问卷筛选出来，再结合用户其他部分的填写情况综合来看。例如，用户明明对评价满意度的题目打了满分，但是却在评价中反馈了很多建议，那么基本上就可以将该问卷视为无效问卷；又或者用户明明对满意度的相关题目打了最低分，但是在评价中却说体验很不错，或者没有反馈任何意见，那么该问卷基本上也算无效。但是，对于打低分的用户，需要根据问卷填写情况，综合判断是否要有专门的访谈，打低分的可能情况是产品质量存在问题，但是用户也难以表述哪里出现问题。

3）未完整填写的问卷

这一点主要看问卷平台是否支持记录未提交的问卷，如果支持，可以把未提交问卷也一起导出，并进行筛选；因为用户可能填写了大部分，但是最后没有提交，可根据用户已填写的数据来判断是否为有效问卷；同时可以仍然保留用户主观题的部分，比如建议反馈之类。

5. 问卷分析

1）直接分析

可以根据问卷的结构来分析，基于问卷问题得出直接的结论，比如问每年旅游的频次，选项为 0 次、1～3 次、4～6 次、大于 6 次。

那得出的结论是没有旅行的有几人占了多少比例，1～3 次几人，占了多少比例等。

2）交叉分析

交叉分析会相对比较复杂，主要是把问题进行交叉组合得出结论。比如把"是什么""怎么样"交叉对比，通常是对不同用户或角色的行为、态度、观点进行差异化对比，如不同角色的打分对比。交叉对比的分析会更加深入，并发现差异性，帮助我们了解更全面，让最终的课程设计更有侧重点。可以将直接分析和交叉分析结合起来使用。

3）问题整理归类

对用户反馈的问题进行整理归类，按功能模块来划分，并对问题进行归类，提出具体的方案或跟进措施，让用户反馈的问题能够落地。

6. 后续研究

如果想了解用户的价值观及其原因，通过访谈来知道背后的原因、通过焦点小组和实地研究来了解用户的行为，都是不错的选择。或者也可以通过精化调查：如果已经确定用几个核心特点来定义用户群，就可以进行更多的调查，提出更多问题来加深了解，以及通过进一步的调查来测试用户对于初步课程设计的看法和反馈，从而进一步提升研学旅行产品的设计品质。

（三）专题会议和访谈

1. 专题会议

组织开展研学旅行课程专题会议时，可以尽可能地邀请学校相关领导和教师参与进来。召开专题会议的优点是能够在学校相关人员的发言和交流中得到较为全面的信息，可以比较快速地把握学校对研学

访谈法

课程的要求和期待。总体而言，召开专题会议是最容易达成共识和明确工作方向的一种方式。

2. 访谈

通过访谈进行需求调查时，可以采用面对面访谈、电话访谈、集体访谈等形式。访谈的优点在于能够直接了解受访对象的情绪体验、主观感受、心理状况和价值观念等不易被直接观察到的、更加深层次的内容。

【拓展案例】

7～8年级研学需求调查方案见表2-1。

表2-1 7～8年级研学需求调查方案

调研对象	主要调研方式	调研问题
学校主管领导	访谈/专题会议	学校的育人目标是什么？学校的特色课程有哪些？学校开展研学旅行课程的原因有哪些？学校对于本次研学课程有何期待……
教师	访谈/专题会议/问卷调查	7～8年级学生的身心发展特征有何特点？学生的各科知识掌握程度如何？学生喜欢哪些教学风格……
7～8年级学生	问卷调查/专题会议/访谈	如何理解研学旅行课程？喜欢何种类型的研学旅行课程？喜欢何种教学风格……

【任务实操四】请结合所学知识，完成1～3年级、4～6年级、10～11年级的研学需求调研方案。

实操解析

略。

二、研学主题设计

（一）研学主题的含义

中小学研学旅行以主题活动为主要实施方式，研学旅行的实施和开展围绕主题进行。主题引导着研学旅行课程实施的方向，决定着研学旅行课程开展的方式与重点。研学旅行课程开展的效果及对学生的发展价值，很大程度上取决于对研学旅行活动主题的选择、设计与规划，这对研学旅行课程开发和主题设计能力提出了较高的要求。

（二）主题设计应遵循的基本原则

1. 多学科性

研学旅行因受经费、时间、次数、安全等多方面的限制，不能成为日常教学手段而实时开展，所以每一次的研学旅行课程都应尽可能多的覆盖不同的学科，同一个研学资源点承载的研学课程尽可能多的覆盖不同的学段和课程。研学主题的选择和内容的呈现是整合、多元化、多学科的，既要注重同一期研学课程主题的关联度，还要注意前后序列研学课程主题的关联性和差异性。学生对课程主题的探究也应该是多层次的，融合体现对各类知识、生活经历和社会经验的反应。充分体现着知识的累积、生活经验的累积和社会经验的累积。

2. 教育性原则

研学旅行课程是教育部门为主导，其他社会团体参与为辅的综合实践课程，始终需在设计中把握教育性这一原则，在设计的过程中应根据整个教育体系及目标体系来展开，不要把日常教学和研学体验孤立开来，各类研学主题更要避免"游而不学"的思维方式。研学主题的教育性应贯穿在主题设计、研学资源点选择、研学实施、研学评价等各个环节，适当增加学习内容的比例，将立德树人作为终极研学目标；充分挖掘、梳理、优化各类研学资源，突出其教育性转化为研学课程主要内容。

3. 实践性原则

研学旅行课程突出教育性，不代表仅仅是转换学习的场所开展学习，更不是换个地方继续灌输知识、说教。研学旅行课程应突出实践性、真实性、体验性，重视课程实践，成为激起学生求知欲的实践活动，在研学活动中辅助学生更好地进行社会化实践活动，将"行"和"知"达到完美结合，为学生的学习注入活力。

4. 落地性原则

研学课程主题设计应当依据各地区不同情况实施，遵循因地制宜原则，确保每项设计的落地性。紧紧围绕各地乡情、县情、市情、省情的具体情况，设计各类接地气、易落地、可操作的研学课程，尤其是在设计具体问题时要具体分析，无须生搬硬套其他地区经验方法。

总之，研学旅行课程主题的选择要综合考虑时代导向、学科课程、教学重点、地域特色、学校特色等因素，从多角度选取主题，规划研学内容，找准合适的切入点，进而设计精准的适合学生开展的研学问题，凸显"打破教室的围墙"的必要性和可行性。

（三）研学主题设计的基本类型

1. 专题设计

研学旅行中以某个单一主题作为学习核心目标或内容而展开的活动设计为专题设

计。这个专题可以针对某方面特定内容,如在红色研学旅行主题中,无论是对革命烈士陵园、红色革命遗址、名人故居、纪念性展馆等的参观学习,还是聆听红色故事、传唱红色歌谣,都是围绕红色文化这一明确的主题开展的研学活动。

研学旅行课程专题分类没有权威的和固定的标准,一般来说,遵循一定的逻辑分类即可。不同的专题设计通常与所针对的学生学习课程内容密切相关。专题设计从大的方向来看,可以分为红色教育类、历史类、文化类、科技类、自然类、艺术类、体育类、劳动教育类、职业体验类等。

(1) 红色教育类:红色教育主题研学是青少年爱国主义教育中的一项重要内容。"把爱我中华的种子埋入每个孩子的心灵深处"是研学旅行课程开展的一项重要任务。这就需要将爱国主义教育和革命传统教育转化为学生感兴趣的研学主题,让学生通过亲身体验、感悟实践、沉浸思考等方式,接受德育教育,广大青少年通过聆听老一辈革命先驱事迹、瞻仰先烈、传颂故事等有效途径,不断地树立正确的人生观和价值观。全国爱国主义教育示范基地是发扬红色传统、传承红色基因以及培育和践行社会主义核心价值观的生动课堂。在这样的主题中,主要涉及学生的历史知识、地理知识、文学知识等,通过参观展览、实地观察、交流心得等学习形式完成活动。

(2) 历史类:历史类研学课程是指依托人类社会发展历史过程中留存(或仿造)的活动遗迹、遗址、遗物及遗风等古迹,以及博物馆等历史类研学旅行资源,结合历史、政治等课内外知识,所开展的研学课程。此类研学课程的设计着重体现学生通过参观考察、重温历史、梳理历史、感悟历史、发现历史,从时间、地点、背景、过程、结果、影响等方面对历史文物、事件、任务进行分析和挖掘。这类研学旅行是对校内历史教育的有效补充。

(3) 文化类:广义的文化类研学旅行课程可以依托大部分的人文类旅游资源,本书的文化类研学旅行课程更多地是指依托物质文化的遗迹、遗产,非物质文化遗产,当代文创项目等开展的研学旅行课程。此类研学旅行课程设计应兼收并蓄,立足教育性、突出融合性、兼顾趣味性,学习内容基于历史、语文、政治等学科知识,结合研学目的地的文化特色,深度挖掘该地区独特的文化价值与传统特色。在设计过程中,应突出体验性、美学欣赏性和文化传承性。由于这一主题研学课程的开展需要一定的文化知识积累,所以针对中高年级学生的课程更容易开展实施,呈现方式也更为丰富。倘若针对低年级学生设计文化类研学课程,可以适当增加更多的实操性、体验性环节,选择易于理解、易于学习的项目作为载体。

(4) 科技类:科技类研学课程旨在培养青少年的探索精神、热爱科学精神和创新实践能力。由于课程开展需要具备一定的跨学科知识基础,在研学实施过程前,最好安排科普知识短视频、科研方法小讲座、创新思维训练等。针对中高年级的学生,还需在研学课程结束后完成一定的科研课题作业。科技类研学课程按照内容,还可以细分为航天科技、红色科技、生物科技、地学科技、天文科技等类别。

（5）自然类：自然类研学旅行课程以丰富的地形地貌为依托，围绕地质、水象、气候、气象、动植物等资源，开展自然科考和探究考察活动，旨在帮助青少年了解资源所在地的户外环境，掌握户外考察方法，在真实环境中学习地理、生物等知识，将课内外所学的内容相互联系、相互验证，有助于加深学生的理解和认识，促进学生的思考。通过研究性学习，探究有意义的自然地理类小课题，有助于学生深入思考问题、研究问题，还可以帮助学生树立敬畏自然、热爱自然、环保的意识。

（6）艺术类：2018年9月10日，在全国教育大会上提出了要全面加强和改进学校美育，坚持以美育人，以文化人，提高学生审美和人文素养。2020年，中共中央办公厅、国务院办公厅印发《关于全面加强和改进新时代学校美育工作的意见》，同年在全国教育工作会议上也提出"五育并举"，要求对准美育发力，推动教体相融合、划出美育硬杠杠。艺术类研学课程关注各类艺术品鉴赏、自然风光描绘、建筑美学和园林赏析等，涵盖赏析、体验实践两大类型，如拓片、陶塑、刺绣、绘画、摄影、非遗技术学习等。青少年通过参与艺术制作，激发对各类工艺的热爱，提高艺术鉴赏能力。

（7）体育类：2020年，中共中央办公厅、国务院办公厅印发的《关于全面加强和改进新时代学校体育工作的意见》中提出，要以习近平新时代中国特色社会主义思想为指导，全面贯彻党的教育方针，坚持健康第一的教育理念，推动青少年文化学习和体育锻炼协调发展，帮助学生在体育锻炼中享受乐趣、增强体质、健全人格、锤炼意志，培养德智体美劳全面发展的社会主义建设者和接班人。体育类研学课程通常与其他课程整合设计，可以在营地研学实践中加入体育健康类活动内容，实现营地课程的综合教育目的；通过融入野外生存训练、营地军事训练以及学校入学教育的军训等内容，可以弥补城市学生生活空间的不足，在广阔的大自然中和集体活动中陶冶情操、锻炼意志。

（8）劳动教育类：2020年，教育部印发《大中小学劳动教育指导纲要（试行）》的通知，文件要求准确把握社会主义建设者和接班人的劳动精神面貌、劳动价值取向和劳动技能水平的培养要求，全面提高学生劳动素养，使学生树立正确的劳动观念、具有必备的劳动能力、培育积极的劳动精神、养成良好的劳动习惯和品质。在劳动教育中，具体的劳动形式只是抓手，其核心目标是价值观的塑造。新时代的劳动教育要综合考虑脑力劳动与体力劳动、服务性劳动与生产性劳动、复合性劳动生产之间的结合与比例控制，坚持价值性、审美性、建构性等原则。同时，劳动教育需要渗透于各个学科中，在所有的学科学习中不断强化，不能跟其他科目割裂开。例如，可将科学课和劳动教育相结合，使学生在劳动中真切感受到科技让劳动生活更加轻松愉悦。

（9）职业体验类：随着课程改革的深化，职业生涯规划教育也正在逐步走进各个学校，大多数中学已经配有专职或兼职的学习指导和生涯规划导师。当前的中高考科目，考生有了更多的选择性，而做选择的依据是学生自己的职业体验，因此学生需要更多接触职业体验类课程的机会。研学旅行兼具研究性、体验性和实践性，恰恰是学生体验不同职业角色的学习载体，帮助学生思考自己的职业兴趣和未来发展方向。

专题的特点是主题突出、内容明确、目的性强、研究性学习的实践操作性强，可以运用考察探究方法进行，比如运用抽样调查方法调查研究某一革命老区的发展现状。由于研学内容或考察探究方式比较明确，学生在研学过程中研究问题的确定和调整也相对缺乏自主选择性，因而专题研学旅行比较适合短期研学。

2. 综合设计

研学课程的综合设计是多个专题的融合。研学旅行是在真实的学习环境中，在自然和社会中进行游学考察，因此，研学旅行课程的学科边界非常模糊，课程的综合性非常突出。一般情况下，可以依托地域特色设置研学综合主题，如在山东省开展研学时，可以在"五岳之尊"的泰山开展自然类、历史类、文化类、体育类、体验类的探究学习；作为儒家文化的发源地，山东省具有深厚的儒家学说，因而可以开展哲学、文学、历史文化类的研学活动；拥有"泉城"美称的济南市，坐拥天下第一泉，有着丰富的地理科考资源，可以开展自然类、地理类的研学活动；多彩的年画、鲁绣、风筝、草编等工艺品，可以作为艺术赏析类研学活动的资源地。没有明确区分主次主题的多维度主题设计研学就是研学旅行主题的综合设计。

综合设计中的研学主题主要分为两个设计层面：第一类内容是并列的、彼此独立的，不存在逻辑和顺序先后的关系，可根据开展活动的时间长短进行内容上的添加和删减，并不会影响整体研学旅行活动的开展。第二类是更高层次的综合主题设计，即主题之间可以实现逻辑递进、前后内容衔接关联，如主题是按照层次设计的，主题的层次越高，包括的范围越大，内容就越丰富。有时，在课程开展前期，研学主题并没有明显的层次划分，但当大的主题被确定后，需要引导学生不断地将主题范围缩小，逐步确定学生具体学习和研究的内容。可以说，研学旅行课程是通过体验性活动，让学生在主题引领下，不断地缩小关注点，最终确立自己的研究课题，从而获得知识、提升能力、增强体验。

拓展知识

【任务实操五】请分别为本项目的1~3年级、4~6年级、7~8年级和10~11年级学生拟定一个恰当的研学主题名称。

> 实操解析

具体内容见表2-2。

表2-2 不同学段的研学主题名称

学　段	研学主题名称
1～3年级	《变废为宝》
4～6年级	《石榴身上有芽芽》
7～8年级	《送你一朵小红花》
10～12年级	《"榴"在秋天》

备注：以上内容仅供参考。

三、课程目标设计

（一）课程目标的含义

长期以来，课程目标、教育目标、培养目标和教学目标，经常被人们混淆。从目标概念的层级关系来看，教育目标是在国家层面有培养受教育者的教育总体目标，即教育目的，回答的是教育要"为谁培养人"和"培养什么样的人"的问题，反映了社会和时代对培养人的共同要求。在各级各类教育层面，有不同的培养目标，体现的是不同类型学校的办学指导思想。课程目标则是对培养目标的进一步分解，指的是一门课程在培养人方面所要达到的标准和要求，是师生行动的重要依据。而处于最下级的教学目标，则是课程目标的具体化，它是对具体的教学活动所要促成的学生身心发展的要求。基于目标的层级关系，在进行课程目标设计时，有必要以教育目的和培养目标为导向。因此，在强调学生素养培育的时代，要更加强调课程的育人导向，在课程目标中体现出正确的价值观、必备品格和关键能力的培养要求。

如何理解课程目标

图2-1 课程目标的定位

课程目标是课程建设和实施的出发点和最终归宿，也是课程内容选择、课程组织实施、课程评价的重要依据。课程目标是课程观、课程哲学和课程价值追求的反映，引导着课程开发和实施的方向。课程目标的定位如图2-1所示。

《关于推进中小学生研学旅行的意见》指出中小学研学旅行的课程目标在于培养学生"四个自信三个学会"，增进对生活世界的理解和认识，促进中小学生形成正确的人生观和价值观，成为德智体美劳全面发展的社会主义建设者和接班人。

基于国内外学者对于课程目标的研究和教育部等11部门对研学旅行工作提出的要求，我们认为研学旅行课程目标是指学生通过研学旅行课程学习所要达到的结果。它规定了学生通过本次研学旅行课程学习以后，在知识掌握、能力获得、品德发展等方面的实现程度，是设计研学旅行课程内容、课程实施和课程评价环节的重要基础。

（二）课程目标的功能

课程目标主要包括以下功能：一是为课程内容选择提供依据，即规定"什么知识最有价值"；二是为课程组织提供依据，即明确"如何编织丰富的课程元素，以使课程各部分紧密联系起来"；三是为课程实施提供依据，即确定"如何能够创造性地实现课程目标"；四是为课程评价提供依据，即判断"是否已达到课程目标的要求"。

（三）课程目标设计的依据

1. 学习者身心发展的特点

学生是研学旅行课程实施的主体，也是研学旅行活动实践的主体，因此研学旅行课程目标的制定必须要考虑学生的身心发展需求。在研学旅行课程目标制定的过程中，要从学生素养和能力发展现状寻找课程目标设计的逻辑起点，致力于学生核心素养和能力的发展、创新能力以及探究能力的发展，尊重学生的兴趣和需要。

以政策为导向设计课程目标

2. 国家的育人要求

（1）《中小学德育工作指南》是指导中小学德育工作的规范性文件。文件指出，各地要加强组织实施，将其作为学校开展德育工作的基本准则，纳入校长和教师培训的重要内容，并将其作为教育行政部门对中小学德育工作进行督导评价的重要依据，进一步提高中小学德育工作水平。

【拓展知识】

- 社会主义核心价值观教育：牢牢把握富强、民主、文明、和谐作为国家层面的价值目标，深刻理解自由、平等、公正、法治作为社会层面的价值取向，自觉遵守爱国、敬业、诚信、友善作为公民层面的价值准则，将社会主义核心价值观内化于心、外化于行。
- 中华优秀传统文化教育：了解中华优秀传统文化的历史渊源、发展脉络、精神内涵，增强文化自觉和文化自信。
- 生态文明教育：了解祖国的大好河山和地理地貌，开展节粮节水节电教育活动，推动实行垃圾分类，倡导绿色消费；树立尊重自然、顺应自然、保护自然的发展理念，养成勤俭节约、低碳环保、自觉劳动的生活习惯，形成健康文明的生活方式。

（2）中国学生发展核心素养。2013年9月，中国学生发展核心素养研究成果正式发布，如图2-2所示。中国学生发展核心素养以培养"全面发展的人"为核心，分为文化基础、自主发展、社会参与三个方面，综合表现为人文底蕴、科学精神、学会学习、健康生活、责任担当、实践创新六大素养，具体细化为国家认同等18个基本要点。各素养之间相互联系、互相补充、相互促进，在不同情境中整体发挥作用。

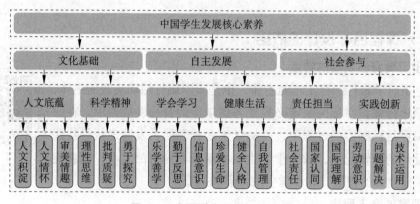

图2-2 中国学生发展核心素养

2018年3月，北京师范大学中国教育创新研究学院对外发布了《21世纪核心素养5C模型研究报告》，该研究报告反映了21世纪人才必备的核心素养——"5C模型"，如图2-3所示。在五个素养中，每个素养各有侧重：文化理解与传承素养是核心，该素养所包含的价值取向对所有行为都具有导向作用；审辩思维素养与创新素养侧重于认知维度，审辩思维强调理性、有条理、符合逻辑；创新素养强调突破边界、打破常规；沟通素养与合作素养侧重于非认知维度，沟通强调尊重、理解、共情；合作强调在实现共同目标的前提下做必要的坚

图2-3 "5C模型"示意图

持与妥协。同时，每个素养之间又相互关联：文化理解与传承是核心，创新离不开审辩思维，沟通是合作的基础，良好的审辩思维能够提升沟通与合作的效率，有效的沟通与合作有助于实现更高质量的创新。① 表 2-3 是"5C 模型"的结构框架与内涵描述。

表 2-3 "5C 模型"的结构框架与内涵描述

素 养	素养要素	内 涵 描 述
文化理解与传承素养（cultural competence）	1. 文化理解	对文化的基本内涵、特征及其历史渊源和发展脉络、不同文化的共性与差异及其相互影响的体验、认识和反思
	2. 文化认同	一个社会共同体的成员对特定文化环境中的审美取向、思维方式、道德伦理、行为或风俗习惯等的认可和接纳
	3. 文化践行	一个社会共同体的成员对于其所选择和认同的生活方式、文化观念和价值原则等在现实生活中主动加以实践、传承和改造、创新
审辩思维素养（critical thinking）	1. 质疑批判	既包括不轻易接受结论的态度，也包括追根究底的品格
	2. 分析论证	强调基于证据的理性思考，能进行多角度、有序的分析与论证
	3. 综合生成	是指在分析的基础上进行系统整合与重构，形成观点、策略、产品或其他新成果的过程
	4. 反思评估	是指基于一定标准对思维过程、思维成果以及行动进行监控、反思、评估和改进，促进自我导向、自我约束、自我监控和自我修正
创新素养（creativity）	1. 创新人格	具有好奇心、开放心态、勇于挑战和冒险、独立自信等特质
	2. 创新思维	通常包括对开展创新活动有帮助的发散思维、辐合思维、重组思维等
	3. 创新实践	参与并投入旨在产生新颖且有价值的成果的实践活动

---

① 魏锐，刘坚，白新文，等."21 世纪核心素养 5C 模型"研究设计［J］.华东师范大学学报（教育科学版），2020，38（154）：20-28.

续表

素养	素养要素	内涵描述
沟通素养 （communication）	1.同理心	一种能够了解、预测他人行为和感受的社会洞察能力
	2.深度理解	能够正确理解沟通对象以语言、文字及其他多种形式传递的信息，隐含的意图、情绪情感、态度和价值观等以及对内容进行反思与评价的能力
	3.有效表达	在不同的情境下，运用语言或非语言等多种形式，清楚地传达信息、表达思想和观点，以达到沟通的目的
合作素养 （collaboration）	1.愿景认同	通过讨论、分析、反思等方式，实现对小组或团队目标、使命以及核心价值取向的认同，并使之内化为自己完成任务的目标和信念
	2.责任分担	结合自身角色制订计划和目标，积极主动承担分内职责，并充分发挥个人能动性，以较强的责任意识和担当精神，完成本职任务或工作
	3.协商共进	运用沟通技能，本着互尊互助、平等协商、共同进步的原则，与小组或团队成员展开对话，并适时、灵活地做出必要的妥协或让步，有效推进团队进程，实现共同目标，促进共同发展

（3）《中小学综合实践活动课程指导纲要》于2017年9月发布，旨在全面贯彻党的教育方针，坚持教育与生产劳动、社会实践相结合，引导学生深入理解和践行社会主义核心价值观，充分发挥中小学综合实践活动课程在立德树人中的重要作用。

（4）《关于全面加强新时代大中小学劳动教育的意见》。2020年3月20日，中共中央、国务院印发《关于全面加强新时代大中小学劳动教育的意见》，为构建德智体美劳全面培养的教育体系，对加强新时代大中小学劳动教育提出了相关意见。意见中指出，劳动教育是中国特色社会主义教育制度的重要内容，直接决定社会主义建设者和接班人的劳动精神面貌、劳动价值取向和劳动技能水平，应充分认识到新时代培养社会主义建设者和接班人对加强劳动教育的新要求。长期以

拓展知识

来，各地区和学校坚持教育与生产劳动相结合，在实践育人方面的确取得了一定的成效。但与此同时，近年来一些青少年中出现了不珍惜劳动成果、不想劳动、不会劳动的现象，这反映出劳动的独特育人价值在一定程度上被忽视，劳动教育正被淡化、弱化。对此，必须高度重视劳动教育，并采取有效措施切实加强劳动教育的推进。

【拓展知识】

小学低年级：学习日常生活自理，感知劳动乐趣，知道人人都要劳动。

小学中高年级：围绕卫生、劳动习惯养成，让学生做好个人清洁卫生，主动分担家务，适当参加校内外公益劳动，学会与他人合作劳动，体会到劳动光荣。

初中：围绕增加劳动知识、技能，加强家政学习，开展社区服务，适当参加生产劳动，使学生初步养成认真负责、吃苦耐劳的品质和职业意识。

普通高中：熟练掌握一定的劳动技能，理解劳动创造价值，具有劳动自立意识和主动服务他人、服务社会的情怀。

中等职业学校：增强职业荣誉感，提高职业技能水平，培育精益求精的工匠精神和爱岗敬业的劳动态度。

高等学校：创造性地解决实际问题，使学生增强诚实劳动意识，积累职业经验，提升就业创业能力，树立正确择业观，具有到艰苦地区和行业工作的奋斗精神，懂得空谈误国、实干兴邦的深刻道理；注重培育公共服务意识，具有面对重大疫情、灾害等危机主动作为的奉献精神。

3. 学校的育人目标

研学旅行作为一门最能直接体现校本化理念的课程，在确定研学旅行课程目标时，应当结合学校教育理念和育人目标进行校本化设计。研学旅行课程目标的校本化设计体现着学校层面对研学旅行的价值判断与价值选择，因此，研学旅行课程目标设计应做到与学校育人目标理念一脉相承，考虑从学校课程发展和课程结构优化的角度定位研学旅行课程目标。例如：学校为什么要开设研学旅行课程？研学旅行课程对学生发展具有哪些价值？如何通过研学旅行课程助力学校育人目标的实现？如何在学校育人目标的模式下对研学旅行课程进行定位？

（四）课程目标的基本特征

（1）整体性。每条课程目标之间应该是相互关联的，而非彼此孤立存在。

（2）统领性。课程目标统领着课程内容的选择与组织、课程实施的进程和课程评价的方向。

（3）明确性。课程目标规定的方向应当是清晰的，能够反映学生学习后发生的变化，引导学生的学习过程，为课程的开展提供清晰的路径。

（4）可操作性。课程目标规定的内容应该是学生通过学习后能够实现的，对于学生学习结果行为的描述应该尽可能是可理解、可达到、可评估的，而不是模糊不清、可望而不可及的。

(五)撰写课程目标要素

研学旅行课程目标的设计要紧紧围绕主题,突出内容重点。

首先,应根据研学主题确定研学旅行课程总目标。研学旅行课程总目标即学生能从个体生活、社会生活及与大自然的接触中获得丰富的实践经验,形成并逐步提升对自然、社会和自我的内在联系的整体认识,具有价值体认、责任担当、问题解决、创意物化等方面的意识和能力。它主要围绕以下几个方面展开:学生通过在大自然、社会、团体进行参观游览,了解祖国各地的风土人情、文化历史,领略祖国的大好河山,增强对家乡、对祖国的认同感,提升爱国爱党的热情;感受集体的学习生活,在学习生活中与不同的人进行交流,在集体中发挥自己的所长,培养学生的独立生活能力和团队合作意识,增强语言表达能力;观察自然现象和社会现象,能够提出问题并进行探究考察,增强信息收集和解决问题的能力,加深对自然科学的热爱,提升社会责任感,形成积极正确的价值观念等。随后,应当继续对总目标进行分解,结合学生身心发展特点、研学资源点情况等内容,形成各个课程单元模块的目标。

如何表述课程目标

其次,研学旅行课程目标设计应注重目标的明确性、可测性、可实现性、相关性和时限性。确保学生在经历一系列研学活动后,能够注重行为动词的使用,追求可达成、可操作和可评估的目标描述。

最后,在撰写课程目标时,可以参考 ABCD 模式进行表述。其中,A 是行为主体(audience),是指学习者;B 是行为动词(behavior),是指选用适当的动词描述学习后的行为变化;C 是行为条件(condition),是指产生上述行为变化的特定条件;D 是行为程度(degree),是指上述行为变化的标准。

具体来讲,在编写课程目标时,首先要明确行为主体应当是学生,即课程目标是针对学生的行为而写的。所以,在表述课程目标时,句子的主语应是学生。常见的错误句式表达通常包括"让学生了解……知识,使学生理解……说法",这些语句都是从教师教学的视角进行说明的,描述的是教师的教学行为,而非学生的学习行为,所以应将其修改为"(学生)了解……知识,(学生)理解……说法"。

行为动词是课程目标中必不可少的要素,也是 ABCD 模式的核心,它表明学生经过学习以后,能够做什么和应该达到什么学习水平。行为的描述必须是具体的、可测量的。一般情况下,使用动宾短语对行为进行描述。其中的动词是行为动词,表明学习的类型;宾语则说明具体的学习内容。例如"了解垃圾分类知识"这是一个知识维度的目标,要求学生达到的学习层次是了解水平,因此我们可以选用"说出、背诵、回忆、举例"等动词,这样行为就可以描述成"说出垃圾分类的方法,列举可回收垃圾包含的类型"。

条件要素主要说明学生的学习行为是在什么条件下产生的,一般包括环境因素、学生或教师等人的因素、设备因素、时间因素等。环境因素包括影响学生学习行为的客观条件,比如开展研学活动的地点、场所。学生或教师等人的因素主要是指学生进行研学活动时,是需要独立进行操作,或是小组进行合作,或是在教师指导下完成。设备因素主要是指学生使用哪些教学工具或辅助设备来完成学习,如使用研学地图、研学卡片、iPad、实验工具等。时间因素主要是规定学生学习过程中的时间安排或学习速度,如在多长时间内完成某一项研学任务,或者在多长时间内完成某一项练习。标准要素是对学生学习结果和行为标准的具体描述,教师可以用它来衡量学生的学习表现是否合格,学生也可以据此检查自己的行为与目标之间是否存在一定的差距。例如,在 15 分钟内完成模型的搭建,这一标准规定了学生学习行为的速度。再如,在诗歌创作中不得出现错别字,这一标准就规定了学生学习行为的准确性。

当我们把以上四个要素综合起来,就可以写出一个完整的课程目标了。例如,学生通过参观啤酒博物馆,小组合作完成水净化的实验,能够正确掌握实验用具的使用方法,提升沟通表达、合作学习和问题解决能力,树立求实意识和探究精神。需要说明的是,如果教学对象已经明确,则可以在目标中省去该要素。

【拓展知识】

理性思维:研学目标使用语句,崇尚真知,能理解和掌握基本的科学原理和方法;尊重事实和证据,有实证意识和严谨的求知态度;逻辑清晰,能运用科学的思维方式认识事物、解决问题、指导行为等。

批判质疑:研学目标使用语句,具有问题意识;能独立思考、独立判断;思维缜密,能多角度、辩证地分析问题,做出选择和决定等。

勇于探究:研学目标使用语句,具有好奇心和想象力;能够不畏困难,有坚持不懈的探索精神;能大胆尝试,积极寻求有效的问题解决方法等。

【拓展案例】

7~8 年级研学课程目标见表 2-4。

表 2-4　7~8 年级研学课程目标

课程主题	送你一朵小红花
适用年级	7~8 年级
课程目标	(1)通过识别绿植、中草药等植物,熟悉身边常见的绿色植物。 (2)通过水培种植花卉活动,掌握水培的种植方法,提升与他人的交流与合作能力。 (3)通过体验插花活动,增强审美能力和艺术想象力,培养热爱自然、热爱生活的情感。

【任务实操六】请分别为本项目的1～3年级、4～6年级和10～11年级的研学旅行课程设计研学课程目标。

实操解析

具体内容见表2-5。

表2-5 各年级研学旅行目标

课程主题	变废为宝
适用年级	1～3年级
课程目标	（1）通过学习垃圾分类的标志，掌握垃圾分类标志的知识，树立正确进行垃圾分类的意识。 （2）通过垃圾分类知识竞赛，掌握垃圾分类知识，认识垃圾分类的重要性。 （3）通过对石榴二次利用的实验探究，理解石榴二次利用的知识，树立节约资源的意识
课程主题	石榴身上有芽芽
适用年级	4～6年级
课程目标	（1）了解二十四节气文化相关知识，并通过锄地、松土、施肥、移植扦插等过程，掌握石榴移植注意事项和石榴马蹄形扦插技能，树立正确的劳动意识。 （2）学习石榴籽快速发芽处理的方法，树立科学种植的劳动观。 （3）通过石榴籽的培育过程，理解植物与土壤、人类的关系
课程主题	"榴"在秋天
适用年级	10～11年级
课程目标	（1）通过采摘石榴，掌握采摘石榴的方法技巧，培养以劳动增智慧的情感意识。 （2）通过学习石榴对人体的功效，掌握石榴的应用价值的相关知识。 （3）通过制作石榴酒、石榴饮品和石榴果冻，掌握制作方法，培养手脑并用的能力

四、课程资源设计

（一）课程资源的含义

课程资源的广义界定是指有利于实现课程目标的各种因素。从课程编制的角度探讨课程资源的内涵时，可将其定义为"课程设计、实施和评价等整个课程编制过程中可利用的一切人力、物力以及自然资源和社会资源的总和"。基于此，课程资源不仅是指教材等文本材料，还包括各类教学设施、实践基地、文博场馆以及丰富的信息化教学资源。

研学旅行是没有围墙的课堂，所以从广义上讲，万物均可以视为研学旅行的课程资源。但是，万物有良莠之分、有适宜与否之选、有成本高低之别等，因此课程设计者应将有利于中小学生健康成长的"资源"，初步整合、转化为"课程资源"，再进一步转化为"课程内容"。这一过程的顺利进行需要有正确教育理念的指导、对课程资源实现条件的判断以及良好的工作机制。

研学课程资源
实地考察

研学旅行以旅行作为载体，超越封闭的课堂，将自然资源和社会资源作为丰富的课程资源，能够在开放的时空和真实的情境中拓展学习者的知识视野，增进学生对自然和社会的认识、对世界的感知以及对自我的实际体验，丰富自身的认知和体验。

（二）课程资源的正确定位

课程资源是研学旅行课程设计的重要内容，关系着课程内容的宽度与深度，是培养学生创新精神、实践能力、社会责任感的重要学习载体。

《关于推进中小学生研学旅行的意见》指出，学校应结合学段特点和地域特色，逐步建立小学阶段以乡土乡情为主、初中阶段以县情市情为主、高中阶段以省情国情为主的研学旅行活动课程体系，这凸显了学生爱家乡、爱祖国的情怀培养离不开课程资源。将各类优质资源有效转化为课程资源，再进一步转化成适宜学生学习的课程内容，充分利用各类资源更好地服务于学生的健康成长，应是研学旅行课程开发的历史使命。

（三）课程资源的分类

祖国的一草一木、家乡的一砖一瓦都是丰富的课程资源，承载着家国情怀，蕴藏着文化之根。根据不同的分类标准，可将众多的课程资源大致分为以下几类。

（1）根据课程资源的属性，可将研学旅行课程资源划分为自然研学旅行资源和社会人文研学旅行资源。

自然研学旅行资源通常是指以大自然造物为吸引力本源的研学旅行资源。在由各种自然要素、自然物质和自然现象所生成的自然环境或自然景观中，凡具有观赏、科学考察、游览或借以开展其他活动的价值，并能引发研学者来访兴趣者，皆属自然研学旅行资源的范畴。依其表现形式的不同，自然研学旅行资源的种类也多种多样。一般来讲，自然研学资源主要可分为以下几种：气候条件、风光地貌或自然景观、动植物资源、天然疗养条件等。其中最常见的是风光地貌或自然景观，如辽阔的草原绿地、幽雅秀丽或气势宏伟的山川湖泊、温暖而无鲨的海域与海滨沙滩、罕见的地质结构、壮观的瀑布、火山区以及奇特的洞穴等。

社会人文研学旅行资源是指由各种社会环境、人民生活、历史文物、文化艺术、民族风情和物质生产构成的研学资源，由于各具传统特色，而成为研学者学习、观赏的对象。它们是人类历史文化的结晶，是民族风貌的集中反映，既含有人类历史长河中遗留的精神与物质财富，也包括当今人类社会的各个侧面。包括历史遗迹研学资源、古建筑研学资源、古陵墓研学资源、园林建筑研学资源、民族民俗研学资源、文化展馆类研学资源以及其他人造研学资源等。

（2）根据课程资源的物理特性和呈现方式，可将研学旅行课程资源划分为文字资源、实物资源、活动资源和信息化资源。

文字的产生，纸张和印刷术的发明促进了人类文化的传播和教育教学活动的发展，学习手册、教材等印刷品记录着人类的思想，蕴含着人类的智慧，保存着人类的文化，延续着人类的文明，直到今天依然是重要的课程资源。

实物资源表现为多种形式，第一类是自然物质，如动植物、矿石等；第二类是人类生产生活过程中创造出来的物质，如建筑、机械、服饰等；第三类是为教育教学活动专门制作的物品，如笔墨纸砚、模型、标本、挂图、仪器等。实物形式的课程资源具有直观、形象、具体的特点，是常用的课程资源。

活动资源内容广泛，包括教师的言语活动和体态语言、班级集体和学生社团的活动、各种集会和文艺演出、社会调查和实践活动以及师生和学生之间的交往等。充分开发与利用活动课程资源，有利于打破单一的课堂接受教学模式，使学生在掌握知识的过程中，同时增进社会适应和社会交往，养成健全的人格。

以计算机网络为代表的信息化资源具有信息容量大、智能化、虚拟化、网络化和多媒体的特点，对于延伸感官、提高教育教学效果有着重要的作用，是其他课程资源所无法替代的。

（3）根据课程资源的存在方式，还可分为显性课程资源和隐性课程资源。

显性课程资源是指看得见、摸得着，可以直接运用于教育教学活动的课程资源，如教材、计算机网络、自然和社会资源中的实物、活动等。作为实实在在的物质存在，显性课程资源可以直接成为教育教学的便捷手段或内容，相对易于开发与利用。

隐性课程资源是指以潜在的方式对教育教学活动施加影响的课程资源，如班风、学风、校园文化、师生关系等。与显性课程资源不同，隐性课程资源的作用方式具有间接性和隐蔽性的特点，不能构成教育教学的直接内容，但是对教育教学活动的质量起着潜移默化的影响。所以，隐性课程资源的开发与利用更需要付出艰辛的努力。

【任务实操七】

（1）请分析该项目可开发利用的课程资源。

实操解析

见二维码。

（2）请根据课程资源的分类知识，举例说明该项目可以采用的课程资源。

略。

五、课程内容设计

（一）课程内容的含义

课程内容是指各门学科中特定的事实、观点、原理和问题，以及处理它们的方式。研学旅行的课程内容主要是直接经验和活动构成的体系。课程目标回答的是人才培养的质量与规格问题，而课程内容则回答的是"教什么"的问题。

研学旅行课程内容有别于学科课程内容。学科课程内容主要是各学科的理论知识或书本知识；研学旅行的课程内容则是学生生活的现实世界，是学生活动的主题以及在主题研学活动中产生的直接经验和间接经验，具有开放性和综合性。

研究式学习活动设计

体验式学习活动设计

参观式学习活动设计

（二）课程内容设计应遵循的基本原则

1. 反映课程目标的基本要求

课程目标是课程内容选择的重要依据，一切内容的选择都应充分考虑与课程目标的匹配程度。课程内容一旦脱离课程目标规定的基本方向，即使设计得再精美，也无法对学生的学习产生实际意义。因此，在选择课程内容时，首先需要考虑内容与目标的相关性。

课程单元设计技巧

2. 反映学生的身心发展特征

学生的身心发展特点是课程内容选择与设计需要考虑的另一个重要因素。学生在多重环境的交互影响下成长，这就需要把握学生个人需要、社会需要同学生现实发展之间的差距。尽管人们对学生发展的认识不同,但有一些重要的事实是共识的:学生的个体发展遵循一定的规律,具有顺序性、阶段性、不平衡性、个体差异性、整体性等特点;每位学生的发展具有独立性等。基于此,课程内容的选择要充分考虑学习者的身心发展特点、学习兴趣、需要等方面的内容。

3. 反映社会发展的要求

明确社会发展要求即了解国家、社会、家庭对教育提出的具体任务。马克思关于人的全面发展学说为社会主义教育提供了指导思想。同时,科学技术革命的成果进一步丰富了课程内容,促进了教育的革新与发展。这要求在课程内容设计过程中,需要认真考虑社会发展对人才培养的具体要求,综合考虑学生科学精神与人文精神培养、知识与能力培养、主动性与创造性发挥等重要问题的解决方式。由此,课程内容的选择与设计必须以社会发展要求作为重要前提。

【拓展案例】

7～8年级研学课程内容见表2-6。

表2-6 7～8年级研学课程内容

课程主题	送你一朵小红花
适用年级	7～8年级
课程内容	(1)展示绿植盆栽和中草药,对相关内容进行讲解。 (2)讲解植物水培方法,小组合作利用水培种植花卉。 (3)展示花卉,小组合作进行猜花语活动。 (4)讲解插花的基础方法。 (5)学生动手设计一束鲜花并进行介绍

【任务实操八】请分别为本项目的1～3年级、4～6年级和10～11年级学生设计研学课程内容。

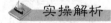
实操解析

具体内容见表2-7。

表2-7 各年级的研学课程内容

课程主题	变废为宝
适用年级	1～3年级
课程内容	(1)导入情景案例。 (2)讲解垃圾分类知识,进行垃圾分类知识竞赛。 (3)利用废旧物品,进行废旧物改造。 (4)借助工具,利用石榴皮和石榴花制作烫伤药

续表

课程主题	石榴身上有芽芽
适用年级	4～6年级
课程内容	（1）欣赏常见的观赏性植物，让学生采用记录、画图等多种形式对观察结果进行记录。 （2）发放工具，引导学生进行石榴植株的移植，进行锄地、松土、挖树坑、填入复合肥、叶片喷水等操作指导。 （3）引导学生进行枝条扦插，学习旺盛枝条的挑选、马蹄状枝条的剪截，了解无菌培养基质的调制。 （4）引导学生了解石榴植株移植与扦插过程中的注意事项和具体方法。 （5）引导学生泡发豆芽，参观了解豆芽泡发生长的全过程。 （6）引导学生动手操作石榴籽前处理。 （7）引导学生以实践报告的形式探究植物、土壤与人类的关系
课程主题	"榴"在秋天
适用年级	10～11年级
课程内容	（1）组内进行石榴采摘分工，同时挑选出最合适的盛放石榴的采摘筐。 （2）亲身实践采摘石榴。 （3）根据石榴的大小、颜色、品质等，对石榴进行分类。 （4）学习制作石榴酒、石榴饮品、石榴果冻。 （5）交流与分享

六、课程组织设计

（一）课程组织的含义

课程组织被视为课程开发中的经典步骤，现代课程理论之父泰勒在《课程与教学的基本原理》中指出"课程组织就是将学习经验组织成单元、学程和教学计划的过程"[1]。简单来讲，课程开发中的四个基本问题就是设定目标、选择经验、组织经验和课程评价。课程元素组织的方式不同，课程呈现的形态就不同，课程所能实现的育人功能因此也不同。当前，很多课程研究者认为课程组织是一个多层次的概念，试图从不同层次上对课程组织进行定义。在此，主要讨论开发某门课程时对各课程要素的组织，即在某一门课程中如何组织概念、知识、技能等。

综合国内外学者对"课程组织"的概念界定，我们认为课程组织是在一定教育价值观的引导下，为有效实现课程目标，将各种课程要素妥善进行组织安排，实现教学内容的序列化、连续化和整合化，以促进学习达到最优结果的过程。

---

[1] 拉尔夫·泰勒.课程与教学的基本原理[M].北京：中国轻工业出版社，2008：6.

（二）课程内容组织

课程组织的方式大体上可以分为纵向组织和横向组织。纵向组织也称垂直组织，是指将各种课程要素按照纵向的发展序列组织起来。"序列化"是纵向组织原则中的核心概念，这意味着课程内容的组织应遵循由简到繁、从无知到已知、从具体到抽象和从部分到整体的原则。例如，要先让学生学习概念，在此基础上掌握原理或规则，最后将原理或规则运用于问题解决中。

横向组织又称水平组织，是指打破学科的知识界限和传统的知识体系，以学生发展中需要探索的社会问题或个人最关心的问题为依据，将各种课程要素按照横向关系组织起来。"整合化"是课程内容水平组织的基本标准，即在承认差异的前提下，寻找各种课程要素之间的内在联系。课程内容的整合性主要包括学科知识的整合、社会生活的整合、学生经验的整合等。

相比较而言，纵向组织更加注重课程内容的独立体系和知识深度，横向组织则更加关注课程内容的综合性和课程广度。尽管确定课程组织有纵向和横向之分，但它们只是课程内容组织的两个维度。当课程内容组织同时具有纵向和横向的连续性时，学习者会更深刻、更广泛地理解和掌握所学内容。

【任务实操九】请根据你的理解，以绘图的方式说明纵向组织和横向组织的不同。

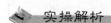
实操解析

略。

七、课程实施设计

（一）课程实施的含义

课程的组织实施是课程计划实现由理想向实践转化的条件，是课程目标达成的重要保障，包括依据学校育人理念和地方特色资源，对研学旅行路线进行设计和规划；根据学生的身心特点和研学需求，选择恰当的教育教学方式；制定相关制度标准，协调校内外各方面关系，保障研学旅行顺利开展和实施。此处仅讨论文本设计层面的课程实施安排，实际操作层面的内容和步骤详见"任务四 实施研学旅行课程教学方案"部分。

（二）课程内容的实施

在文本设计层面，课程实施主要是指根据研学目标和学生学习需求，对研学全过程进行路线规划、对研学时间进行合理安排、对研学活动进行科学组织以及为研学活动选择恰当的教学方式等内容。

【拓展案例】

7～8年级研学课程实施内容见表2-8。

表2-8　7～8年级研学课程实施内容

课程主题	送你一朵小红花	
适用年级	7～8年级	
教学时长	180分钟	
课程实施	导言（第1～30分钟）	展示绿植盆栽和中草药，明确本节课的学习主题
	水培花卉（第31～60分钟）	讲解植物水培方法；学生进行小组合作，利用水培种植花卉
	鲜花花语学习（第61～90分钟）	展示花卉，小组合作猜花语
	插花技艺（第91～120分钟）	展示插花的基础方法
	动手设计鲜花（第121～160分钟）	学生动手设计一束鲜花
	插花作品展示（第161～180分钟）	学生进行鲜花作品展示，并讲述设计理念

【任务实操十】请分别为本项目的1～3年级、4～6年级和10～11年级的课程设计"课程实施"部分。

实操解析

具体内容见表2-9。

表2-9　各年级的研学课程实施内容

课程主题	变废为宝	
适用年级	1～3年级	
教学时长	180分钟	
课程实施	导言（第1～10分钟）	进行学生分组；列举事例，激发同学们兴趣，引入教学课程
	垃圾分类初了解（第11～30分钟）	展示垃圾分类的基本知识；学生进行小组交流
	知识问答竞赛（第31～50分钟）	进行垃圾分类的知识问答竞赛
	了解废纸（第51～65分钟）	展示有关废纸的知识
	废纸巧利用（第66～115分钟）	利用身边废旧物进行"宝物"改造
	石榴再变身（第116～160分钟）	利用石榴皮和石榴花制作烫伤药
	课程总结（第161～180分钟）	学生填写研学报告表，并一起交流分享
课程主题	石榴身上有芽芽	
适用年级	4～6年级	

续表

教学时长	180 分钟	
课程实施	导言（第 1～10 分钟）	进行学生分组；欣赏常见的观赏性植物，将观察结果采用记录、画图等多种形式记录下来
	石榴植株移植（第 11～40 分钟）	发放工具，引导学生进行石榴植株的移植；指导学生进行锄地、松土、挖树坑、填入复合肥、叶片喷水等操作活动
	石榴枝条扦插（第 41～70 分钟）	引导学生进行枝条扦插，学习旺盛枝条的挑选、马蹄状枝条的剪截；了解无菌培养基质的调制；拓展了解剪截马蹄形的原因
	导师总结（第 71～90 分钟）	引导学生认知石榴植株移植与扦插过程中的注意事项、拓展时间与方法的掌握等
	绿豆"芽芽"哪里来（第 91～100 分钟）	以谜语形式引导学生联想生活中的绿豆芽，提出"绿豆芽是土壤里长出来的吗"这一问题
	泡发豆芽（第 101～120 分钟）	引导学生泡发豆芽，参观了解豆芽泡发生长的全过程
	豆芽的一生（第 121～130 分钟）	引导学生探秘豆芽短暂的一生
	探究石榴籽快速发芽的奥秘（第 131～140 分钟）	引导学生探究如何对种子进行前处理可以让石榴籽快速发芽
	动手操作石榴籽处理（第 141～160 分钟）	引导学生动手操作石榴籽前处理
	探究植物、土壤与人类的关系（第 161～180 分钟）	以实践报告的形式探究植物、土壤与人类的关系
课程主题	"榴"在秋天	
适用年级	10～11 年级	
教学时长	180 分钟	
课程实施	导言（第 1～15 分钟）	学生分组；列举事例，引入课程知识
	采摘前准备（第 16～35 分钟）	学生进行组内分工；挑选出最合适的盛放石榴的采摘筐
	摘石榴（第 36～100 分钟）	学生进入果园，亲身实践采摘石榴
	石榴分类与测量（第 101～135 分钟）	小组对采摘的石榴进行大小、颜色、品质等自主分类
	石榴品尝会（第 136～160 分钟）	学生学习制作石榴酒、石榴饮品和石榴果冻
	课程总结（第 161～180 分钟）	小组填写研学报告表，并一起交流分享

八、研学旅行课程评价

（一）课程评价的含义

课程评价是研学旅行课程设计的重要组成部分，是实现研学旅行目标的有效方法和手段，它贯穿于研学旅行课程的全过程。课程评价研究涵盖了课程目标、课程内容、课程实施和课程成效等整个过程，主要包括课程设计方案评价、教师教学评价和学生学习评价。此处主要谈论对于"课程设计方案"本身的评价，有关"教师教学评价"和"学生学习评价"的内容，详见后文部分。

课程评价设计

课程评价体系中各项指标和课程目标的一致性，能够帮助研学旅行指导师进一步反思、确认课程目标的适切性。从这个意义上来说，课程评价本身就是课程的重要组成部分，有不可替代的教育价值。

（二）课程评价的原则

1. 客观性

课程评价要客观公正、科学合理，评价指标和评价规则要清晰明确，切实反映教师的教学水平、学生的学习程度、课程方案的合理性，不能因评价者的兴趣爱好、价值判断、认知倾向、情绪好坏等因素而随意改变。

2. 发展性

进行课程评价时需要注意，评价的根本目的是引导学生更好地发展。因此，课程评价需要着眼于学生的素养培育、教师的专业成长以及课程设计方案的优化升级，即课程评价是鼓励师生、促进教学的手段。

3. 指导性

课程评价并非课程开发的终点，师生应当从评价结果中获得指导未来学习的指导性意见。基于此，课程评价应当注重收集教学过程中学生学习和教师教学的相关证据，从而为改进建议的制定提供依据。

（三）课程评价的方法

1. 过程性评价

伴随学生活动进行的评价活动是指过程性评价，是依据评价实施的时机对评价行为进行的划分。如果在研学旅行课程中仅仅采用终结性评价，则会出现以下问题：首先，无法实现一次评价对综合课程目标全覆盖；其次，不能关注到学生的发展变化过程，活动过程的丰富体验不能与学生的元认知产生关联，从而影响意识的自我修正和能力

课程评价模式

的主动建构，影响课程目标的实现。因此，研学旅行课程的学习评价必然是过程性的。

就评价方法来说，在学生学习过程中进行的评价行为可以是多样性的。为了了解学生的知识理解情况，可以采取测验法、调查法等，在研学活动过程中可以相应地采取问答、小测验、小调查等，在形式上可以是抢答、竞赛、反馈等。为了了解学生的态度、意识，可以采用访谈法、表现性评价等，可以采取座谈、演讲、作品展示等活动形式。为了了解学生的关键能力发展，可以采取档案袋评价、表现性评价、测量法等，在形式上也是灵活多样。

评价行为也是学习活动的重要组成部分。伴随学习过程的评价行为，不仅可以帮助教师了解学生的发展状况，了解学情和教学效果，更重要的是评价标准和教学目标具有高度一致性，能够帮助学生建立清晰的学习规划；评价结果具体、细致，能够帮助学生形成自我发展元认知，提升学生的自我认知和反思能力。这些都是普通学习活动很难触及的高阶思维能力，对学生发展具有非常重要的意义。

2. 表现性评价

表现性评价能较准确评价学生在真实情景中的问题解决能力及相关素质，非常适合研学旅行这种综合活动课程。表现性评价通常要求学生在某种特定的真实或模拟情境中运用先前所获得的知识完成某项任务或解决某个问题，以考查学生知识与技能的掌握程度，或者问题解决、交流合作和批判性思考等多种复杂能力的发展状况。

表现性评价的效果依赖于任务设计、实施与评分，对教师提出了更高的要求。尤其要求评价内容清晰、评分细则合理，必要时还需要提供高分样例和低分样例，以提高评价信度。就研学旅行课程来说，由于考察学习任务具有真实性，影响评价效果的主要方面就是评价标准的清晰性、评价指标与任务的匹配性、评分细节的可操作性等，这些也是教师在应用表现性评价时需要加强的方面。

表现性评价结果依赖于评价者对学生表现的判断，具有较强的主观性，为了提升评价结果效度，可以采取以下方法：第一，全体评价者共同参与，提前试评，统一对评价标准的理解和对评价细则的执行。第二，评分细则尽量采用可明确分辨的行为或表现。尽量规避评价者对学生主观意愿的判断。例如，考查学生合作能力时，评分细则中如果出现"学生愿意倾听他人的意见和建议"，则教师就需要对学生的主观意愿进行判断，增加了评价者个人因素对评价结果影响的风险。不如改成"学生认真倾听他人的意见和建议，并且给予反馈"，教师可以直接根据学生的行为作出评价。第三，采取多种评价结合的方式，合理使用核查表、等级量表等评价工具。行为核查表和等级量表能够帮助评价者通过少数行为表现及其程度作出相应判断，提高评价准确度。

【拓展知识】

　　研学旅行的表现性评价活动，具有可以和研学活动无缝衔接的优势。首先，在研学活动中，学生需要完成一个个的学习任务，那么每一个学习任务都可以作为一个表现性评价活动。例如，研学旅行准备阶段，学生可以参与设计研学路线、行程、任务等，学生的设计过程和最终成果都可以作为表现性评价的对象，对学生的知识掌握情况、计划规划能力、信息收集和处理能力等作出判断。再如，研学过程中经常进行小组交流和展示，这本身就是很好的表现性评价活动，可以对学生的教育目标达成情况、交流表达能力等作出判断。其次，研学旅行课程会产生丰富的学习成果，这些成果可以作为表现性评价的对象。例如，学生制作的作品、事后完成的报告和作文、绘画作品、摄影记录等，教师都可以通过对这些成果的表现性评价，判断学生知识掌握情况和能力发展水平，从而为后续教学提供依据。

3. 档案袋评价

　　研学旅行课程的档案袋评价是指通过对研学旅行档案袋的形成过程和最终结果进行分析，对学生发展状况作出价值判断。

　　档案袋的公众展示是档案袋评价的重要活动。学生向老师、同学、家长或其他人员介绍自己的档案袋是评价活动的重要一环。档案袋的公众展示必须是有计划的、有设计的活动。根据考核情况需要，可以要求学生对自己提供的所有材料进行辩护陈述，也可以把公众展示作为一种庆祝活动，用以鼓励和表扬学生的学习。

　　设计档案袋评价时要回答的第一个问题是"评价的目的是什么"，清晰明确的评价目的是档案袋的基础。只有目的明确，才能确定档案袋的内容、收集方式以及怎样对其进行评价。对档案袋的内容选择的指导必须非常明确、具体，要让学生知道档案袋创建的时间期限、内容和数量。也可以引导学生使用电子档案袋，或者档案袋中的部分内容用电子版的形式来处理和保存。

　　设计档案袋评价还需要明确评价标准和方法。当学生、教师和家长有统一的评价标准时，学生学习的焦虑会减少，学习也会变得直接和有目的性。评价档案袋使用过程和结果的方法主要是评分细则。应该注意，档案袋的基本成分是学生的作品；作品的收集是有目标的，不是随意的；档案袋应留有学生发表意见与反省的空间；教师要对档案袋里的内容进行合理的分析与解释；明确学生在选择内容和自我评价中的作用。

　　为了更好地发挥档案袋评价的作用，教师应该在研学旅行的准备阶段就向学生明确介绍什么是学习档案袋，怎样使用档案袋；同时，还应该为学生提供统一的档案袋。档案袋应该足够大以便放入不同的文件。可以更细致分类，以对应不同的评价专题。

根据课程需要和评价目的明确告知学生可以选择什么作品放入档案袋,以及这些作品和评价结果的关系。通常,教师可以指导学生收集过程性档案袋,帮助学生反思学习过程,也能帮助学生感受学习过程中的进步。以评价为目的的档案材料可以从过程性档案袋中抽选,从而减少学生整理档案材料的负担,并且最大化地发挥档案袋评价的教育作用。

【拓展知识】

(1)按照操作主体划分,档案袋可以分为文件型档案袋、展示型档案袋和评价型档案袋等。

文件型档案袋记载的是学生在一段时间内的学习情况,采用的方法是教师观察、逸事记录、访谈以及学生活动,材料一般由教师选择并放进记录袋。教师和家长是文件型记录袋的主要使用者,相互了解学生成长的全面信息,帮助学生设定今后的目标,制订教学及家庭支持计划。

展示型档案袋又可以分为展示最高成果的成果展示档案袋、展示发展过程的变化展示档案袋、展示最终水平的结果展示档案袋等。以展示为目的的评价档案袋突出特点是增加学生的自信心和积极性。当评价内容多元化、评价标准无法逐一确定时,可以选用展示型评价档案袋。展示型成长记录袋里的内容完全由学生自主选择,一般都是入选学生认为最能反映自身水平和能力的作品。

当档案袋以评价为目的时,还要求学生写出自己的陈述,讲解他们为什么认为这些文件反映出了他们的学习效果。

评价型档案袋兼有目标性和评估性,这是在展示型档案袋基础上的延伸。

(2)按照评价目的划分,档案袋评价又可以分为过程型评价档案袋和结果型评价档案袋。

过程型评价档案袋反映学生的成长过程。收集的内容为记录过程的文件,包括学生学习的草稿、对学习过程的反思、学习过程中所遇到的问题等。这些文件可以按技能分类,也可以按关注点分类。每一类都含有学生在学习的开始阶段、学习过程中间以及学习结束时的记录。这些文件可以作为学生技能提高的证据。在不同的阶段,学生都可以反思自己的学习过程,确定技能的提高和改进,祝贺自己的进步,并对进一步的学习设立新的挑战。

以结果为考核目的的结果型评价档案袋收集学生自己认为最能反映学习效果的文件。其目的是记录和反映学生所取得的成绩的质量,而不是取得成绩的过程。学生可以完全由自己决定选取哪些材料放入档案袋。教师也可以建立起收集文件的标准来告诉学生档案袋里应包含什么样的文件以及需要具备什么样的质量。

4. 多元主体评价

研学旅行的多元评价主体可以包括学生、同学、老师和家长等参与课程的相关人员，根据不同评价内容的需要，各主体在不同评价项目参与评价。通过对多元主体的评价数据进行关联性的综合分析，可以更全面准确地描述学生的学习状况，从而对课程实施和学生发展形成较全面的反馈。多元主体评价能够较好地避免单一主体评价可能产生的片面性，同时，还可以调动研学旅行课程各利益相关主体的参与积极性，提高教育目标的一致性，更有利于促进学生发展。

进行多元主体评价是研学旅行课程促进学生发展、教学提高和课程改进的需要。任何单一主体的评价都不利于课程评价的发展，只有当课程各参与方都参与到学习评价之中并且能够交互活动时，评价结果才能最大限度地被各方接受和利用。学生重视评价结果，才能利用评价结果促进自身发展；教师重视评价结果，才能利用评价结果促进教学改进；教育公司或旅行社等课程实施协助方重视评价结果，才能利用评价结果改进课程实施；家长重视评价结果，才能利用评价结果改进家庭教育支持，更好地和学校教育一致，促进学生全面发展。

多元主体评价的实施需要多元评价方案与之配合。需要注意的是各主体的评价行为并不是完全独立的，在课程实施过程中有重合、交叉也有可能相互独立。在同一评价行为中，有可能同时存在学生评价、教师评价、家长评价等。

【拓展知识】

（1）学生评价。学生评价包括个人自评和同伴互评。《基础教育课程改革纲要（试行）》指出，"评价不仅要关注学生的学业成绩，而且要发现和发展学生多方面的潜能，了解学生发展中的需求，帮助学生认识自我，建立自信。"学生自评和互评的根本目的是帮助学生反思，通过反思促进学生的自我认知。

学生评价可以采取测验、问卷、报告、论文、表现性评价、档案袋评价等方式。学生自评和同学互评可以配合实施，采用相同的评价框架和评分细则、相同维度的评价工具。这样，自评和互评的结果可以对比结合使用，能够帮助学生更客观地了解自己。学生自评还可以使用适切的量表作为工具，相对于自编工具更能保证评价信度和效度。

学生评价在内容上应该突出发展性，以促进学生的全面发展为目的，既注重考查学生对知识和技能的掌握，也重视学生在情感、态度和价值观方面的发展与变化；既关注学生学习的结果，也重视学生学习的过程；既考查学生个体在同伴中的相对水平，也关注学生自我感受和自我发展的意向与趋势。

（2）教师评价。教师评价包括学校教师评价和研学专业机构的教师评价。教师评价的根本目的是从教学目标的角度对学生的发展状况作出判断,并在此基础上对教学方案、课程资源和课程实施进行反思和改进。研学旅行课程的教师评价,核心价值在于促进学生发展和课程发展,需要注意避免以往学业评价的甄别导向。

教师评价可以采取观察、访谈、表现性评价、档案袋评价等多种方式。无论采取哪种方式,评价框架都应该首先注意和教学目标匹配,评分细则的描述都应该明确、有区分度且可观测,评价工具都应该尽量简便,以保证评价的信度和效度。

在评价内容上,教师评价可以涉及以下方面:学生客观行为可以显示出来的关键能力;学生群体行为表现出来的课程适切性;课程实施过程中暴露的课程资源适切性等。还可以和学生综合素质评价结合。

(3)家长评价。家长和家庭背景是影响学生学习效果的重要因素。学校和家长要在学生发展方面达成一致认识和判断,学校要依靠和发挥学生家长对子女的教育作用,发动他们关心和参与学校的教学评价活动,提出建设性的改进意见,协同教师帮助学生选择课程,确定未来的专业发展方向。由于家长并不直接参与学生研学旅行课程,因此家长参与评价前,评价设计者需要首先向家长解释课程目的和评价的意义。邀请家长参与评价是为了更好地促进学生的发展。父母应成为评价的积极参与者和重要的评价资源,和教师、学生评价共同合作来改进学生学习。

家长评价可以采取问卷调查、访谈等方式,开放式地收集学生能力表现和背景信息,并与其他主体评价结果配合,分析学生学习的影响因素,用以指导学生学习改进。评价结果应对家长进行细致反馈,以指导家长改进家庭教育和家庭学习。学校和教师也可以利用评价结果丰富学生学情信息,设计家校合作主题和相应的教育活动等。

(四)课程设计方案评价

课程评价是一项十分复杂的工作,评价方式和评价过程因目标和方法的不同有许多变化,通常难以采用完全相同的程序。但是,在对课程设计方案进行评价时,可以按照以下流程展开:首先,必须确定评价的目的,明确课程评价工作完成后对于课程发展有何帮助。其次,需要做到评价目标与课程目标相一致,实现教、学、评的一致性。最后,应认真分析评价的维度及对应的评价标准或规则。

【拓展案例】

课程设计方案评价见表2-10。

表2-10　课程设计方案评价

一级指标	二级指标	评价等级			
		优	良	中	差
课程目标	具有科学性、合理性和可操作性				
课程内容	突出目标导向				
	紧扣学生学情				
	内容难度适中				
	知识类型丰富				
课程实施	流程安排合理				
	活动组织有序得当				
	活动实现程度高				
	确保学生有效参与				
安全保障	各项安全保障健全				
	安全制度完善				
	应急预案具体恰当				

【任务实操十一】请你完成本项目"课程设计方案评价"部分的评价设计。

实操解析

略。

任务三　撰写中小学生研学旅行课程教学方案

任务内容		作为B旅行社的工作人员，依据该校各年龄阶段研学者的学习特征及研学需求，撰写研学旅行课程的配套教案
对应典型工作名称		文案撰写
对应典型工作任务描述		根据客户需求，完成研学旅行课程配套教案的撰写
学习目标	素质目标	尊重学生 理解学生 关爱学生★ 心理素质稳定 教育教学素养★

续表

学习目标	职业能力	能够与他人进行有效沟通 能够有效开展教育教学 能够完成教案、课程总结等文案撰写工作★ 能够增强研学者的参与感和获得感★
	知识目标	掌握判别学生学习水平的方法 掌握教案撰写的基本要素★ 掌握撰写教学总结报告的步骤★

一、认识研学旅行教学过程

（一）研学旅行教学过程的含义

研学旅行课程的教学过程本质上就是将课程设计方案付诸行动的过程。在汉语中，"教学"二字最早见于《尚书·兑命》。在英语中，"教学"这一概念通常有三种表达，即"teaching""instruction"和"teaching and learning"。由于中外学者探讨教学概念的角度和出发点不同，因此对于教学概念的具体理解也并不一致。我们认为，教学就是在一定教育目的的指导下，在特定的环境中，基于课程设计框架或方案，通过师生主体间的交往和对话，促进学生学习和发展的专门的社会实践活动。

（二）研学旅行教学过程的特点

1. 一种特殊的认识过程

教学过程涉及经验传递、社会交往、学生成长等多方面的内容，其中最基础的活动是传授经验、认识与作用世界的活动。这种交往活动是围绕认识活动进行的，受到认识过程的一般规律的制约：一是要明确教学的对象是具有主观能动性的学习主体，教学活动应该激发学生的主动性、创造性；二是要遵循个体的认知发展规律；三是要重视认识过程是个体经验改造和建构的过程，也是与群体互动的过程。与此同时，教学过程还应关注学生认识过程的特性：首先是间接性，即学生主要以学习间接知识为主，间接地认识现实世界；其次是引导性，即学生的学习需要在教师的正确引导下完成。既遵循认识的一般规律，又注重学生的认识特性，教学过程才会卓有成效。

2. 以交往为背景和手段的活动过程

教学活动不是孤立的个体认识活动，它离不开师与生、生与生之间的交往和互动。在教学过程中，教师常常有意识地引导学生进行问答、讨论和互助，使学生在交往中进行思想碰撞和反思。同时，通过这种交往，可以激起师生在认识和情感上的共鸣与共享，促进学生的个性品质发展。

3. 促进学生身心发展的过程

在教学过程中，教师引导学生进行学习知识、开展交往、进行实践等活动，其根本目的是促进学生的身心发展，促使学生追寻与实现价值目标。教学是一种有目的、有计划地培养人的活动，如果忽视学生的身心发展，忽视社会所确定的育人价值目标，教学活动必将失去正确的方向，严重影响人才培养的质量。

为了使教学过程强有力地促进学生身心发展，自觉地追寻与实现价值目标，就必须以儿童身心发展特点、规律和价值目标为准则，规范、充实和指导教学过程。

（三）研学旅行教学过程应处理好的关系

1. 研究性学习和旅行体验的关系

研学旅行的根本目的在于引导学生走出校园、走进世界，在真实实践中了解社会、增长阅历、锻炼意志、感悟人生。在研学旅行过程中，研学是目的，旅行是载体，要避免研学旅行"只游不学"或者"学而不游"，促进学游相长、学游共进。

2. 课堂教学和校外教育的关系

课堂教学是学生学习的主阵地，而校外教育是课堂教学的必要补充。因此，研学旅行应成为沟通校内和校外教育的桥梁，结合教育目标、学生研学需求和学生身心发展特点，系统设计研学课程主题、旅行线路和活动安排，通过体验、合作、探究、调查等多种教学方式，让学生学会在生活中用自己的脚步丈量社会，用自己的眼睛观察社会，用自己的思考探究社会。

3. 教师主导与学生主体的关系

教育的本质不是灌输，而是激发与引导。基于此，研学旅行应成为教育改革创新的手段。在研学旅行过程中，教师作为"平等中的首席"，应当充分尊重学生的主体地位，承担起组织者、引导者、参与者的责任，让学生学会学习、学会合作，倡导学生主动参与，将研学旅行的过程变成学生自我发现、自我完善、自我提升的过程。

【任务实操十二】请绘制"认识研学旅行教学过程"部分的思维导图。

略。

二、进行学情分析

（一）学情分析的含义

研学课程设计主张"为学习设计教学"。强调任何研学活动都要以满足研学者的学习需要为出发点和落脚点，为研学者服务，以教学引导、促进研学者学习。研学课程设计必须把研学和研学者作为焦点，帮助每一个学生进行有效学习。

学情涉及的内容非常宽广，学习者各方面情况都有可能影响学习效果。研学者现有的知识结构、研学者的兴趣点、研学者的思维情况、研学者的认知状态和发展规律，以及研学者的身心发展特点、学习动机、学习兴趣、学习方式等都是进行学情分析的切入点。

学情分析

（二）学情分析的依据

1. 研学者的身心发展特点

研学者在身心发展和成长过程中，其情绪、情感、思维、意志、能力及性格还极不稳定和成熟，具有很大的可塑性和易变性。通过分析学习者生理、心理与学习内容的匹配程度，充分预见可能存在的问题，将对研学旅行工作具有较强的指导意义。

2. 已有的认知基础和学习经验

开展研学活动前，需要了解研学者是否已具备学习新知识所要求的知识、技能、方法、能力等，以确定新课程的起点，做好承上启下、新旧知识有机衔接的工作，并据此设计研学课程任务的深度、难度和广度。

3. 研学者的学习风格

不同研学者和学习群体的学习风格存在差异。由于遗传素质、社会环境、家庭条件和生活经历的不同，研学者个体间存在着较大差异，学习风格也各不相同。同时，研学活动往往以班级为单位展开，所以有必要对班级学习风格进行分析，研学旅行指导师应该结合教学经验和课堂观察，敏锐捕捉相关信息，针对不同学习群体采取不同的教育方式。

4. 研学过程中可能遇到的困难

研学者在研学中遇到的问题和阻力往往会成为他们实现研学目标的障碍，研学旅行指导师如果能及时发现这些困难与障碍，并且及时帮助研学者克服这些困难，有利于研学者获得真实的发展。因此，还需要关注和发现研学者在研学过程中可能存在的困难和障碍，在具体分析这些困难和障碍产生的原因后，思考针对性的教学策略。

【拓展案例】

7～8年级研学课程的学情分析见表2-11。

表2-11　7～8年级研学课程的学情分析

课程主题	送你一朵小红花
适用年级	7～8年级

续表

学情分析	本课程面向群体为初中学生,这一学龄段的学生在知觉的有意性和目的性方面有了较大提高,能够自觉根据教学要求去认识有关事物。同时,学生的注意力也比较稳定和集中,思维较为活跃,想象能力和抽象逻辑思维能力迅速发展,已经具备了一定的资源获取能力、语言表达能力和逻辑思维能力,但是还比较缺乏对事物的深层认知。 另外,进入初中阶段后,学生需要学习的课程门类逐渐增加,课程内容也逐步加深,已由直观的、感性的、零碎的知识点变成了更为完整、系统的知识体系。学习内容的变化要求教育者应当更加注重学生思维方法、思维能力的培养,即除了要求学生识记大量的定义、原理等知识点外,更重要的是培养学生掌握并运用知识的能力。本次研学课程将语文、美术、生物等初中学科知识融入研学活动中,能够有效践行"做中学"的教育理念

【任务实操十三】请为本项目 1～3 年级、4～6 年级和 10～11 年级的研学旅行课程进行学情分析。

◆ 实操解析

略。

三、教学目标设计

(一) 教学目标的含义

教学目标是站在学习者的角度,对课程目标的进一步分解和细化。设计合理、明确和可行的教学目标,是构建有效课堂的第一要务和先决条件。例如,课程目标中提到的"了解""识别"等词汇都是一些专业、抽象的表述,学生在学习过程中可能并不清楚其具体含义。因此,教师在设计教学目标时应具体阐明"了解"到什么水平,"识别"到什么程度。也就是说,教师设计的教学目标应是可观察的、可评价的,也是即时可操作的。如此一来,教学目标就成了学习者在学习过程中自我要求、自我激励、自我调控和自我评估的明确标准。

(二) 教学目标设计的意义

1. 把握学习目标的行为主体

学习目标是学生在学习过程中要达成的学习结果,是通过学生的行为来反映的,所以学习目标的行为主体一定是学生,学习目标的行为动词自然应该是学生所发出的动作,学习目标的内容应该是明确指向学生行为的。

2. 规范学习目标的内容指向

如果从最终习得的结果来分解"学生学会了什么",那么可以有三种结果——成果、过程、创造。与之相对应，学习目标可以分为三种：一是成果性目标，即明确告诉人们学生通过学习而获得的成果是什么；二是过程性目标，即学习经历就是所需要的学习结果，其"成果"可能是不必要或不重要的，也有可能是无法测量与评价的，而"过程"才是所需要的；三是创造性目标，即涵盖学习经历与学习结果的目标，其过程往往是可预设的，其结果是重要的，但是开放的、难以预设成果的。

如果从教师教学实践的角度来看"学生学会了什么"，可以将目标分成三维，即"知识与技能"目标、"过程与方法"目标和"情感态度价值观"目标（也称为"三维目标"），如图2-4所示。

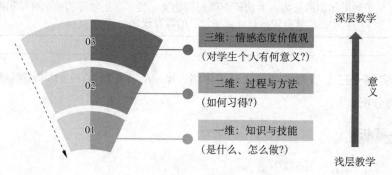

图 2-4 三维目标

（三）撰写教学目标的方法

教师在叙写目标时，需要注意不能将三维分割开，这是因为在教学中，既没有离开"情感态度与价值观""过程与方法"的"知识与技能"学习，也没有离开"知识与技能"的"过程与方法"和"情感态度与价值观"的学习。一个目标的三个维度之间不是割裂的，而是彼此相关的。例如，"在小组讨论中，倾听别人的不同观点，体会对话的意义"，这一目标的陈述，兼顾了过程与方法目标、知识与技能目标、情感态度价值观目标三个维度；再如，"结合课本及相关史料的学习，简述'五四运动'对中国近代发展的历史意义"，这一陈述兼顾了"过程与方法"目标＋"知识与技能"目标两个维度。[①]

三维目标撰写技巧

根据阿姆斯特朗和塞维吉提出的ABCD教学目标陈述法，能为教学提供可操作依据、为评价提供可测评依据的完整目标应包括四个核心要素：一是行为主体（audience），指学习者；二是行为动词（behavior），指选用适当的动词描述学习后的行为变化；三是行为条件（condition），指产生上述行为变化的特定条件；四是行为程度

拓展知识

---

① 崔允漷. 追问"学生学会了什么"——兼论三维目标[J]. 教育研究，2013，No. 402（7）：98-104.

（degree），指上述行为变化的程度。简言之，学习目标的叙写需要说明谁来学、学什么、在什么条件下学以及学到什么程度。学习目标核心要素说明见表 2-12。

表 2-12　学习目标核心要素说明

核 心 要 素	内 容 说 明
行为主体（audience）	学习者（学生），可以省略
行为动词（behavior）	可观察、测量的具体行为
行为条件（condition）	影响学习结果的限制、范围等，主要包括辅助手段或工具、提供信息或提示、时间的限制、完成行为的情境等，有时也可指学习的过程与方法
行为程度（degree）	学生对目标所达到的最低表现水准，用以评测学习结果所达到的程度

【任务实操十四】请为本项目 1～3 年级、4～6 年级和 10～11 年级的研学旅行课程进行教学目标设计。

略。

四、教学评价设计

（一）教学评价的含义

教学评价是指对教学活动准备、教学过程和教学效果进行分析与价值判断的过程，它涉及教学整体以及教学的每一个方面和环节。对学习者的学习成效进行评估与检测是教学评价环节的重中之重，是否实现既定的课程与教学目标是评价学习者学习成效的一项重要标准。除了评价学生的学习结果，教学评价还关涉教学目标、教学过程、教学方法、教学管理、教师授课质量等方面。也就是说，此处所提到的"教学评价"主要是指"教师教学评价"和"学生学习评价"。

教师教学评价是指对教师实施课程的教学活动的整体评价，包括对教师的备课、上课、作业反馈、考查考试等环节的评价。针对教师实施课程的教学活动评价，是考察教师是否以课程作为其教学策略的出发点，是否以课程材料（教材和其他教学材料）作为教学活动的基本依据。同时，也考察课程与教学材料对于教师实现课程与教学目标的可行性、适应性和有效性。此外，教师教学评价还体现在为适应学生不同的学习需求，对课程与教学材料进行的补充或删减，以及对于课程与教学环节安排、方法与策略选择、信息技术应用等内容。

学生学习评价主要是指对学生学业结果或学习成就的评价。课程设计和教学活动的目标与效果，是通过学生的学业结果直接反映出来的。因此，学生学习评价是课程评价中最基本、最核心的活动。一般而言，对于学生学习结果的评价，既包括研学过程中的学习表现，也包括研学结束后学生呈现的学习成果。考虑到"学生学习评价"在课程评价领域中的重要程度，此处主要探究的是"学生学习评价"（以下简称"学习评价"）的相关内容。

（二）进行学习评价设计的必要性

要想了解学生的学习掌握情况，必须对学习评价进行科学、系统且合理的设计。一方面，学习评价内容和研学过程相结合，能够帮助学生在评价过程中不断检测学习效果，及时修正研学过程，指引学生完成学习任务；另一方面，评价能力属于高阶思维能力，在学习过程中无论是反思性的自我评价，还是对他人或外界作出第三方评价，对培养学生的高阶思维能力都具有促进作用。可见，学习评价是研学旅行课程建设和实践不断完善的动力。

（三）设计学习评价的量规

在进行学习评价量规设计时，切忌将评价目标设置过多，一般选取课程目标中的主要内容，对评价目标进行有针对性的设计。评价量规主要包括评分等级（分数）和评分细则两大部分，重点关注的是学生的学习表现、高阶能力的养成、情感态度反应等方面，如表达交流能力、小组合作能力、解决问题能力、反思批判能力等。

评分规则是一套用来评价学生的反应和表现的标准，可以根据课程教学要求和学生可能的表现进行设计。典型的评分细则是对学生表现的言语描述，包括学生在高级的、熟练的、半熟练和初始水平上的所有表现，即描述各评估标准（指标）在不同质量上的标准。同时，评价者需要赋予每一水平的不同表现一个分数或等级。教师在制定评价细则时，对于每一条评估标准，学生表现的质量区别到底有哪些，评价细则中都要有具体的描述，至于这种描述要细致到什么程度，则取决于教师自己的需要。评分等级（分数）则是依据评分细则的表述，获得的分数或等级。

设计评价量规时，应尽可能地做到以下几点：首先，评价者应将学生视为一个全部的个体，关注学生的整体表现，将学习评价的重点转移到学习者学习过程中的动作反应、学习表现、情感体验和真实行动上来。其次，评价者应充分尊重学生的学习主体地位，重视与学习者共同开发评分规则，具体体现为与学生共同探讨评价的维度及相应评价指标，使学生能够在参与规则制定的行动中进一步加深对评价规则的理解。最后，应当鼓励学生作为评价主体参与评价，以加强学生在学习过程中的自我反省。

【拓展案例】

《送你一朵小红花》学习评价表见表 2-13。

表 2-13 《送你一朵小红花》学习评价表

学生姓名		研学指导师签字		
序号	考核标准	评价等级		
		A 级	B 级	C 级
1	研学过程中精神饱满，注意力集中			
2	发言响亮、清晰			
3	学习兴趣浓厚，学习热情高涨			
4	具有问题意识，敢于质疑问难，发表不同见解			
5	主动参与研学活动，做到认真观察，自主探究			
6	能够与其他同学配合，分工明确，高质量完成任务			
7	具备良好的学习意识和道德品质			
8	整个课程过程中获得石榴花贴纸个数			
9	插花作品展示累计石榴球投票数			
10	总评	A　　B　　C　　D		

【任务实操十五】请为本项目 1～3 年级、4～6 年级和 10～11 年级的研学旅行课程进行学习评价设计。

实操解析

略。

五、教学过程设计

（一）设计研学课程单元教学内容要考虑的要素

1. 增加关联性知识

在学校课程方案制定、实施与管理等工作过程中，国家、地方、校本三类课程是一整套的解决方案,即每个学校都已经有一套自成一体的课程体系。每所学校的课程体系特色是不一样的,课程框架、门类和实施方式都要契合学校的育人目标和教育理念。无论是学校还是研学旅行组织机构在设计研学课程主题和内容时,既需要增加一门或几门学科课程,又需要关注研学活动和学科知识的相关联系,不可勉强叠加。一般来说,在设计研学旅行课程时,建议由各学科教师一起参与,将学生要完成的学习任务进行整合,把研学旅行这一新的课程形态嵌入学校原有的整体课程框架中,促进研学旅行与学校课程的有机融合,特别是语文、历史、地理、生物、化学、物理、美术等学科,会有许多相关的资源便于学生将课堂中学到的知识加以应用,学生也会有许多机会发现和探寻新的问题。

在增加学科课程知识时,要兼顾与国家课程、校本课程实施相结合。校本课程是既能体现各校的办学宗旨、学生的特别需要和该校的资源优势,又与国家课程、地方课程紧密结合的一种具有多样性和可选择性的课程;既可以是学科拓展课程,也可以是综合性活动课程。研学旅行可以利用综合实践活动和校本课程的课时,由学校自主设计和实施来达到教育的目的。

2. 注重思维方法的学习和指导

研学旅行的环境真实复杂,对于复杂的问题,在处理的过程中通常会将其抽象化、简单化、模型化。这种处理复杂问题的能力是在设计研学课程的时候需要考虑的。具体地说,对复杂的问题进行分解,突出重点,使问题细化,以便学生掌握学习方法,提高思维能力。

3. 专题研究要有针对性

对于主题明确的研学旅行,应该设计系统的、全面的专题知识的学习,既可以有对前期学校课堂知识的回顾,也可以有对研学旅行中即将遇到的知识的概述,以及在做小课题过程中可能会遇到的知识的提示。研学旅行通常安排3~5天的时间。研学课程设计有针对性,学生学习知识的积极性和切身的研究体验才会更强烈。

(二)增强研学者的体验感

1. 自主学习与合作学习相结合

研学旅行是在旅行中学习和探究,强调自我发现和自我探索。自主学习是研学旅行的主要学习方式。学生在专家老师和研学旅行指导师的带领下,带着预定课题去观察、去体验、去提问、去访谈、去思考,得出一定的结论,表达一定的观点。自主学习贯穿在整个研学旅行的过程当中,研学旅行指导师主要是组织者和引导者。

作为集中食宿的教育活动,研学旅行过程中的合作学习是必不可少的。因为大多数时间学生都会和自己的同学在一起,共同欣赏风光、聆听讲座、体验生活、开展课题研究活动,相互交流,相互帮助。除此之外,与专家的学习和讨论、和老师的分享与交流也是合作学习的重要内容。

2. 体验学习与探究学习相结合

研学旅行综合了学校的春游、秋游、社会实践活动和研究性学习，强调学生的体验学习和探究学习。体验学习在研学旅行中主要表现为认知体验式学习、情感体验式学习和行动体验式学习。认知体验式学习是伴随着一定情境下的探究性学习活动。它的设计多在于通过直接感知世界获得新知识。在研学旅行中为了让学生完成小课题或探究性学习任务，认知体验性学习是必须经历的过程。情感体验式学习，如学生间的分组活动、探讨研究，主要是激发学生之间的团队精神，增进学生之间的合作意识。当然，体验式学习的最终目的是改变思维，落实行动。在研学旅行中通过行动体验式学习，让学生有一些过程性的亲身经历，如做一些小手工、体验一次茶艺课等，让新获得的知识能够更加具象化。最后，再通过思考提炼抽象，内化为自己的收获。

3. 听讲与讨论相结合

研学旅行就是在游中学，在学中思。研学一直在路上，在行走中。将理论知识从课本中剥离出来带入真实的环境中，通过聆听专家和老师的讲解，获得对新事物的认知，通过进一步的讨论丰富自己的认知，形成一个螺旋上升的过程，加深对事物的理解。

4. 提供相应的教学支持

教学支持也被称为认知支架，是指一种临时的框架，用来帮助学习者完成本来不能实现的一些技能。基思·索耶指出，有效的学习环境能给学习者搭建脚手架，帮助其积极建构知识，就像建筑工地上用脚手架支撑建筑物一样，这里所说的"脚手架"实际就是教学支持。

教具是常见的教学支持，可以大致分成演示使用和实习操作使用两种，用来讲解说明某事物的模型、实物、标本、仪器、图表、幻灯等，包括教学设备、教学仪器、实训设备、教育装备、实验设备、教学标本，是中小学生研学活动中不可缺少的器材。例如，用于科技教育活动中的生物标本、矿物标本、化石、岩石及珍稀动物样品等；一些珍贵标本的仿制品和模型，如北京猿人头盖骨化石不宜到处传播，于是人们制作了各种仿制品以及模型，用以传播科技信息；还有一些展示事物特征的模型，如人体解剖模型、轮船模型、汽车模型等。

拓展案例

【**任务实操十六**】请分别为本项目1～3年级、4～6年级、10～11年级的研学旅行课程编写一份教学方案。

实操解析

略。

任务四　实施中小学生研学旅行课程教学方案

任务内容		作为B旅行社的工作人员,依据各年龄阶段研学者的学习特征及研学需求,选择恰当的教学方法实施教学
对应典型工作名称		课程设计
对应典型工作任务描述		根据客户需求,实施研学旅行课程教学方案
学习目标	素质目标	尊重学生 理解学生 关爱学生★ 心理素质稳定 教育教学素养★
	职业能力	能够与他人进行有效沟通 能够有效开展教育教学 能够增强研学者的参与感和获得感★
	知识目标	掌握各种教学方法的要领★ 掌握不同的教学方法★

一、掌握研学旅行课程的教学原则

(一)直观性原则

1. 直观性原则的含义

直观性原则是指,在教学过程中,通过引导学生观察所学事物,聆听教师用语言对所学对象的描绘,形成有关事物具体而清晰的表象,以便理解所学知识。

2. 贯彻直观性原则的方法

(1)正确选择直观教具和现代化教学手段。直观教具一般分为以下三类:一是实物直观,包括实物、标本、实验、参观等。二是模像直观,包括图片、图表、模型、视频等。三是多媒体教学,包括运用计算机和信息化技术进行的教学。需要注意的是,无论选用哪种直观方式,都要注意其典型性、科学性和思想性,要适合学生身心发展特点,符合教育教学要求。

(2)直观要与讲解相结合。教学中的直观不是一味地让学生自己去看,而是要在教师的指导下有目的地进行观察和探究。教师要通过提出问题,引导学生把握事物的特征,发现事物之间的联系,以便更加深刻地掌握知识。

（二）启发性原则

1. 启发性原则的含义

启发性原则是指，在教学过程中，教师应充分激发学生的学习主体性，引导他们通过积极思考和自主探究掌握知识，学会分析问题和解决问题，树立求真意识和人文情怀。

2. 贯彻启发性原则的方法

（1）调动学生的学习积极性。激发学生学习的积极性是启发的首要前提。在这一过程中，教师要充分发挥个人的创造性，充分展现教学内容的吸引力，从而激起学生的求知欲和积极性。

（2）善于提问和激励。如果教学过程中缺乏好问题，学生容易对学习产生厌倦感。要打破这种困境，则有赖于教师的启发诱导。"问则疑，疑则思"所表达的正是提问的重要性，只要提问切中要害，发人深思，课堂便会活跃起来。当然，提问过程中应注意问题的难度要适中，问题不宜过多，还需要给学生一定的思考时间。

（3）注重解决实际问题。通过组织和引导学生观察、操作、动手解决实际问题，也是启发教学的一个重要途径。接触现实世界中的真实问题，对学生更具有吸引力和挑战性，可以让学生更加积极主动地进行学习。

（4）引导学生进行反思。教师应引导学生学会对学习过程进行反思，分析学习过程中遇到的困难和障碍，寻找个人在学习过程中的优缺点，从而使学习变得更加简洁、高效。

（5）发扬教学民主。创造民主、和谐、平等、活跃的课堂教学氛围是实现启发教学的重要条件。只有为学生提供轻松、安全的学习氛围，鼓励学生发表自己的见解，学生的聪明才智才能在最大程度上发挥出来。

（三）理论与实践相结合原则

1. 理论与实践相结合原则的含义

理论与实践相结合原则，是指教学要以学习基础知识为主导，将理论运用于解释和解决实际问题，实现学以致用。

2. 贯彻理论与实践相结合原则的方法

（1）注重联系实际学好理论。为了引导学生掌握相关知识，教师需要善于通过演示、举例等方式，唤醒和激活学生已有的经验和思考力，触发学生进行思考、分析和领悟，帮助学生主动理解和掌握抽象难懂的概念与原理。

（2）重视引导学生综合运用知识。知识的学习不能仅停留在认知层面，更需要实现从理论到实践的转化。首先，要重视教学中知识的应用，让学生综合运用所学知识解决具体的问题。其次，组织学生开展一些实际的学习活动，如参观、访问、社会调查等活动。

（3）注重培养学生的问题解决能力。问题源于生活，因而在教导学生学习书本内容的同时，还需将学生的目光引向现实，包括学生生活的现实、校园生活的现实、社会生活的现实、国际生活的现实等，引导学生采取与问题相称的可能行动，培养学生的对策思维和问题解决能力。

（四）科学性和思想性统一原则

1. 科学性和思想性统一原则的含义

科学性和思想性统一原则是指，教学要以马克思主义为指导，教给学生科学的知识，并结合知识教学对学生进行社会主义核心价值观教育。

2. 贯彻科学性和思想性统一原则的方法

（1）保证教学的科学性。在教学中，教师应坚持以马克思主义的观点和方法来分析教学内容，使教学内容切合时代需要，反映社会的进步。在教学过程中，教师不能将尚有争议的、不可靠的知识传递给学生，而是应当力求知识的科学性、准确性、教育性。

（2）发掘教学内容的思想性。人文社会学科具有鲜明的思想性，自然学科中也蕴含着丰富的人文精神，因而教师应根据教学内容体现的特点，在进行知识内容教学的同时，向学生渗透思想教育。

【任务实操十七】请绘制出"掌握研学旅行课程的教学原则"部分的思维导图。

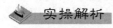
实操解析

略。

二、认识两种典型的教学模式

（一）发现教学模式

1. 发现教学模式的定义

发现教学模式是美国认知心理学家布鲁纳提出的一种教学模式，又称问题教学模式。发现学习模式以培养学习者的探究性思维方法为目标，使学习者通过一定的发现步骤进行学习，从而得出结论或者找到问题的答案。该模式强调学习者的认知结构和认知能力的发展在教学中的核心地位，关注学习者学习的主动性和创造性，尤其重视学习过程中发现的方法和过程。

2. 发现教学模式的操作程序

发现教学模式建立在布鲁纳提出的发现学习理论基础之上，基本程序包括以下几个步骤。

一是创设问题情境。教师需要选择一个令人困惑的情境或问题，且这个问题必须能够引起学生的兴趣，让学生对现象进行观察与分析，将注意力集中于寻找正确的答案。

二是做出假设。教师引导学生通过分析、综合、比较、类推等方式对各种信息进行转换和组合，不断提出假设，并围绕假设进行推理，从中发现必然联系，逐步形成正确的概念。

三是验证假设。学生用其他类似的事例来对照检验已获得的概念，依靠进一步的分析，使自己形成一个较为明确的判断。

四是得出结论。教师引导学生对认识的发展过程作出总结，并从中找出规律。

（二）情境教学模式

1. 情境教学模式的定义

情境教学模式是指在教学过程中，教师通过有目的地引入或创设具有一定情绪色彩、以形象为主体的情境，引起学生的态度体验，促进学生认知活动的教学模式。

2. 情境教学模式的操作程序

一般来说，情境教学模式需要经过感知、理解和深化三个过程。

第一阶段是感知阶段，教师通过生活再现、实物展示、图画呈现、音乐渲染、表演体会等直观手段创设一定的情境，激发学生的学习兴趣，促使学生形成探究的意识。

第二阶段是理解阶段，让学生感受具体的情境，教师采用设疑、点拨等方法引导学生理解教学内容，激发学生的情感体验。

第三阶段是深化阶段，教师在学生理解的基础上，带领学生细心品味"情中之境，境中之情"，用自己的语言描述情境，抒发内心的真切感情。

【任务实操十八】请绘制出两种教学模式的思维导图。

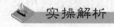

略。

三、认识研学旅行课程的教学方法

（一）教学方法分类

借鉴国内外教学方法的经验，并结合我国常用的教学方法，可以将中小学常用的教学方法分为以下五个类别。

研学教学方法的分类和选择

（1）以语言信息为主的方法。这类方法主要是指教师在教学过程中运用口头语言向学生传授知识、技能，其特点是能较为迅速、准确而大量地使学生获得间接经验。目前，这是我国中小学教学过程中应用最为广泛的一类方法，包括讲授法、谈话法、讨论法等。

（2）以直接感知为主的方法。这类方法是教师在教学过程中通过对实物、直观教具的演示、组织教学参观等教学活动，使学生利用自己的各种感官直接感知客观事物或现象而获得知识信息的方法。其突出特点是生动形象、具体真实,学生视听结合,记忆深刻。这类方法在教学中与以语言传递信息为主的方法结合运用,教学效果更佳。演示和参观法是这类方法中主要的教学方法。

(3) 以实际训练为主的方法。这类方法是以学生的实践活动为主,通过练习、实验、实习等实践性教学活动,使学生的认识向深层次发展,巩固和完善学生的知识、技能和技巧的方法。其特点是学生在获取知识的过程中,可以做到手脑并用,学以致用。这类方法主要有练习法、实验法、实习作业法等。

(4) 以欣赏活动为主的方法。这类方法是教师在教学活动中利用教材内容和艺术形式创设一定的情境,使学生通过体验客观事物的真、善、美,陶冶情操、形成兴趣、树立理想和提高审美能力的方法。其特点主要是通过教学中的各种欣赏活动,使学生在认识所学事物的价值之后产生积极的情感反应。欣赏法是这类方法中的主要教学方法。

(5) 以引导探索为主的方法。这类方法主要是教师组织和引导学生通过独立的探究和研究活动而获取知识、培养能力、开发潜力、形成研究意识和探究精神的方法。其特点在于在探索与解决任务的过程中,学生具有较大的活动自由,他们的独立性与主动性得到了比较充分地彰显,从而逐步达到培养和发展学生的探索、研究、创新等方面的能力。这类方法的主要教学方法是发现法(也称探索法或研究法)。

(二) 选择恰当的教学方法

(1) 与教学目标和任务相适应。不同的教学目标要求选用不同的教学方法。如果强调知识学习,应采取以语言传递信息为主的教学方法;如果强调学生掌握动作技能,可以采用以实际训练为主的教学方法;如果强调多个方面的目标,则应该综合运用多种教学方法进行教学。

(2) 与教学内容相适应。教学内容是制约教学方法的重要条件,教学内容不同,教学方法也应随之变化。如果是教授概念性的内容,更适合采用讲授法;如果是为了阐明事物的特性,揭示事物发生、发展与变化的规律,则可选用演示法。

(3) 与教师自身的素质相适应。教师素质主要是指教师的表达能力、思维品质、教学技能、个性特长、教学风格、组织能力及教学控制能力等。教师自身的素质直接关系到所运用的各种教学方法的作用发挥。教师应对自身素质进行实事求是地分析,选用最适合自己的教学方法,扬长避短。同时,教师在教学过程中要不断提高自身的素质,丰富和改造现有的教学方法,创造独具个性的教学风格。

(4) 与学生的年龄特征、知识水平相适应。教师的教是为了学生的学,所以教学方法要考虑学生的年龄特征、知识水平、学习态度、智力发展水平等因素。学生不同的心理特征,体现学生发展的具体性和特殊性。因此,要根据学生的个别心理差异选择不同的教学方法,才能满足学生的个性化发展需要。

此外，教学环境、教学手段、教学设备、教学时间安排和各种教学方法的特点等因素都是教师选择教学方法时所应考虑的内容。

【任务实操十九】请绘制出本部分的思维导图。

实操解析

略。

四、认识中小学常用的教学方法

（一）讲授法

1. 讲授法的定义

讲授法是一种最常见、最主要的教学方法，是指教师通过运用智慧和情感，以连贯的语言向学习者传递知识，促进学习者思维能力提升的教学活动。

2. 讲授法的内容

讲授法包括讲述、讲解、讲读、讲演等具体形式。讲述是指教师通过简洁、形象地描述事物现象，叙述事件的发生过程，使学习者在头脑中形成鲜明的表象和相关概念。讲解是教师通过向学习者说明、解释、论证复杂问题的概念、原理、公式等方式，加深学习者对知识的认知和理解。讲读是指讲与读交叉进行，有时也会加入练习活动，是讲、读、练相结合的教学活动。讲演是指教师对某一主题进行系统分析、论述并作出科学结论的教学方式。

讲授法、参观法、演示法

3. 讲授法的具体要求

教师在进行讲授教学的过程中，需要做到以下几点。首先，应当保证讲授的内容要有科学性、思想性和系统性，使学习者既能够获得可靠的知识，又能在思想上有所提高。其次，教师要善于提出有价值的、高质量的问题，并引导学习者进行分析和思考，帮助学习者自觉领悟知识。最后，讲授法的使用要求教师具备良好的口头表达能力，在做到语言清晰、准确、生动、形象的同时，还应注重语言艺术的使用。

4. 讲授法的特点

讲授法能够充分发挥教师在教学中的主导作用，帮助学习者在较短的时间内获得较多的学习经验，并可以有目的、有计划地对学生进行思想品德教育。但是，在这一过程中，学习者的主动性和积极性往往难以发挥，从而影响学习者的参与感和获得感。

（二）参观法

1. 参观法的定义

参观法是指教师根据教学需要，组织学习者进行实地观察学习，从而获得新知识或验证已有学习经验的教学活动。

2. 参观法的内容

参观对象不同于图片或模型，参观过程中，学习者可以在视觉上或触觉上直接接触客观存在的具体实物，从而实现与参观对象的面对面的实时互动。基于此，参观内容因参观对象形态、特征、种类的不同而发生变化。

3. 参观法的步骤

教师采用参观法教学时，需要做好以下工作：一是做好参观前的计划与准备工作，如明确参观的目的、时间、地点、人数、出行方式、具体要求和注意事项等内容，制定详细的参观教学实施方案，并准备好现场教学所需要的各项材料。二是做好参观过程中的指导工作，即参观时教师要给予学习者具体而有效的指导，引导学生通过仔细观察或聆听讲解，认识事物的本质及其特征。三是做好参观后的总结工作，教师要指导学习者结合参观过程中获得的材料进行深层次的理性思考和理论探究，将获得的感性认识上升为理性认识。同时，教师本人也要对此次参观活动进行认真总结，从而持续改进参观教学活动。

4. 参观法的特点

参观法教学带领学习者从课堂走向了课外，极大地丰富了学习者的感官体验，有利于实现课堂知识与课外知识的紧密结合，进而加深学习者对知识的认识和理解。另外，这一教学活动能够开阔学习者的视野，提升学习者的知识广博度以及分析、研究和解决问题的能力。

（三）演示法

1. 演示法的定义

演示法是教师通过展示各种实物、直观教具或做示范性的实验和动作，使学生通过观察获得感性知识或印证所学知识的方法。

2. 演示法的内容

演示法分为三种形式：第一，为了使学生获得对事物的感性认识，主要通过实物、图片、模型等进行演示。第二，为了使学生了解事物发展变化的过程，使用幻灯片、投影仪、多媒体等现代化教学媒体。第三，教师身体力行的示范性动作，如体育课中的示范性动作。

3. 演示法的步骤

（1）做好演示前的准备。演示前应根据教学的需要，检查视听设备、实验器材、音像资料是否正常。如果是演示实验，教师应先试做一遍。

（2）讲究演示的方法。演示时要引导学生配合教师的讲解与谈话，将注意力集中于观察演示对象（教具）的主要特征和重要方面，并注意作出结论。

（3）要适时地展示直观教具。展示直观教具要把握最佳时机，如果过早地拿出或用完后不注意收藏好，都会在一定程度上分散学生的注意力。

4. 演示法的特点

演示法的特点在于加强教学的直观性，使学生获得丰富的感性材料，帮助学生感知、理解书本知识，加深对学习对象的认识，有助于正确地理解概念，掌握知识。

（四）实验法

1. 实验法的定义

实验法是指学生在教师的指导下，利用一定的仪器设备，控制一定的条件进行独立操作，通过观察事物的发生和变化，以获取知识、培养能力的方法。

2. 实验法的内容

实验法可分为感知性实验和验证性实验两种形式，被广泛应用于中学的物理、化学、生物等自然学科的教学中。

实验法、讨论法、角色扮演法

3. 实验法的步骤

（1）实验前要做好充分的准备。实验前的准备工作包括制订实验计划，准备好实验用品，检查有关器材，分配实验小组并要求学生做好充分的理论学习准备。

（2）实验过程中教师要进行具体指导。在学生做实验的过程中，教师要巡视全班的实验情况，并给予具体的指导与帮助，针对学生遇到的共性问题还应及时地向全班做好讲解与说明。

（3）实验结束后教师要进行总结。教师在实验结束后，应该根据学生的实验情况，指出存在的问题，分析问题产生的原因，并提出改进的意见。例如，要求学生写好实验报告，并将实验用品收好放好。

4. 实验法的特点

实验法不仅有助于理论联系实际，培养学生手脑并用的操作能力、观察能力、问题解决能力，还有助于培养学生热爱科学的情感和实事求是的科学态度。

（五）讨论法

1. 讨论法的定义

讨论法是教师引导学生以小组或班级的形式，围绕某一中心议题发表自己的看法，进行辩论与研究学习，从而获得知识的方法。

2. 讨论法的内容

讨论的内容包括对一些重要问题的看法，如基本概念和原理、人物形象与性格、复杂难解的题目、令人关注的社会问题等。

3. 讨论法的步骤

（1）讨论的问题要有吸引力。找到一个能激发学生兴趣、有讨论价值的问题是保证讨论成功的前提。

（2）明确讨论的目的。讨论可以为多种目的服务，作为教师，一定要明确讨论的目的到底是扩展学生的知识，还是测查学生的观点和想法，抑或是解决政治、经济或社会问题。

（3）做好讨论的前期准备。讨论法的运用需要学生具备一定的知识、独立思考的能力和思维的热情。因此，在讨论前教师应该向学生提供有关讨论问题的信息，提醒他们讨论的规则，要指导学生阅读和查找充分而翔实的资料、安排分组和座位、确定最佳的讨论时间。

（4）做好讨论的组织工作。在讨论的过程中，教师要调动每个人参与讨论的积极性，启发学生独立进行思考，勇于发表自己独到的见解；要为每位学生提供公平参与的机会，鼓励学生展开辩论，并做到言之有物、言之成理，引导讨论向纵深发展，研究关键问题，以便使问题得到有效的解决。

（5）做好讨论小结。讨论结束时，教师要简要地概括讨论的情况，科学地指出讨论中存在的不足，并公正地进行评价。

4. 讨论法的特点

一方面，讨论可以使学生集思广益，取长补短，加深对所学知识的理解并增长新知识，有利于活跃课堂气氛，发挥学生的主动性、积极性，发展学生的思维能力和口头表达能力。另一方面，讨论也有利于培养学生相互协调人际关系的技能及合作解决问题的能力。

（六）研究性学习

1. 研究性学习的定义

研究性学习是指学习者在教师指导下，从自然、社会和生活中选择专题进行研究，并在研究过程中主动获取知识、分析问题和解决问题的学习活动。

2. 研究性学习的内容

研究性学习的本质是问题导向，注重培养学习者的问题意识。研究性学习的内容主要包括以下几方面。第一，在学习过程中，研学者需要的不仅是传授或指导，更需要教师的指导和帮助，这要求教师挖掘教学过程中一切可能的方法，为研学者创设有利于学习的情境或途径。第二，研究性学习的方式类似于科学研究的方式，因而在教学中，教师应当鼓励学习者模仿科学家的研究过程，通过假设、想象、实证等方式解决实际问题，以进一步认识客观世界。第三，研究性

研究性教学法、PBL教学法

学习的过程是让学习者先学会收集和处理信息，再学习运用有关知识解决问题，最后学习有效表述和展示研究结论。同时，研究性学习还关注学习者同他人的交流与合作，基于此，教师应积极引导学习者与他人进行对话和互动，建立与他人之间的良好关系。

3. 研究性学习的步骤

（1）确定需求或研究问题。在该环节，学习者根据自己的学习兴趣选择需要探究的活动主题，明确研究问题。

（2）进行问题研究。在该环节，学习者要根据自己的需要搜集相关资料，明确问题解决需要达到的目标。

（3）开发可能的解决方案。在该环节，学习者需要根据自己所掌握的资料，在小组内探讨可能的问题解决方案。

（4）选择最佳的解决方案。在该环节，学习者需要在可行方案的基础上，挑选出最符合解决原始问题的方案，并对方案进行持续优化。

（5）实施解决方案。在该环节，学习者对方案进行实施，并记录研究结果。

（6）进行展示交流。在该环节，学习者通过多种形式对研究结果进行汇报。同时，小组之间积极开展交流与互评，讨论解决方案是否能够最好地解决原始问题，并讨论解决方案对自然、社会生活产生的影响。

（7）修改实施方案。完成组间交流讨论后，学习者需要根据汇报展示期间收集到的有效信息对实施方案进行修改，直至解决方案可以最优化地解决原始需求或问题。

4. 研究性学习的特点

在研究性学习中，教师不再作为知识的权威，而是扮演指导者和合作者的角色，与学习者共同经历和体验知识探究的学习过程。学生不再作为被动的知识接受者而是带着自己的兴趣、疑问和需要与世界进行对话，通过与教师和同伴的积极互动中获取信息，从而将学习与研究有机结合起来。

（七）PBL 教学法

1. PBL 教学的定义

研学旅行活动不同于传统的课堂，更不是换个地方上课，而是更加注重学生的参与性和实践性。众多的教学模式中，项目化学习（project-based learning，PBL）被视为是一种能培养学生创造力与批判思考力的良好教学方法。项目化学习是通过小组学习的方式，进行具有结构性的问题解决学习活动，在问题解决的过程中，不仅能培养推理创造及认知能力，还能让学生在研学小组学习的互动过程中产生更多的知识交融与建构，进而将信息整合成有效率的行动方案，PBL 以指定单元内容为基础，通过学习小组之分派，每一学习小组分别针对一具有启发性问题进行探索与学习，在学习的过程中，学习小组成员必须透过协调合作方式以进行问题的厘清、资料搜集、问题的剖析与评判及问题的解决等活动，进而完成综合活动。

同时，由于 PBL 适用于跨学科的学习活动，可以由一问题出发进而整合各个学习领域，这与研学旅行活动的跨学科性、整合性不谋而合。因此在研学课程中使用 PBL 教学法不但深具探索性及创意性，且能由学习者之间的彼此激荡，产出高效益的学习效果。本书以 PBL 教学方法为主要方法，剖析研学教学方法、学习方法，对每一个红色研学资源点进行最合适的课程匹配，剖析实施全过程，方便读者作为参考案例直接或间接使用。

2. PBL 教学法的特征

（1）PBL 是一种以学习者为中心的教学方式。在 PBL 中，学习者是问题的解决者，必须赋予他们对于自己学习和教育的责任和培养他们独立自主的精神。教师在 PBL 中的责任是提供学习材料，引导学生进行学习，监控整个学习过程使计划顺利地进行。

（2）PBL 是基于真实情境的问题。在 PBL 中学习是基于复杂的散乱的问题的，这些问题非常接近现实世界或真实情境。在 PBL 中的问题必须对学习者有一定的挑战性，能够发展学习者有效地解决问题的技能和高级思维能力。这样就能确保在将来的工作和学习中，学习者的能力能有效地迁移到实际问题的解决中。

（3）PBL 是以"问题"为核心的高水平的学习。问题可分为结构良好的问题和结构不良的问题。结构良好问题的解决过程和答案都是稳定的，结构不良的问题则往往没有规则和稳定性。PBL 中的问题是属于结构不良领域的问题，不能简单地套用原来的解决方法，要面对新问题，在原有经验的基础上分析、解决问题。要求学生把握概念之间的复杂联系并广泛灵活地应用到具体的问题情境中。因此，PBL 是以"问题"为核心的高水平的学习。

PBL 教学法与传统教学法的异同见表 2-14。

表 2-14　PBL 教学法与传统教学法的异同

项　目	PBL 教学法	传统教学法
教学目的	提高学生分析问题和解决问题的能力，提高学生的综合素养	传授全面、系统的知识
教学形式	"以学生为主体，以问题为中心"，在教师的指导下，强调学生的主动参与	"以教师为主体，以教材为中心"采取灌输式教学，学生处于被动接受地位
教师定位	教师是问题的提出者	教师处于主导地位
	教师是课程的引导者	教师以教导和要求学生控制教学过程
	教师是教学过程的学习者	教师以传授教材知识为主

续表

项　目	PBL 教学法	传统教学法
学生定位	学生是自主学习者	学生是被动接受知识
	学生是小组合作者	学生是独立学习
	学生是问题研究者	学生依靠记忆获取信息
评价方式	自评、互评和教师相结合的形式进行，以形成性评价为主，终结性评价为辅，强调对整个学习过程的评价	在课程中段及结束后进行统一考试
学习氛围	小组合作、平等对话的学习环境	独立、竞争的学习环境

【任务实操二十】请思考本项目可以采用哪些教学方法以及具体如何使用这些方法。

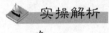

略。

五、基于 PBL 的研学旅行实践

（一）认识 PBL 中的师生角色

1. PBL 中的研学者

（1）研学者是研学旅行的主体，师生地位平等。在 PBL 教学法中，研学者是研学旅行的主体，承担着研学旅行的主要责任。为了实现教学目标，研学者在研学旅行指导师的引导下，从有意义的情境中出发，由研学旅行指导师提出问题或自己发现问题，并形成教学问题；研学者围绕问题通过自主探索和小组共同讨论研学旅行，解决问题并做出方案。因此，要实施 PBL 教学法，研学者首先需要改变研学旅行观念，积极主动地参与研学，发挥自主能动性，在自主研学旅行中构建新的知识体系。

（2）研学者主动获取知识并自我建构。从知识的获得途径看，研学者是在解决问题的过程中即通过查询资料、动手做事、相互讨论以及自我反思而获得和理解知识，不是直接从研学旅行指导师的讲述中获得知识，而且知识的意义和价值依赖于他们自己所建构的知识之间的一致性，依赖于解决问题的成效，而不是依赖于与权威观点之间的一致性。这意味着，研学者所需要的知识并不完全掌握在研学旅行指导师和课本之中，研学者对研学旅行指导师的依赖性大大减小，研学旅行指导师不再是唯一知识库，而是知识建构的促进者，对研学者起点拨和帮衬的作用。

（3）研学者具有自主性和积极性。在基于问题研学旅行中，研学者获得知识主要靠自己，这自然而然地会使他们感到研学旅行是自己的事，要对自己的研学旅行负责，因此，必须发挥自己的自主性、主动性和独创性，主动建构自己的知识，不断反思以及批判性地思考知识。否则，将一无所获，甚至还不如在传统的讲授教学中的效果，因为，连现成的知识结果也没有人会直接灌输给他们了。

（4）研学者群体具有社会性。研学者不仅要发挥各自的主体性，而且要充分发挥小组的社会性，研学者作为一个研学旅行共同体，共同承担责任和任务，在这里，小组内的合作具有实质性的作用，研学者不再像以往那样只重视自己与研学旅行指导师的交流而不重视与同学的交流。因此，研学旅行不再只是一个人的事，而是大家的事。

（5）研学者具有自主研学旅行的能力。在基于问题的研学旅行中，贯穿研学旅行过程始终的问题解决活动是促使研学者持续付出努力的最佳途径，这正是自主研学旅行的动力所在。传统教学法与 PBL 教学法差异如图 2-5 所示。

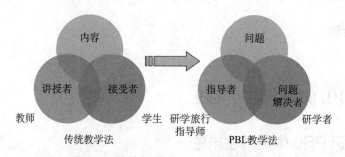

图 2-5　传统教学法与 PBL 教学法差异

2. PBL 教学法中的研学旅行指导师

在 PBL 教学法中，研学者是积极主动的研学旅行者，而这并不意味着忽视研学旅行指导师的作用。研学旅行指导师能否运用促进性的教学技能，对 PBL 的效果来说具有决定性意义。PBL 教学法中研学旅行指导师扮演的不同角色如图 2-6 所示。

教师培训	研学者查资料时	研学前	研学时	总结阶段
策划者	学科专家	组织者	旁听者	点评者
学习者	资源引导者		记录者	总结者
	任务咨询者		鼓励者	
	任务监督者		引导者	

图 2-6　PBL 教学法中研学旅行指导师扮演的不同角色

1）指导者

要认识到研学旅行指导师是整个过程的指导者，适时地发挥研学旅行指导师的指导作用是 PBL 教学法顺利进行的关键。要根据学科特点、研学旅行目标、研学旅行者特征，创设恰当的问题情境。精心挑选典型案例，创设良好的问题情境，激发研学者的研学热情。研学旅行指导师应吃透课程内容的重点和难点，引导研学者提出问题，带动研学者的思维，涵盖研学目标所要求掌握的课程内容，并将基础知识和实际应用结合串联起来，使单向思维向多向思维转变。

在关键点上对研学者进行提示、启发和引导。研学旅行指导师要切实加强学法指导，加强"入门"指导，使研学者较快进入角色和状态，寻求和提供能运用研学者知识和经验的各种机会，进行全程跟踪，使研学者有效完成研学任务。研学旅行指导师要为研学者的探索活动提供必要的信息上的、工具上的支持，使 PBL 法效率更高。

2）组织者

在小组活动的开始，研学旅行指导师需要更多地发挥组织、支持作用，而随着活动的进行，他会慢慢地隐退，更多地让位于研学者的独立探索。一个好的促进者不会限制研学者对各种可能的未知领域的探索，但他会精心地把研学者引导到问题空间的关键侧面，从而更好地利用问题所提供的研学旅行机会。

鼓励研学者对研学旅行过程的控制调节，建立良好的小组成员关系。研学旅行指导师要引导研学者逐步走过 PBL 的各个环节，监视小组活动，以确保所有的研学者都参与到活动中，要鼓励研学者说出他们的思维过程，并鼓励他们相互评论。研学旅行指导师要起到示范作用和教练作用。研学旅行指导师一般不直接向研学者表达自己的观点或提供有关的信息，尽量不利用自己关于这一内容的知识去问一些能把研学者"引到"正确答案上的问题。相反，他们经常提问的是问题解决过程中的计划、监察、控制和评价活动，而不涉及具体领域的知识，比如，"在这时我们应该问什么问题""你还需要弄清什么""怎样才能弄清这个问题""小组的意见一致吗"等。

3）督导者

在 PBL 中，研学旅行指导师的任务是设计情境、确认问题、呈现问题、组织讨论、观察讨论活动、提出建议。在问题的解决过程中，研学旅行指导师要鼓励研学者学习、激发研学者思考，使研学者保持注意力、积极参与小组活动，就研学者的推理过程进行提问和启发，鼓励他们对信息的批判性评价，帮助研学者在问题讨论中协调、整合基本知识与实际技能等。并随时监控小组的研学旅行，根据研学者研学旅行情况调整课堂教学，把握好课堂节奏，确保研学过程顺利进行。

（二）认识 PBL 设计的基本步骤

从素养所包含的综合性目标看，完整的项目化研学设计需要从六个维度回应如下问题：一是核心知识，即项目化研学所指向的核心知识是什么。二是驱动性问题，即项目化研学用怎样的问题驱动研学者主动投入。三是高阶认知，即驱动性问题将引发研学者经历怎样的高阶认知历程。四是研学旅行实践，即研学者将在项目化研学旅行中经历怎样的持续和多样的实践。五是公开成果，即项目将期待研学者产生怎样的成果。六是研学旅行评价，即如何评价研学者的研学旅行过程和项目化研学成果。以上六个维度既是项目化研学旅行设计的要素，同时也是在实际设计时可参考的步骤。[①]

（1）寻找核心知识。项目化研学的设计不是从项目或活动开始，而是应该从期待研学者理解和掌握的核心知识出发。研学旅行指导师应确认好研学者需要掌握的关键概念和能力，并寻找与此相对应的基础知识和基本技能，实现知识和素养的兼得。

（2）形成本质问题并将其转化为驱动性问题。确定核心知识后，需要将其用问题的方式表现出来。问题一般分为两类：一类是研学旅行指导师自己非常清楚的本质问题，这一问题可以非常抽象，但是能直接指向核心知识中的概念或能力；另一类是驱动性问题，即研学旅行指导师需要进一步将本质问题转化为适合某个年龄段研学者的驱动性问题，以激发研学者主动投入。

（3）澄清项目的高阶认知策略。项目化研学主要是以高阶认知带动低阶认知发展，因而研学旅行指导师需要澄清驱动性问题和研学旅行成果中包含的主要高阶认知策略类型，以体现关键概念和能力的项目化研学旅行历程。

（4）确认主要的研学实践。研学旅行指导师可以根据项目类型和驱动性问题的特征，将研学实践活动适当融入项目历程。明确各种实践的基本组成有助于设计出更能激发研学者研学旅行和思考的研学旅行历程。

（5）明确研学旅行成果及公开方式。研学旅行指导师需要在设计阶段就做好规划，明确期待研学者个体、群体所产生的研学成果，如研学成果要点有哪些，最低标准是什么，用怎样的方式公开呈现出来或者运用到研学者的生活中。

（6）设计覆盖全程的评价。设计研学旅行成果和研学实践的阶段，已经涉及对成果和实践评价要点的初步设计。但是，从实际的设计经验看，很有必要在项目全部设计完毕，再对成果和过程的评价进行题目的分配等工作。

（三）认识PBL教学的一般程序

基于PBL教学法自身的特点，通过将PBL与研学活动相融合，十分利于激发孩子探究的动力，用高阶思维包裹低阶思维，提升体验的品质，最终促进研学者核心素养的达成。在研学活动过程中通过设置合适的驱动问题让研学研学者围绕问题寻求解决方案，用来组织并推动项目的活动，研学者在研学真实的情境中开展探究研

---

① 夏雪梅.项目化学习设计：学习素养视角下的国际与本土实践［M］.北京：教育科学出版社，2021.

学旅行的目的和进行科学实践，使得整个项目活动连贯一致。在研学旅行课程设计中，以问题为纽带开展研学活动，培养研学者问题意识、质疑精神和创新精神。在实施过程中，研学旅行指导师要充分爱护和尊重研学者的问题意识，要充分相信研学者有质疑的能力。研学旅行指导师应把着眼点放在使研学者对研学资源点所产生的问题上，以及引导研学者去探索、发现、自主解决问题上。研学时应在使研学者"想问、敢问、好问、会问"上做文章。

1. 导入

导入是研学旅行指导师在一个新的研学旅行活动开始时，应用各种教学方式，引起研学者注意、激发研学者兴趣，明确研学目标，形成研学动机的一类教学行为。在研学导入时，是根据研学活动的内容给研学者设定要达到的目标，而在导入过程中要去激发研学兴趣，让研学目标从外部因素转换为研学者自己内心的一种需求、一种目标。只有满足这种需要的目标或者期待同时存在时，才能使主体研学者把活动指向确定的方向，才能激发研学者的研学积极性，才能够实现真正的研学旅行活动。

导入的功能主要包括吸引研学者的注意力、激发研学者的研学旅行兴趣、促进研学者的思维活动、衔接研学者的新旧知识、明确研学者的研学目标、创设研学者的研学气氛。

导入设计

1）导入技能的要素

（1）情境，主要包括障碍情境、发现情境和解决情境。障碍情境是指为创造一个与研学者原有知识相矛盾的情境，让研学者陷入新的困境，然后形成一种认知的冲突，从而唤起研学者对研学内容的渴望和探求的一种情境。问题的发现情境就是给研学者呈现一定的背景材料，引出新的研学问题，通过引导研学者发现问题的特征或内在规律，产生新的知识的一种情境，通常研学的地点就是一个情境的背景。问题的解决情境就是直接呈现出某个新的问题，围绕如何解决这一问题去组织研学者展开研学、探求知识、寻找解决问题的一种办法，后文提到的直接导入，其实就属于这样一种问题情境。

（2）知识的衔接，即在导入中把研学者将要研学的知识和已有的知识联系起来。心理学研究已经表明，研学者必须积极主动的使新知识与自己已有的认知结构中的有关旧知识发生相互作用，旧知识才能够得到改造，新知识才能够获得。所以导入要真正引起研学动机，仅靠一个问题情境是不够的，在这个问题情境中还要使问题情境潜在的矛盾或者差异表面化、激化，使这个研学者主体充分地意识到此矛盾。

（3）目标指引，即在导入中要明确将要研学的目标，引起研学者的研学期待，首先对情境进行简单的概括，研学旅行指导师把情境呈现出来后，对问题情境的活动进行简单概括，提出下面研学活动中的主要问题、关键词、不熟悉的术语等。其次是要对实现研学目标的方法和途径进行指引，使研学者对接下去教学要解决什么问题、如何解决做到心中有数，这样研学者就形成了研学旅行期待，从而能够顺地进入下一步的研学过程中。

2）导入的类型

（1）直接导入。直接导入是研学旅行指导师直接阐明研学课程的目标和要求，以及此次研学活动的内容和安排，通过极短的语言叙述、设问等方法，引起研学者关注，使研学者迅速进入研学情境。直接导入比较适合连续性研学的后续环节的导入，同时也适合高年级理性思维比较强的内容导入。而且由于年龄相对较大的研学者的研学旅行自觉性比较强，所以直接导入可以使其更快地进入核心内容。但是直接导入要注意：对小研学者和初中研学者来说不要用得太多，不容易引起他们的注意。

（2）经验导入。所谓经验导入，就是将研学者已有的生活经验、已知的素材作为出发点，研学旅行指导师通过生动而富有感染力的讲解和提问等方式导入即将开展的研学内容。通常在新内容与研学者的有关经验既有联系又有区别的时候，采用这种经验导入，这种方法会使研学者产生一种很亲切的感觉。发生在研学者身边的事情能够激发研学者的求知欲，引起研学者动脑思考。经验导入时要注意：一定要选择研学者非常熟悉的生活经验和体验；选择的内容要与研学内容有关；在关键的地方研学旅行指导师应提出问题，引导研学者。

（3）旧知识导入。旧知识导入是根据知识之间的逻辑联系，找准研学知识的连接点，以旧知识为基础发展深化，从而引出新的研学内容，达到温故而知新的目的。旧知识导入通常是在新研学内容与研学者有关旧知识既有联系又有区别时使用。

（4）实验导入。实验导入是研学旅行指导师通过实物模型、图表、劳动物品等教具，进行实验演示或研学者实验的方法来设置情境，引导研学者观察，以已知实验现象或知识经验与发现新现象对比方式产生问题情境，提出新问题，自然地过渡到新研学内容的导入方法。通常是在即将开展的研学内容所要求的感性经验是研学者所缺乏的，或在生活中虽有所接触但没有引起充分注意和思考的，或需要有鲜明的表象时采用。实验导入有利于形成研学者生动的表象，由形象思维过渡到抽象思维。因此，在小学各年级和中学科学、技术研学活动中运用较广。实验导入时也要有一定的注意事项，第一，实验演示的内容必须与研学内容有密切的联系并能为研学旅行新内容服务。第二，要让研学者明确观察的目的是什么，掌握观察的具体方法。第三，研学旅行指导师要善于抓住时机提出问题，并且引导研学者积极思考，这样实验导入才能够起到真正的作用。

（5）直观导入。直观导入是在研学课程开设之前，先引导研学者观察实物、样品、标本、模型、图表、短视频、VR等，以此来引起研学者的兴趣，从观察中提出问题，创设研究问题的情境的导入方法。研学者在直观感知过程中产生疑问，疑问引起研学者研学旅行新知识的强烈要求。直观导入的时候要注意，展示内容必须与研学活动有密切的联系，在观察的过程中研学旅行指导师要及时恰如其分地提出问题，以明确研学者观察的思考方向，促进他们的思维，为新的研学旅行做好准备。

（6）讲解、故事、案例导入。讲解、故事、案例导入是依托研学资源点内容或生活中所熟悉的事例、新闻，以及历史上认识自然与社会中的故事设置问题情境的导入方法，是最常见的导入方法，通常在博物馆、美术馆、文化馆等文博场所开展研学时使用。在内容选取时要注意，首先，选取的故事和事例必须是有趣的、启发性的、教育性的；其次，篇幅要精短；最后，要有针对性，能为研学主题服务。

（7）设疑悬念导入。设疑悬念导入是研学旅行指导师从侧面不断巧设带有启发性的悬念疑问、疑难，创设研学者的认知冲突，唤起研学者的好奇心和求知欲，激起研学者解决问题、开展研学的愿望。具体方法有：惊奇——展示违背研学者已有观念的现象；疑惑——使研学者产生相信与怀疑的矛盾；迷惑——提供一些似是而非的选择，研学者已有的经验中缺乏可以辨认的手段而产生迷惑；矛盾——在推理的过程中，故意引出两个或多个相反的推理，使研学者产生认知冲突。

（8）情境导入。情境导入法就是选用语言、设备、环境、活动、音乐、绘画等各种手段，创设一种符合教学需要的情境，以激发研学者兴趣，诱发思维，使研学者处于积极研学状态的一种导入方法。情境创设应注意三个方面：首先，要从研学内容出发；其次，研学旅行指导师设置的情境应该有明确的目的或者意识；最后，当设计的情境内涵比较隐蔽的时候，要及时对研学者进行启发和诱导。

2. 形成研学小组

在实施研学课程的构成中，最常面临的问题就是确保上千人的团和15人的团研学质量一样，不走样、不变形。分组就成为确保PBL研学方案和解决大型团队的重要工作环节。根据不同任务的区别，具体的分组方式和人数也不同，通常来说为4～9人，这样有利于每个小组成员都参与到小组活动中，而且便于交流和组织管理，人数过少缺少团队协作训练；人数过多无法照顾到每位同学的研学效果，也无法确保每位同学的参与感。一般包括组长1人；副组长或秘书1人；过程促进者（协调员，轮流担任）1人；其他成员根据具体任务分工，尽量避免小组成员相互"搭便车"的现象。分组在整个研学课程实施过程中是很重要的一个环节，除人数有规定外，组内成员的个别差异越大，越有利于他们彼此之间交流经验，获得的经验信息会更多。分组的标准一般按性别、特长、性格、相关的知识、技能背景和以前的小组研学经验。如果在可能的情况下，由研学者自己形成小组。一旦形成了组，就要共同制定规范，包括小组成员间的交流时间和方法（直接、间接），任务分配和研究进程规划。通常在他们商讨制定规范时，研学旅行指导师提供帮助。

3. 设计驱动性问题

1）驱动性问题的特征

基于 PBL 教学法的研学课堂应有一个核心为题作为串联研学课程的主轴，这个（组）问题是复杂的，不是一问一答，也不是简单的课堂提问，应该是源于研学者现实生活的一种结构性问题，即问题有多种解决的方案，并且没有统一确定的答案，而问题的解决必须依靠研学者的不断探索、推理和归纳。综上所述，所提出的问题是源于现实生活，基于研学者已有知识和自身经验，围绕教学内容，且无固定答案的问题。

设计驱动型问题

在研学旅行课程设计之中，经常发现研学课程或研学手册中给出的问题有很多常见的问题，这和 PBL 驱动问题常见误区比较一致：一是有统一的标准答案。答案是一个常识，是一个事实性知识，可以直接搜索答案。二是研学驱动问题过于宏大或者抽象。要么不知所云，无从下手；要么不够具体，缺乏情境；要么过于具体，陷入一些无关紧要的细节之中。三是看似是在探究，实际是浅层地探究。很多问题不能运用高阶思维，不能引发持续地探究。四是像是出自教科书，无法引起研学者的兴趣。该问题可能具有本土化背景或具有实际操作的意义，问题要顾及研学者的年龄、背景、社区等因素，使其更具有吸引力，更专注于解决社区或研学者的问题和需求。

（1）高质量的驱动性问题要有一定的挑战性。这些研学旅行设计的驱动问题，要求能调动研学者的思维、分析、批判、创造，对中小研学者有一定的挑战性，而不是轻而易举就能轻松得出答案或结论。如果没有挑战性，即使跟研学者生活相关，研学者也觉得寡淡无味。而且因为有挑战、有难度，研学者会进行深度研学，而非停留在问题最浅层面的探究。

在研学的过程中要设计有挑战的问题或者任务——用高阶思维包裹低阶思维。按照本杰明·布鲁姆的"教育目标分类法"（表 2-15），在认知领域的教育目标可分成记忆（知识）、理解（领会）、应用、分析、评价、创造六大类。

表 2-15 本杰明·布鲁姆的"教育目标分类法"

技能	定 义	关 键 词	研学者行为范例	问题设计
记忆	对具体事实的记忆（研学者是否已经记牢？能否进行识别、鉴别？）	识别、描述、命名、列出、辨认、重现、遵循	说出一起交通事故中受伤人数	这次交通事故中谁受伤了
理解	把握知识材料的意义，对事实进行组织，从而搞清事物的意思（研学者能否解释、转换、推断、对比、讨论、鉴别？）	总结、转换、论证、解释、说明、举例	描述这起交通事故的经过	你能描述发生了什么事情吗

续表

技能	定 义	关 键 词	研学者行为范例	问题设计
应用	应用信息和规则去解决问题或理解事物的本质（研学者如何解决问题？能否进行计算、分类、展示？）	建造、制造、构造、建模、预测、预备	运用交通法的规定解释这起交通事故的性质	它是一件大的交通事故吗
分析	把复杂的知识整体分解，并理解各部分之间的联系，解释因果关系，理解事物的本质（研学者如何分析、比较、讨论、选择、检验？）	比较/对比、拆分、区分、选择、分离	分析发生这起交通事故的各种原因	为什么会发生这起交通事故
评价	根据标准评判或选择其他办法（研学者如何评价、比较、估计、判断以及排列？研学者推荐什么？如何估价？如何进行辩护？）	评价、批评、判断、证明、争论、立论	评判现行交通法规与实际防止交通事故发生之间存在的差距	我们的交通法规能帮助我们预防这样的交通事故吗
创造	发现事物之间的相互关系和联系，从而创建新的思想和预测可能的结果（需要制订怎样的计划？研学者创造什么？发明什么？管理什么？设计什么？）	分类、归纳、重构	假设要避免这起交通事故	怎样才能避免这起交通事故

高阶思维是指发生在较高认知水平层次上的心智活动或认知能力，如图 2-7 所示。它在教学目标分类中表现为分析、评价和创造。高阶思维是高阶能力的核心，主要指创新能力、问题求解能力、决策力和批判性思维能力。高阶思维能力集中体现了知识时代对人才素质提出的新要求，是适应知识时代发展的关键能力。发展研学者高阶思维能力蕴含系列新型的教学设计假设。

图 2-7　高阶思维能力图

【拓展案例】

认知类别及过程见表 2-16。

表 2-16 认知类别及过程

类别 & 认知过程	同 义 词	定义及其例子
1. 记忆/回忆（remember）——从长时记忆中提取相关的知识		
1.1 识别（recognizing）	辨认（identifying）	在长时记忆中查找与呈现材料相吻合的知识（如识别历史中重要事件的日期）
1.2 回忆（recalling）	提取（retrieving）	从长时记忆中回忆相关的知识（如回忆历史中重要事件的日期）
2. 理解（understand）——从口头、书面和图像等交流形式的教学信息中建构意义		
2.1 解释（interpreting）	澄清（clarifying）、释义（paraphrasing）、描述（representing）、转化（translating）	从一种表示形式（如数字的）转变为另一种表示形式（如文字的）（如阐述重要讲演和文献的意义）
2.2 举例（exemplifying）	示例（illustrating）、实例化（instantiating）	找到概念和原理的具体例子或例证（如列举各种计划艺术风格的例子）
2.3 分类（classifying）	归类（categorizing）、归入（subsuming）	确定某物某事属于一个类别（如概念或类别）（如将观察到的或描述过精神疾病的案例分类）
2.4 总结（summarizing）	概括（abstracting）、归纳（generalizing）	概括总主题或要点（如书写录像带所放映的事件简介）
2.5 推断（inferring）	断定（concluding）、外推（extrapolating）、内推（interpolating）、预测（predicting）	从呈现的信息中推断出合乎逻辑的结论（如学习外语时从例子中推断语法规则）
2.6 比较（comparing）	对比（contrasting）、对应（mapping）、配对（matching）	发现两种观点、两个对象等之间的对应关系（如将历史事件与当代的情形进行比较）
2.7 说明（explaining）	建模（constructing models）	建构一个系统的因果关系（如说明某国 18 世纪重要事件的原因）
3. 应用（apply）——在给定的情境中执行或者使用程序		
3.1 执行（executing）	实行（carrying out）	将程序应用于熟悉的任务（如两个多位数的整数相除）
3.2 实施（implementing）	使用，运用（using）	将程序应用于熟悉的任务（如在牛顿第二定律适用的问题情境中运用该定律）
4. 分析（analyze）——将材料分解为它的组成部分，确定部分之间的相互关系，以及各部分与总体结构或总目的之间的关系		

续表

类别&认知过程	同义词	定义及其例子
4.1 区别（differentiating）	辨别（discriminating）、区分（distinguishing）、聚焦（focusing）、选择（selecting）	区分呈现材料的相关与无关部分或重要与次要部分（如区分一道数学文字题中的相关数字与无关数字）
4.2 组织（organizing）	发现连贯性（finding coherence）、整合（integrating）、概述（outlining）、分解（parsing）、构成（structuring）	确定要素在一个结构中的合适位置或作用（如将历史描述组织起来，形成赞成或否定某一历史解释的证据）
4.3 归因（attributing）	解构（deconstructing）	确定呈现材料背后的观点、倾向、价值或意图（如依据其政治观点来确定该作者的立场）
5. 评价（evaluate）——基于标准作出判断		
5.1 检查（checking）	协调（coordinating）、查明（detecting）、监控（monitoring）、检验（testing）	发现一个过程或产品内部的矛盾或谬误；确定一个过程或产品是否具有内部一致性；查明程序实施的有效性（如确定科学家的结论是否与观察数据相吻合）
5.2 评论（critiquing）	判断（judging）	发现一个产品和外部准则之间的矛盾；确定一个产品是否具有外部一致性；查明程序对一个给定问题的恰当性（如判断解决某问题的两种方法中哪一种更好）
6. 创造（create）——将要素组成内在一致的整体或功能性整体；将要素重新组织成新的模型或结构		
6.1 产生（generating）	假设（hypothesizing）	基于准则提出相异假设（如提出解释观察的现象的假设）
6.2 规划（planning）	设计（designing）	为完成某一任务设计程序（如计划关于特定历史主题的研究报告）
6.3 创作（producing）	建构（constructing）	生产一个产品（如有目的地建立某些物种的栖息地）

（2）高质量的驱动性问题应是开放的，而非简单地用"是"或者"不是"来回答。因为项目式研学是最大限度地模拟现实，研学旅行课程设计的驱动问题，一般来说具有很多种"正确答案"，而非一种标准答案；或者说答案是独特的，不是研学者用"百度"就能搜索到的；也可以说答案是复杂的，可以引导研学者进行更深一步地探究。

现实中的问题通常较为复杂，不是轻易就能解决的，因此才能培养、要求研学者具备高级思维，要求他们对信息进行整理、综合、分析、批判性评价。"垃圾焚烧厂应该建在哪里"，这个问题是开放性的，需要研学者进行实地调研、人员采访并记录自己的数据和论据，然后给出自己不同的答案。

（3）高质量的驱动性问题要直指主题的核心内容。例如，"不洗手吃饭会对我有什么危害"，要回答这个问题，需要得到科学的证据，并基于生物学知识（细菌等）、生物实验（细菌培养）、人体健康知识（细菌与人类健康的关系）等进行完整的探究和研学旅行。

（4）高质量的驱动性问题应当契合某个或多个学科课程标准。驱动性问题仅仅符合"能引起兴趣"是不够的，它还应该能引导研学者掌握课程标准要求的知识、技能和方法。这样一来"素质教育"和"应试教育"可以说是进行了一个很好的结合。为了完成这些研学旅行驱动问题，中小研学者需要学习核心知识和技能。问题不能太广，以至于无法在合理时间内获取需要的知识。"秦始皇焚书坑儒对中国现代有哪些影响"这个问题就融合了历史、政治的课程标准，如果针对的是高中还可以融入经济学等。

（5）高质量的驱动性问题源自现实。因为项目式研学要求最大限度地还原或者模拟问题出现的真实情境，因此驱动性问题也需源自现实。研学旅行课程设计驱动问题，要考虑研学者的年龄、生活背景、生活的社区环境等，它可以激发问出深层次的问题，开始探究过程。可以专注于社区问题和需求，或与研学者生活相关的主题。

比如，"如何在春天有效避免花粉过敏"这个问题来自现实，很多研学者都亲身经历过或者身边人曾经历过，他们对这个问题有较为深刻的印象。需要注意的是，并非已经发生的才算是"源于现实"，如"如果地球要毁灭了，人类将何去何从"这类问题，从根源上讲也看作源自现实，因为地球时刻在面临各种潜在威胁，比如全球变暖、核战争等。

2）设计高质量驱动性问题的方法

（1）将抽象、表浅的问题具体化或本地化。如"我们怎么减少日常垃圾"这是一个表浅的问题，基本上在百度上就能搜到很多答案，或者简单思考就能得到一些泛泛的答案。我们来看一个高阶驱动问题，"校园的垃圾管理系统是如何运作的，如何帮助低年级同学做好校园的垃圾分类工作"，这个问题与研学者的生活息息相关，而且具体可行，明显是一个更好的驱动问题。传统教学与项目式研学设计问题的对比见表2-17。

表2-17 传统教学与项目式研学设计问题的对比

传统教学	项目式研学
（1）研学者听有关货币与财政政策的课； （2）研学者完成一个关于牛顿定律的任务单； （3）研学者针对经济大萧条写一份报告	（1）研学者试图拯救这次经济危机，类似1970年石油禁运事件； （2）小组合作，设计一项能在月球上进行的体育运动； （3）团队合作建立一个博物馆展览，记录在1930年（经济大萧条期间）少数人种群体的经历与体验

（2）提出一个哲学问题或辩证的问题，或一个发人深省的话题。例如，带中小研学者去西柏坡进行红色研学，经常提的问题是"什么是西柏坡精神"，这就不属于一个高质量问题，而类似"和平年代还需要西柏坡精神吗"就属于思辨性问题，能发人深省。

（3）将复杂的驱动问题拆分成一组问题链。带领中小学到当地的动物园去研学，可以设计一个驱动问题："我们如何为动物园的动物设计更理想的栖息地"，这是一个发人深省的问题，不过，这个问题稍显复杂，对于很多学段的研学者来说，接受起来不容易。作为研学旅行设计老师，不妨将问题进行拆分：有哪些动物？他们需要什么样的栖息地？现在的资源和限制条件有哪些？如何设计预算表？如何设计模型或图纸展示你的想法……

再如，到咖啡馆开展咖啡师职业体验研学，仅仅设置"如何调制咖啡"或者是"认识咖啡豆"此类问题属于低阶思维问题，可以设计"疫情常态化之后如何喝到一杯好咖啡"这类高阶思维问题，继而对问题进行拆解：好咖啡如何定义？哪里有好咖啡？为什么这里有好的咖啡？如何获得咖啡豆或咖啡如何从植物变成咖啡？如何制作、冲调一杯好喝咖啡？如何很"好"（优雅）很适宜地喝下去？疫情常态化，国际贸易、国际形势如何？为什么会这样？还能不能喝到进口咖啡？此次疫情与喝咖啡之间有没有关联？其他疾病呢？喝咖啡除了提神有没有其他"好"处……

4. 头脑风暴、小组讨论

小组成立后，经过制定规范、明确要解决的问题或研学项目后，需要将从事的任务理解吃透并分工。在整个过程中有可能存在重新结构化问题的环节，就是把主轴问题修订后使用，在整个过程中要注意兼顾集体研学和个人思考研学，研学旅行指导师要在关键点适时引导、指导。

1）小组达成共识

小组经过协商讨论对问题的理解要达成共识，这一步是很关键的，因各人对任务的理解是不同的，如果不统一想法，进程就很难推进。通过这一步骤，小组成员明确了这个问题要达到什么研学目标。

2）提出尽可能多的解决方案

对问题理解达成共识后，小组就采取头脑风暴法提出各种各样的解决方案或实施方案。研学旅行指导师要鼓励他们提出尽可能多的方案和可能性，从这些方案中选择一个作为初始方案。

小组成立、互动与成果展示

3）获取各类资源

明确按这个方案开始工作所需要的资源、知识和信息；可以从哪里获得这些资源；分析方案是否可行，是否需要修改或更换方案等。

4）分工实施

为每个小组成员定义角色，分析每个研学者需要做什么，将对哪部分工作负责。这么做有利于组织、规划他们的行为。先要明确设计方案最重要的角色，如解决整个问题的负责者、设计者、开发者和记录者，最好保证每个组员都有机会尝试不同的角色。在分配任务时要注意组员的兴趣和能力，尽可能给他们提供扩展知识和能力的机会。另外分配角色要具有灵活性，小组成员的角色分工可以按工作需要和有利于他们自身发展的方向随时调整。在这一阶段，研学旅行指导师要做好协调，从全局出发，整体策划，尽量保证每个研学者能承担一项具有挑战性的任务。

5. 展示成果

通过一系列反复的协作、习得、实践、操作、解决问题后，各小组将形成他们最终的问题解决方案、研学成果或某种产品。当最终版本完成后，研学旅行指导师尽量选择公开展示的方式让研学者展示成果，一方面，展示与交流的内容本身可以作为评价对象，评价者可以依据展示的水平或成果的水平判断出知识掌握情况和能力发展水平；另一方面，展示与交流活动也具有多重教育意义，既可以作为研学者之间互相学习的内容，也可以作为鼓励和表扬的契机，有助于帮助建立客观、积极的自我认识，发展沟通、表达、元认知等多方面能力。

如果问题较小或者时间特别紧张，可以选择提交线上、线下作业成果的方式，合格的研学活动，即使不能现场分享成果，也应增加线上分享、互评等环节。在展示过程中，研学旅指导师要尽可能帮助研学者反思自己在知识、技能、小组协作和认知策略等方面的收获，通过小组成员间的交流可以共享关于整个研学过程的经验。

1）面对面展示与交流

面对面展示与交流是指评价者和被评价者在同一时空、同一地点，由被评价者（研学者）通过语言、行为、实物、多媒体等多种形式对研学的成果、收获和感受等进行的说明。按照展示与交流的主体可以分为个人展示和团队展示。按照团队在集体中的位置又可以分为以小组为单位在班级交流、以班级为单位在年级交流、以年级为单位在学校交流等。

作为评价活动的展示与交流活动不能是完全开放式的，应该满足评价活动收集信息的需要。因此，在展示活动开始之前，研学旅行指导师就应该对研学者明确解释展示活动须重点展示的方面，以及这些方面的不同表现对应的评价等级（或分值）。研学者可以在评价标准的要求之下进行半开放式的展示，展示内容可以多于评价标准的要求内容，但是不能缺项，否则将影响评价结果。

作为鼓励与表扬的展示与交流活动，展示主体之间的竞争性很小，研学者只需要把自己最优秀的方面展示出来即可。这种展示活动中研学旅行指导师应该准备的评价框架和细则就应该是多元化的，可以从不同的知识或能力方面发现研学者的长处或进步。例如,研学旅行指导师可以同时关注研学者的语言表达、思维深度、思维广度、信息收集能力、信息处理能力、图示化表现能力、形体表达能力、艺术表现力、操作能力、创造性解决问题能力、合作能力、组织能力、执行能力等多方面能力。反馈时只选择优秀的方面,进行细节化的全面反馈。这种评价和反馈建立在多元智能的基础上,能够帮助每位研学者发现长处,建立自信。

2)书面展示与交流

书面展示与交流专注于书面表达能力,可以作为研学旅行课程的重要学习环节,也可以作为学习评价的重要对象。一般来说,研学旅行的书面展示与交流可以分为研学旅行过程中产生的文字材料和研学旅行结束后完成的反思性、总结性的研究报告和文章等。

研学过程中产生的文字材料一般来说具有比较一致的内容和表达要素,可以采用表现性评价中的作品分析工具进行分析。研学旅行指导师需要根据研学内容制定具体的评价框架和评分细则。研学过程中产生的书面材料进行分析,可以发现研学者的知识和能力的发展水平。对不同阶段研学者的书面材料进行分析,还可以发现知识和能力的发展变化路径。对全体研学者书面材料进行分析,可以揭示研学者在研学旅行课程中的发展规律,对活动改进和研学指导都有积极意义。

研学者的研学旅行活动结束后产生的研究报告和文章具有内容分散的特点,可以采用内容分析法进行分析。通过对研学者文章中涉及的核心内容进行提取、编码和归类,发现研学者的主要收获和核心问题。分析结果可以作为课程实施效果的检验或课程改进的依据。

3)多媒体展示与交流

随着互联网和大数据技术的发展,一方面,多媒体展示越来越方便,不少学校都建立了门户网站或学校微信公众号,用以宣传学校的课程和教学成果。另一方面,教学过程中产生的多媒体数据的教育价值也越来越被学校重视,教育大数据对教学的作用也正在由"辅助"变成"诊断""引领"和"指导"。

通过多个途径收集的多媒体数据可能包括以下方面:第一,声音数据,包括师生对话、生生对话、关键陈述、作为成果的声音信息等。第二,图像数据,包括第三方拍摄的研学者研学过程照片、研学者自己拍摄的过程照片、作为教学资源的图像数据、作为成果的图像等。第三,影像信息,包括研学课程实施影像、研学资源影像、作为成果的影像等。第四,可穿戴设备和第三方设备收集的信息,例如,运动手环收集的研学者运动信息、身体信息;智能终端收集的录入信息,包括内容、时间、修订等。

对这些信息通过多媒体的形式保存,可以帮助我们对研学者研学旅行全过程进行全面描述,借助大数据或影像分析技术对研学者研学旅行过程进行多方面评价。这些资料的评价价值远远大于展示价值,应该引起学校和研学旅行指导师的广泛重视。

6. 评价反思

研学课程实施的最后一步是对研学过程本身的评价和反思,一般来讲包括自评、互评、研学旅行指导师评价等类型,这里仅作为研学实施的最后一个环节进行略讲。研学旅行指导师在这个环节中主要负责制定出对最终结果或产品的评价标准并组织实施,全体同学庆祝研学取得的成果,表扬研学者取得的成绩,鼓励研学者,使他们体会到成功的快乐,增强自我效能感。

项目三

组织研学旅行活动

【项目导入】

暑期，C旅行社接到青岛市市南区某初中邀请，参与该校480名（12个行政班）二年级学生的临沂红色研学旅行活动。根据教学计划显示，秋季学期的研学活动需要在第4教学周完成，总计18课时。承办方的选定须经校方、家委会和学生代表集体表决通过；选定的承办方须提供全套研学服务。

任务一　调研研学旅行需求

任务内容		作为C旅行社的工作人员，对该初中实施需求调研并对研学活动设计提供建议
对应典型工作名称		客户需求调研
对应典型工作任务描述		与客户沟通，进行前期调研、资料收集，分析学校、老师、家长和学生需求
学习目标	素质目标	心理素质稳定 抗压能力强 信息素养★
	职业能力	具备与他人进行有效沟通的能力 收集、统计、分析研学市场信息 设计调查问卷，有效开展研学旅行市场调查★ 分析研学市场数据、绘制研学者数字画像、进行研学者数据预测，形成调研报告★
	知识目标	掌握研学旅行市场决策主体类型 掌握调研方法 掌握数据分析方法

一、确定决策主体

研学旅行市场与旅游市场紧密相关，具有旅游市场的一些共性特点，也有其自身的特点。通常的市场决策主体即为购买者，而决定是否购买该项研学旅行活动的主体却是多元的，甚至是共同的。

研学旅行市场的商业模式与旅游市场相似，都是为客户提供线路产品等专业化服务来赚取差价和佣金。但是，由于研学旅行的组织模式与旅游的组织模式有很大差异，所以与旅游市场相比，研学旅行市场更加强调渠道，即优质的研学产品可以通过直销和分销的渠道准确送到消费者手中。从销售模式看，研学旅行市场更多的是B2B模式，而旅游市场更多的则是B2C模式。B端的销售往往注重行业同仁、各类机构，更要重视学校这个B端，而学校内部的决策受校长、教师、家委会、学生等多维主体的共同影响，较一般旅游市场更加复杂。

（一）机构决策型

由于研学旅行活动是集体活动，集体意愿更为重要，协调不同个体作出统一选择是研究研学消费行为的重要目的。机构决策包括学校决策、教育机构决策、各类培训机构决策等。这种研学消费者具有头脑清醒冷静、经验丰富的特点，他们对研学产品的品质、用途、价格等都有自己的见解，主观性强，不容易受外界因素的影响。他们代表的是整个集体的利益，所以在做决策的时候非常严谨，也因此在选择旅游消费产品之前能够广泛收集信息，了解市场行情，进行认真分析，权衡各种利弊因素，然后才实施购买行为。这种类型时间长久之后，其消费行为表现出反复性的特征，形成一种习惯性消费行为，如固定合作机构、在特定的范围内选择研学基地等。

（二）家委会决策型

中小学生研学旅行活动大多针对未成年人，这部分人群几乎无自主收入和支付能力，监护人的决策权往往大于研学者本人，又由于研学旅行的团队性质，所以单个家长的决策最终体现在家委会层面，因此称为家委会决策型。家委会代表家长群体，不同家长在选择研学产品时思维方式多样，考虑的维度也较多，有的会注重学生的学习收获，有的对价格敏感，有的注重产品新颖程度等。

（三）研学者决策型

无论是机构决策型还是家委会决策型，都需要参考研学者的意见，甚至在部分情况下，研学者可以直接起到决策的作用。研学者决策型的许多行为可以参考普通旅游中该年龄段的青少年游客决策型，他们受现场情景激发做出消费，以直观感觉为主，临时作出消费决定，情绪容易冲动，心境变化激烈，容易受广告和他人行为的影响，喜欢追求新产品，从个人兴趣出发，不大讲究产品的效能、功能，易受研学产品的外观、广告宣传的影响。

总而言之，三种决策身份互相影响，不是孤立存在的，需要相关研学企业和参与主体综合考虑。研学旅行各方关注点如图 3-1 所示。

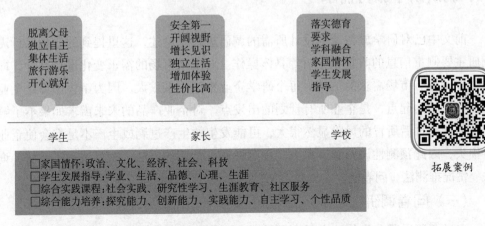

图 3-1　研学旅行各方关注点

【拓展知识】

无论是哪种类型决定是否购买，现在的研学活动主体更加注重以下两点。

1. 更加注重产品

研学旅行本质上是一种教育综合实践活动，具有实践性、教育性等多重特征，其组织形式多以学校为单位进行组织。从教育的角度看，研学旅行是将研究性学习教育和旅行体验相结合，是学校教育和校外教育衔接的创新形式，是教育教学的重要内容，是综合实践育人的有效途径；从产业的角度看，研学旅行是旅游与教育相融合催生的一种新业态形式。教育部教育发展研究中心研学旅行研究所2018年对全国31个省、区、市的4 000多所学校、3.3万名家长开展随机抽样调查的结果显示，全国研学旅行学校参与率平均为38%，其中上海最高，达到了66%。巨大的新业态市场催生了新职业、新需求和新内容，研学旅行管理与服务专业应运而生，其内涵定位主要是"旅游+教育"，无论是面向中小学生开展的研学旅行，还是面向其他人群开展的研学旅游，教育属性和教育功能是其核心，旅行只是实现的手段，所以研学旅行必须以产出高质量的内容为根本，研学课程、研学资源等内容供给成为行业发展的重点。

2. 更加注重品牌

研学旅行市场面对的群体更多的是学生，学生群体是流动的。但是由于研学旅行市场在开拓过程中更多面对的是学校，学校的需求是稳定的，评估是永续而持久的。这就需要研学旅行企业在推动研学旅行市场开发的过程中更加注重品牌的建设，通过品牌影响力赢得学校的认可，增强市场获客能力。

二、调研研学旅行需求

前文中已对研学旅行课程设计所需的调研进行了论述，这里提到的研学旅行需求调研主要侧重信息的收集和分析等具体操作。对未来市场的需求变化进行估计，即为预测性调查。市场需求的估计对每个研学企业来说关系重大，因为销售预算是企业所有预算活动的起点，是企业所有计划的出发点。对企业产品的未来需求如果不了解或无从估计，日后所冒的风险显然很大，可能发生的生产过剩或生产不足都会使企业招致损失，因此预测性调查意义重大。预测性调查常用的方法：观察法、实验法、询问法、情况推测法、问卷法。

（一）问卷调研

市场调研手段分为传统市场调研手段和网络调研手段。传统的市场调查手段都是通过访谈或观察等线下方式收集定量或定型数据，了解顾客想要的是什么。网络调研

（network research）是指通过互联网及其调查系统把传统的调查、分析方法在线化、智能化。网络调研利用网络的新手段和途径，针对具体目标进行收集、整理、分析、研究市场信息，重点探求市场需求状况发展现状，为企业制定研学旅行产品决策提供支持和服务，降低经营管理的盲目性和风险，提高决策的准确性和有效性。目前网络调研常用的方法可以分为两类，一类是直接法，另一类是间接法。直接法是直接在网络上收集原始资料。具体方法有在线问卷调查、直接线索观察、平台专题讨论、网络界面实验法。间接法是网上二手资料的收集。具体方法有利用网络信息库、利用各类搜索引擎、访问各类网站。

拓展案例

【任务实操一】为本项目设计学生和家长调研问卷。

实操解析

一、学生问卷解析

青岛市 A 中学二年级学生研学需求调研问卷

亲爱的同学：

　　您好，我们是 C 旅行社，正在为贵校进行临沂市红色研学旅行活动的方案设计开展调查研究，希望您能花一点时间完成下列问卷，您的填写将对我们的工作带来支持，在此感谢您的配合。

C 旅行社
日期：

1. 您的性别：□男　□女
2. 您每年旅游的频次（包含研学旅行、自助旅游、冬夏令营等）：
□0 次　□1～3 次　□4～6 次　□大于 6 次
3. 您对临沂市研学旅行的了解程度：
□非常了解　□了解　□略有了解　□不了解
4. 您对临沂市研学旅行的整体感受：
□满意　□一般　□不满意　□不了解，没感受
5. 您愿意到临沂地区开展研学旅行活动的原因是（可多选）：
□接受红色教育，提升爱国主义情怀　　□积累研学旅行知识
□体验当地乡土文化，体验不同的生活　□亲近了解自然
□增长生活技能　　□提升合作意识，磨炼意志
□缓解学习压力　　□开阔视野、陶冶情操　□其他（　　　）
6. 当您在临沂参与研学旅行活动时，您希望自己住在哪里：

☐当地商务住宿宾馆 ☐星级酒店 ☐景区内配套住宿
☐研学营地 ☐民宿 ☐野营 ☐其他（ ）

7. 在临沂，您更愿意体验哪些研学活动（表3-1）：

表3-1 研学活动项目

活动类型	感兴趣	比较感兴趣	一般	不太感兴趣	完全不感兴趣
红色剧本杀					
红色密室逃脱					
参演红色舞台剧					
真人CS					
炊事班体验					
打靶					
参观考察					
向烈士献花					
观看红色演出					
劳动体验					
农耕体验					
篝火					
其他	请罗列建议活动				

8. 您在研学旅游中最注重的旅游产品要素是什么（可多选）：
☐旅游花费 ☐学习项目丰富度 ☐研学活动丰富度
☐食宿安排质量 ☐目的地的吸引力 ☐交通便捷程度
☐卫生条件 ☐留念品品质 ☐其他

9. 您认为参与的研学活动存在的问题有（可多选）：
☐组织方不够专业 ☐活动种类单一 ☐学到的知识少
☐过于偏重游玩 ☐安全性保障不足 ☐价格昂贵 ☐没关注过

10. 您认为以下的描述与本人的相关程度（表3-2）：

表3-2 与本人的相关描述选择

具体描述	这就是我	比较相关	一般	不太相关	完全不是我
父母做主					
听老师的话					
崇尚自由					

续表

具体描述	这就是我	比较相关	一般	不太相关	完全不是我
独立自主					
喜爱挑战					
文静内敛					
热爱尝试新鲜事物					
没有安全感					
宅男（女）					
新新人类					
少年老成					
十万个为什么					
朋友多					
热衷合作					
……					

11. 您对此次研学活动的其他建议：
_____
_____

问卷到此结束，谢谢您的参与！

二、家长问卷解析

家长问卷中部分可以与学生问卷相同，通常在家长问卷中注重以下问题：家庭年收入、价格偏向、关注环节、介意问题、是否愿意跟团参与、建议意见。

（二）实地调研

1. 访谈法

好的研学旅行产品应该是一校一案、一个年级一案，个性化成为研学旅行产品的一个显著特征。所以需要了解每个B端客户的主要想法，这里的访谈法主要针对校方研学主要负责人，如校长、年级主任、家委会代表、学生代表等。不同类型人员分开访谈，重点人员应单独访谈。

访谈前应了解掌握此次研学活动大致需求、方向和类型，掌握最新的政策文件和要求；确定访谈计划，选择访谈对象并掌握访谈对象的一些基本情况，提前预估被访谈者可能反问的问题；制定访谈提纲，多设计可以让被访谈者展开描述的问题，如"上一次研学活动遇到什么问题了""研学指导师做的哪些事情让您印象深刻""您最不能接受的一次研学供应商失误是什么""某某研学基地的接待是否让您满意，为什么"等。

  访谈时应多应用同理心。同理心又叫作换位思考、神入、共情，指站在对方立场设身处地思考的一种方式，即在访谈过程中，能够体会被访谈人的情绪和想法、理解被访谈人的立场和感受，并站在他的角度思考和处理问题。访谈者应站在访谈人的角度沉浸到对方所描述的故事中，并体会在过去的研学活动中的各种感受，这将有助于被访谈人谈论更多，也有利于访谈者理解对方的准确意思。

【拓展知识】

具有同理心的四条方针[①]

  第一，把焦点放在别人的福利、利益与需求上。

  对别人产生同理心，有一个认知上的成分。意思是，你必须有某些知识，才能和对方产生同理心。一个人不是简单地对另一个人产生同理心；一个人必须为了某一件事而和对方产生同理心。这件事，可以适当地称为同理心的"主题"。同理心的主题，一定是和目标的福利、利益与需求相违的事件或处境。研学旅行的产品设计出发点就是要消除相违的事件，达到一致。

  第二，暂停你经过考虑的批判。

  解决问题，可以在同理心建立了密切关系和信任之后才进行。在产生同理心的过程中，你必须摒除你自己的评价、分析、评估，以便从主观角度看到目标的主观世界。

  第三，和目标建立连接关系。

  连接性认识的中心概念是想象性的依附，意即从对方的眼中，以他的观点看待事物。必须把自己的观点置于一边，并尝试理解个中的逻辑。你最终不需要同意他的想法，但是你在处理的当下，就必须"给予承认"。你要对这个想法有同理心，并且跟产生这个想法的人感同身受、一同思想。

  要取得这样的效果，访谈者不是试着去评估听到的故事，而是试着去理解它。不是问"这是对的吗？"而是问"它的意义是什么？""你为什么这么认为？""你经历了什么，让你选择另一个方案？""你没获得研学勋章，可以说说你的感受吗？"总之不是批判或挑战访谈者所讲述的事，相反要促访谈者进一步地叙述，以便设计产品的时候能更好地理解研学用户。

  第四，多练习，步骤如下。

  （1）假设初学者的心态。

[①] http://select.yeeyan.org/view/538142/454991，2022年12月．

（2）问什么、怎么、为什么。

（3）问5个为什么。

（4）进行访谈。

（5）用类比建立同理心。

（6）基于照片和视频的用户研究。

（7）使用个人照片和视频日记。

（8）与极端用户互动。

（9）故事分享与捕捉。

（10）身体风暴。

（11）创建旅程图。

【任务实操二】为本项目设计教师访谈提纲。

实操解析 青岛市A中学教师访谈提纲

（1）教师的基本情况：是否担任班主任、所教科目、任教年龄等？

（2）您是否前往临沂参与过研学活动？对临沂市的研学旅行资源有没有了解？了解有哪些？

（3）结合您参与的研学旅行活动，您认为最难忘的环节是什么？最美好的记忆点是什么？最差劲的记忆点是什么？

（4）您是否参与过研学旅行活动方案的设计？

（5）您认为研学旅行的活动方案设计需要注意哪些内容？

（6）您如果要设计一款关于临沂市的研学旅行产品，您认为应该注意哪些问题？

（7）您认为研学旅行与书本上的知识必须要有结合吗？为什么？

（8）您认为研学旅行活动方案的设计，让学生参与其中是否可行？为什么？

（9）您认为研学旅行应培养学生哪几个方面发展？

（10）您认为红色文化的意义有哪些？如何实现？

（11）此次您是否会一起前往临沂？是否愿意将此次研学活动与日后教学相结合？为什么？

（12）您认为哪门课程、哪个模块、哪些知识点可以与临沂红色文化资源相结合？

（13）您是否愿意参与研学旅行活动设计？为什么？

（14）你对此次研学活动有何建议和意见？

2. AEIOU观察法

在调研阶段如果事件和条件允许，建议开展实地观察调研，即到学校观察学生的真实行为，到可能前往的研学旅行基地观察现有用户体验。在这个阶段和下文中提到的实地验证阶段推荐一种常用的观察分析法：AEIOU（activity，environment，interaction，objective，user），这是一个应用于设计调研和分析过程中的信息组织框架，具体如下。

1）Activity（活动）

活动是指被观察者以目标为导向而进行的一系列行动。研学团队朝着想要完成的事情，到底做了什么，其中包括具体的行动和过程，也包括这些活动的性质、产生的作用等。

2）Environment（环境）

环境是指被观察的活动场所。被研究对象所处的环境对其行为、精神状态都会产生重要的影响。我们在描述状态时，要描述出这是一个什么样的环境，同时要注意描述出该环境的氛围、细节，以及对被研究对象产生的影响功能是什么。

3）Interaction（互动）

互动则是指是被观察者与其他人或者机器、物体之间的互动，这是活动"Activity"的重要组成部分，是研学的基石，也是作为研学旅行产品设计师应该重点关注的部分。需要观察记录好研学者与研学指导师之间、研学者与研学者之间、研学者与其他游客之间、各类人员与环境中的物体之间的互动形式、规则，同时也要思考这些互动的本质是什么，会产生怎样的影响。

4）Objective（物体）

物体是环境的组成部分，它们的存在形式会影响互动形式。所以观察记录不仅是注重研学者使用的物体和设备，还要思考这些物体和设备与研学活动的关系和影响作用。

5）User（用户）

用户就是指这个观察过程的所有人。除了要研究的主要研学对象外，还要关注一下其他的人，他们也起到了不同作用，他们的影响既可能是正面的，也可能是负面的。

AEIOU框架可以与各种不同的观察、研究、思考方法相结合，从而使那些我们熟悉的研究方法获得新的价值，可以与AEIOU框架相结合的研究方法工具包括已有笔记、照片数据的整理，我们熟悉的用户访谈、用户行为观察等。

三、分析研学需求调研的结果

（一）定量分析

定量分析分为简单定量分析和复杂定量分析，简单定量分析就是对调查问卷做一些比较简单的分析，如平均数、百分比、频数这些来进行比较基础的分析，足以应对日常研学旅行市场调研问卷分析。前文问卷的题目多为封闭问题，非常适合开展简单的定量分析，各类问卷软件再带数据统计，可形成各种图表，研学工作人员直接采用即可。

（二）定性分析

定性研究是指研究者运用历史回顾、文献分析、访问、观察、参与经验等方法获得教育研究的资料，并用非量化的手段对其进行分析、获得研究结论的方法。定性研究主要是一种价值判断，它建立在解释学、现象学和建构主义理论等人文主义的方法论基础上。定性市场研究是指在市场营销和社会科学中用到的一系列分析工具，从小部分测试中获得数据，没有经过统计分析得到的分析结果。

（三）同理心地图

同理心地图（图3-2）是对用户假设的落地，通过绘制地图理解他们的需求。同理心地图解释了用户行为、选择、决定之后的深层动机，让我们可以找到他的真实需求，因为有些动机很难被感知或者用户不便于直接表达，更难被洞察。而它可以帮助我们在每个不同的场景下与用户换位思考、打开思路、提高洞察力。

拓展知识

操作过程中在一张A4纸中央绘制你的用户头像，在四个象限中分别标记：看、听、想法和感受、说和做，并在后文罗列痛点和收获。

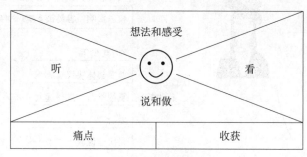

同理心地图

图3-2　同理心地图

（四）绘制用户画像

用户画像是指在调研后，根据客户的目标、行为和观点的差异，将客户区分为不同的类型，然后每种类型中抽取出典型特征，赋予名字、照片、一些人口统计学要素、场景等描述，所形成的一个人物原型。一般包含用户的人本属性，如身份特征、行为特征、消费特征、心理特征、兴趣爱好等。具体内容见表3-3。

表 3-3 用户画像基本属性

人本属性	具体表现
身份特征	基于学生自带属性，如性别、地区、学段、城乡维度、家庭收入、父母影响等
行为特征	基于学生本身行为，如学习习惯、学习成绩、信息获取渠道等
消费特征	基于消费金额、研学频度、旅游频率和习惯等
心理特征	基于旅游或研学忠诚度，对校方或家长的依赖程度，自主决策能力等
兴趣爱好	基于研学类型偏好、日常兴趣爱好等

【任务实操三】为本项目绘制用户画像。

用户画像

实操解析（图 3-3）

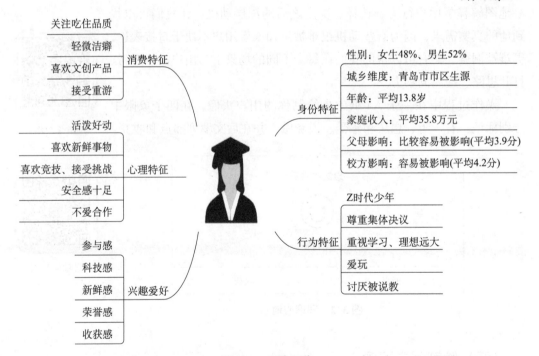

图 3-3 用户画像

（五）绘制价值主张画布

研学活动者以为研学者提供的利益为出发点，可以通过绘制价值主张画布解决研学者问题并满足研学者需求，每个价值主张都包含一系列符合特定研学主体要求的研学产品或服务。

价值主张画布

价值主张画布（图3-4）的目标是设计出符合研学者需求和研学者行为的关键价值主张，帮助他们解决问题、创造价值。

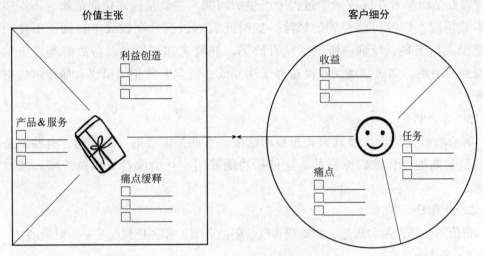

图3-4　价值主张画布

研学活动组织者可以用它来深入理解和把握研学者的需求，它描述了研学活动提供的价值和研学者需求之间如何建立联系，以及为什么研学者、家长或校方要去买你的产品。

价值主张画布的终极目标是让研学活动组织方提供的产品与市场相匹配，吻合特定研学市场的需求。价值主张是研学活动组织方为研学者提供的利益集合，具体包括但不限于以下内容：为研学者提供什么实践教学价值？解决了研学者的哪些难题？让研学者得到哪些好处？为特定的研学群体提供哪些研学产品和服务？给上面的问题找到多种答案，对它们进行排序，一般保留最有价值的三个答案。

价值主张画布分成两部分。一部分是客户概况图，用来阐明研学活动组织方对研学者的理解。另一部分为价值图，用来描述研学活动组织方打算如何为研学者创造价值。当客户概况图和价值图吻合时，研学活动组织者就能在两者之间实现契合。

1. 客户概况图

完成客户概况，包括客户任务、痛点和客户收益。

1）客户任务

客户任务就是在研学过程中研学者的行为和需求，客户任务一般可以分成四种。

（1）功能性的，即一些具体的事情，比如掌握一种技能、获取一段历史、体验劳动教育等。

（2）社会性的，即向其他人展现形象，比如获取荣誉、展示良好的精神风貌等。

（3）情感性的，即解决情感、心理上的问题，比如寻求团队认可、克服恐惧等。

（4）基本需求，即满足基本需求，比如缓解饥饿、充足睡眠等。

2）痛点

痛点是研学者在完成研学过程中产生的问题。主要是描述负面情绪，不期望的成本或情况，以及可能遇到的风险。如时间成本过高、金钱成本过高；不佳的情绪感受，如沮丧、烦恼；研学活动有缺陷，如缺乏知识性、设备故障等；研学者会遇到的困难，如研学活动难度过高无法完成；研学者常犯的错误，如理解规则错误等。

3）客户收益

客户收益是研学者及其家长想要的结果。有些是需要的、期望的，有些则是超出他们预期的，让他们惊喜的。这包括功能效用、社会收益、积极情绪和成本节约等。

2. 价值图

价值图包括产品和服务、止痛剂和收益创造方案，和客户概况是一一对应的。

1）产品和服务

产品和服务即所提供的研学产品和服务的清单，可以通过两种方式实现。

（1）有形产品，如研学设备、教学工具等；数字、虚拟产品，如电子资源包、微课等。

（2）无形服务，如讲解、配套服务等。

2）止痛剂

止痛剂又称为痛点缓释方案，即所提供的产品和服务可以减轻研学者的痛点。具体来说就是帮用户消除或减少负面情绪、不必要的成本和情况以及可能遇到的风险。

3）收益创造方案

收益创造方案即产品和服务如何给客户创造收益。具体说就是研学活动组织者如何提供超出研学者期望的产品和服务，包括功能效用、社会收益、积极情绪和成本节约等。

3. 二者契合

价值图和客户概况图契合的目标，是验证研学活动方案是否能解决研学者最重要的事项，结果是要将产品服务与客户的工作、痛点及收益相结合。一般有三个阶段：第一阶段是价值主张能解决客户任务、痛点和收益，这部分是问题—方案契合；第二阶段是当研学者对价值主张有积极反应，并且研学活动组织方所提供的价值主张受市场欢迎，这部分是产品—市场契合；第三阶段是确保能够盈利，也就是商业模式契合。

【任务实操四】为本项目绘制价值主张画布。

实操解析

根据问卷、访谈、观察等方法，总结梳理出客户细分，并有针对性地提出价值主张，如图3-5所示。

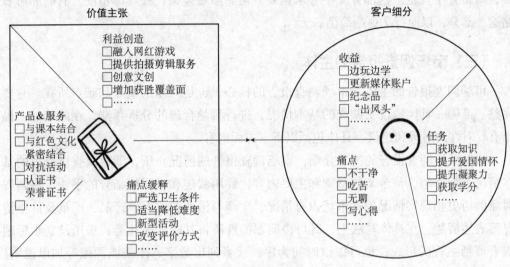

图3-5 价值主张分析

四、形成市场需求调查报告

（一）市场调查报告的标题

标题是市场调查报告的题目，一般有两种构成形式。

（1）市场调查报告标题——公文式标题，即由调查对象和内容、文件名称组成，如《关于××××年某省研学入境游客消费结构构成调查报告》。值得注意的是，实践中常将市场调查报告简化为"调查"，也是可以的。

（2）市场调查报告标题——文章式标题，即用概括的语言形式直接交代调查的内容或主题，如《全省研学纪念品购买力调查报告》。实践中，这种类型市场调查报告的标题多采用双题（正副题）的结构形式，更为引人注目，富有吸引力，如《市场在哪里——研学旅行的潜在客户群调查》等。

（二）市场调查报告的引言

引言又称导语，是市场调查报告正文的前置部分，要写得简明扼要，精练概括。一般应交代出调查的目的、时间、地点、对象与范围、方法等与调查者自身相关的情况，也可概括市场调查报告的基本观点或结论，以便使读者对全文内容、意义等获得初步了解。然后用一过渡句承上启下，引出主体部分。例如，一篇题为《关于某省酒店客房入住率的调查》的市场调查报告,其引言部分写为"某省文化和旅游厅于××××年4月对省内进行了一次星级酒店客房入住率调查。现将调查研究情况汇报如下",用简要文字交代出了调查的主体身份,调查的时间、对象和范围等要素,并用一过渡句开启下文,写得合乎规范。这部分文字务求精要,切忌啰唆复杂;视具体情况,有时亦可省略这一部分,以使行文更趋简洁。

(三)市场调查报告的主体

市场调查报告的主体是市场调查报告的核心,也是写作的重点和难点所在。它要完整、准确、具体地说明调查的基本情况,进行科学合理的分析预测,在此基础上提出有针对性的对策和建议。具体包括以下三方面内容。

(1)市场调查报告的情况介绍:市场调查报告的情况介绍,即对调查所获得的基本情况进行介绍,是全文的基础和主要内容,要用叙述和说明相结合的手法,将调查对象的历史和现实情况包括市场占有情况,生产与消费的关系,产品、产量及价格情况等表述清楚。在具体写法上,既可按问题的性质将其归结为几类,采用设立小标题或者概括主旨的形式;也可以以时间为序,或者列出数字、图表或图像等加以说明。无论如何,都要力求做到准确和具体,富有条理性,以便为下文进行分析和提出建议提供坚实充分的依据。

(2)市场调查报告的分析预测:市场调查报告的分析预测,即在对调查所获基本情况进行分析的基础上对市场发展趋势作出预测,它直接影响有关部门和企业领导的决策行为,因而必须着力写好。采用议论的手法,对调查所获得的资料条分缕析,进行科学地研究和推断,并据以形成符合事物发展变化规律的结论性意见。用语要富于论断性和针对性,做到析理入微,言简意明,切忌脱离调查所获资料随意发挥。

(3)市场调查报告的营销建议:这层内容是市场调查报告写作目的和宗旨的体现,要在上文调查情况和分析预测的基础上,提出具体的建议和措施,供决策者参考。要注意建议的针对性和可行性,能够切实解决问题。

(四)市场调查报告的结尾

结尾是市场调查报告的重要组成部分,要写得简明扼要,短小有力。一般是对全文内容进行总括,以突出观点,强调意义;或是展望未来,以充满希望的笔调作结。视实际情况,有时也可省略这部分,以使行文更趋简练。

【任务实操五】形成调研报告。

拓展知识

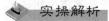

略。

任务二　设计研学旅行活动

任务内容		根据调研结果，设计此次临沂地区的红色研学旅行活动
对应典型工作名称		产品开发（一）
对应典型工作任务描述		根据要求，设计研学主题，合理策划开发研学产品，撰写研学活动设计大纲
学习目标	素质目标	思政素养 心理素质稳定 关爱学生 乐于挑战 创新意识
	职业能力	能够根据客户需求，设计研学产品★ 具有良好的文字表达能力 能够选择合适的供应商
	知识目标	具备研学产品设计基础知识及技能 掌握研学产品设计要素和流程

一、选择合适的主题

好的研学活动应具有鲜明的研学主题，在计划制定初期应确定此次研学活动的大致主题或方向，以确保后续工作沿着既定的轨道开展。根据研学旅行活动的时间是否提前被锁定，具体分为以下两种工作情况，见表3-4。

表3-4　研学主题确定时间

项目	已固定教学周	未固定教学周
解释	校方已形成固定、成熟的教学计划表，研学旅行活动提前被固定在某一时间段甚至是具体的教学周开展，不能更改	校方教学计划表可灵活调整，根据具体的研学活动主题和地点，将研学活动灵活地穿插在某一教学周内开展
工作方法	针对这一固定研学时间所呈现的季节、淡旺季、各地区特色、重大节事活动等有针对性地选择研学活动的主题和活动地点	充分考虑学校本次研学旅行活动所需达到的育人目标，广泛选取适合自身的研学主题，并插入到合适的教学周开展研学活动

无论教学周是否提前固定，在选择研学主题上，都应充分地考虑本地区、本校、不同年级和生源的诉求，选择主题鲜明、积极向上、适合走出校园开展的研学活动。

在最终成文上，可以有多种侧重，贴题、上口为最基本要求；整体应当新颖，抓人眼球，因为主题是后期宣传第一印象的来源；如果能够引发思考或者会心一笑，则效果更佳。

【任务实操六】 为活动设计主题。

实操解析　某学校研学活动主题设计案例

本次的研学活动是"命题作文"，学校已经指定了城市和研学类型，该项实操任务需要在临沂市的红色研学旅行范围内，选择一个适合初中二年级的主题。2021年9月29日，党中央批准了中央宣传部梳理的第一批纳入中国共产党人精神谱系的伟大精神，在中华人民共和国成立72周年之际予以发布。这为我们设计红色、乡村振兴、科技、体育等多种类型研学主题活动，提供了纲领性参考依据。在此轮发布的伟大精神中就有沂蒙精神。本项目就以"伟大精神之沂蒙精神"作为主题的出发点，用"我们脚下的这片土地为什么总能诞生如此多感天动地的精神？"这一核心驱动问题，通过沂蒙精神一个点引发学生思考整个中国工程的精神谱系。

借用歌曲：《谁不说俺家乡好》。

借用热词：超级英雄，站在光明的角落。

文艺风格：穿越风霜，感悟沂蒙。

直白风格：去沾一沾沂蒙大地的伟大精神。

口号风格：与威武之师为伍，以沂蒙精神作吟。

【拓展知识】

第一批纳入中国共产党人精神谱系的伟大精神[①]

建党精神。

井冈山精神、苏区精神、长征精神、遵义会议精神、延安精神、抗战精神、红岩精神、西柏坡精神、照金精神、东北抗联精神、南泥湾精神、太行精神（吕梁精神）、大别山精神、沂蒙精神、老区精神、张思德精神。

抗美援朝精神、"两弹一星"精神、雷锋精神、焦裕禄精神、大庆精神（铁人精神）、红旗渠精神、北大荒精神、塞罕坝精神、"两路"精神、老西藏精神（孔繁森精神）、西迁精神、王杰精神。

改革开放精神、特区精神、抗洪精神、抗击"非典"精神、抗震救灾精神、载人航天精神、劳模精神（劳动精神、工匠精神）、青藏铁路精神、女排精神。

[①] 中国共产党人精神谱系第一批伟大精神正式发布. 新华网［2021-09-29］.

> 脱贫攻坚精神、抗疫精神、"三牛"精神、科学家精神、企业家精神、探月精神、新时代北斗精神、丝路精神。
>
> 这些精神，集中彰显了中华民族和中国人民长期以来形成的伟大创造精神、伟大奋斗精神、伟大团结精神、伟大梦想精神，彰显了一代又一代中国共产党人"为有牺牲多壮志，敢教日月换新天"的奋斗精神。

二、遴选研学资源

确定某一研学主题后，圈定能够充分展示该专题的核心研学资源范围，在选择核心研学资源时既可以从点到面，也就是先确定符合主题的研学基地、营地、景区、文化场馆等，然后以此为立足点扩大研学活动范围，进而规划路线、匹配其他研学资源和配套资源；也可以从面到点，也就是先划定以该研学主题为明显特色的某一区域，再在该区域内选择研学资源点、规划线路。

无论采用哪种方法，都应遵循以下原则。

（一）符合主题

确保所选择的研学资源和目的地既要符合此次研学主题，还能突出资源特色；研学活动的主题、研学资源点和最终的研学活动实施要保持统一性，避免过虚、过空和"挂羊头卖狗肉"的情况发生。

（二）安全可控

安全是开展研学旅行活动最重要的原则。选择资源点和目的地时，应当首先排除极限运动、刺激项目等；目的地的社会安全指数和自然环境安全指数是重点参考指标；此外区域大交通、目的地内小交通、各类食品及饮用水、住宿的安全性也需逐一确定，后文中提到的"踩点"工作，其最为重要的目的也是为了确保各个环节安全无意外。

（三）凸显教育

遴选的研学资源点既能激发学生的学习欲望，还应具有一定的趣味性。最终的研学目的地和研学活动应当满足不少于一类的学习类型，或育人目的，简单地说，一次研学活动持续时间越长，所占用的教学时长越长，其综合教育性也应越强。

（四）便捷合理

目的地的选择还应该符合交通的便捷性、分布组合的合理性原则。各目的地最好有直达的飞机或火车，如为公路应为高速公路最佳，不同目的地之间或资源点之间距离适中，方便后期设计线路。

【任务实操七】为"与威武之师为伍，以沂蒙精神作吟"选择合适资源点。

📖 实操解析

选择合适资源点的案例分析。

步骤一：梳理临沂市全部红色资源点，见二维码。

步骤二：选择合适的红色资源点。

临沂市全部红色资源点

在选择的过程中要注意与本次主题的契合度、既定研学时长、学生兴趣度、资源点的知名度等要素相结合。为庆祝中国共产党成立100周年，文化和旅游部联合中央宣传部、中央党史和文献研究院、国家发展改革委于2021年5月31日推出"建党百年红色旅游百条精品线路"。在重温红色历史、传承奋斗精神部分，沂南县沂蒙红嫂纪念馆—沂南县沂蒙红色影视基地—蒙阴县孟良崮战役遗址—费县沂蒙山小调活态博物馆—大青山胜利突围纪念馆—莒南县八路军第一一五师司令部—沂蒙革命纪念馆（华东革命烈士陵园）—临沂市华东野战军总部旧址暨新四军军部旧址纪念馆等作为"弘扬沂蒙精神"精品线路入围"建党百年红色旅游百条精品线路"。其中既有"威武之师"的体现，也有"沂蒙精神"的内核，还有"为伍""作吟"等表现形式，可以说这条具有权威性、科学性和实践性的研学线路非常吻合此次的既定主题。同时由于官方评委作为背书，校方和家委会也更容易接受建议。

三、规划研学旅行线路

当选定研学旅行资源点后，应将各研学旅行目的地及其内部核心资源点和配套资源点进行线路设计。一条好的研学旅行线路可以看出设计者的用心与对教学的理解，如何通过旅行的深入来循序渐进地达成教学目的是线路设计者要考虑的。研学线路包括计划的活动地点、交通、住宿等。从安全的角度对研学线路的设计进行规定，距离合适，旅程连贯、紧凑，从而保证学生学习的良好体验。

（一）选择大交通

为了规范研学旅行服务流程，提升服务质量，引导和推动研学旅行健康发展，原国家旅游局（现文化和旅游部）发布《国家旅游局公告（2016年37号）》，表示

《研学旅行服务规范》(LB/T 054—2016,以下简称《规范》)行业标准已经国家旅游局批准,2017年5月1日起实施。《规范》中明确要求,应按照以下要求选择交通方式。

(1)单次路程在400千米以上的,不宜选择汽车,应优先选择铁路、航空等交通方式。

(2)选择水运交通方式的,水运交通工具应符合GB/T 16890的要求,不宜选择木船、划艇、快艇。

(3)选择汽车客运交通方式的,行驶道路不宜低于省级公路等级,驾驶人连续驾车不得超过2小时,停车休息时间不得少于20分钟。

(4)应提前告知学生及家长相关交通信息,以便其掌握乘坐交通工具的类型、时间、地点以及需准备的有关证件。

(5)宜提前与相应交通部门取得工作联系,组织绿色通道或开辟专门的候乘区域。

(6)应加强交通服务环节的安全防范,向学生宣讲交通安全知识和紧急疏散要求,组织学生安全有序乘坐交通工具。

(7)应在承运全程随机开展安全巡查工作,并在学生上、下交通工具时清点人数,防范出现滞留或走失。

(8)遭遇恶劣天气时,应认真研判安全风险,及时调整研学旅行行程和交通方式。

除了需符合国家相关规定之外,在研学旅行活动实际操作过程中还需要做好通盘考虑。

1. 优先直达,减少换乘

研学旅行团队因以未成年人为主,且通常规模较大,在安全保障、团队管理等多方面要求较高,点对点的直达方式是最理想的选择。如无法避免换乘,应降低换乘难度,如尽可能选择原地换乘,而非火车换乘飞机等;无论选择何种换乘方案,都应留足换乘时间,以免造成团队大规模的延误。

如为多目的地活动,应优化线路。一般来讲,线路宜采用由近及远,以确保学生在参与研学活动过程时,精力和兴趣度可以保持在一个较高的点。在综合考虑交通情况、气温天气变化和课程安排的情况下,制订研学旅行计划时间表(表3-5),应与学校以30分钟为单位梳理流程,并明确唯一负责人和对应的职责。

2. 时间合理,衔接顺畅

在预算允许的情况下,始发时间和抵达时间尽可能符合学生的健康作息,因需要考虑大规模学生集合效率、是否由学校统一发车前往大交通集合站等问题,通常研学旅行活动的集合预留时间较一般团队需要更加充足一些,所以尽量不选择太早的班次、"红眼"航班等。如果选择余地较大,尽量选择与餐饮时间相衔接的班次,确保团队行程各环节衔接顺畅,不浪费研学时间,节约团队成员体力。

表 3-5 研学旅行活动计划时间表

日　期	时间	活动安排	交通/住宿/餐饮	负责人	职责	联系方式
第一天 ×月×日 星期×						
第二天 ×月×日 星期×						
第三天 ×月×日 星期×	……	……	……	……	……	……

3. 符合预算,兼顾需求

研学旅行活动具有公益性,多数研学旅行活动的预算出发点是高性价比,在交通形式的选择上要吻合既定预算和最终报价,尤其是将飞机作为交通工具的团队,因预定时间与票价浮动有较大关系,所以需组织方在签订合同后尽快购买机票。旺季需格外注意往返交通票数是否充足。在交通工具的选择上,还应兼顾校方或家委会的意见,学校老师及家长对学生的实际情况、适应能力、兴趣喜好把握较准确,需与校方和家委会代表充分沟通,确保行程顺畅。

(二)住宿选择

根据《规范》要求,研学旅行活动住宿的选择应以安全、卫生和舒适为基本要求,提前对住宿营地进行实地考察,主要要求如下。

(1)应便于集中管理;应方便承运汽车安全进出、停靠;应有健全的公共信息导向标识,并符合 GB/T 10001 的要求;应有安全逃生通道。

(2)应提前将住宿营地相关信息告知学生和家长,以便做好相关准备工作。

(3)应详细告知学生入住注意事项,宣讲住宿安全知识,带领学生熟悉逃生通道。

(4)应在学生入住后及时进行首次查房,帮助学生熟悉房间设施,解决相关问题。

（5）宜安排男、女学生分区（片）住宿，女生片区管理员应为女性。

（6）应制定住宿安全管理制度，开展巡查、夜查工作。

（7）选择在露营地住宿时还应达到以下要求：露营地应符合 GB/T 31710 的要求；应在实地考察的基础上，对露营地进行安全评估，并充分评价露营接待条件、周边环境和可能发生的自然灾害对学生造成的影响；应制定露营安全防控专项措施，加强值班、巡查和夜查工作。

除了需符合国家相关规定之外，在研学旅行活动实际操作过程中还需综合考虑住宿的区位条件、安静程度、网络配备和住宿地点（营地）的接待能力，在条件允许的情况下尽可能让一个团队的学生集中在相邻楼层和房间。

（三）选择餐饮

根据《规范》要求，研学旅行活动应以食品卫生安全为前提，选择餐饮服务提供方，具体要求如下。

（1）应提前制定就餐座次表，组织学生有序进餐。

（2）应督促餐饮服务提供方按照有关规定，做好食品留样工作。

（3）应在学生用餐时做好巡查工作，确保餐饮服务质量。

（4）有专门的研学旅游就餐区；能同时接纳学生集中用餐。

除了需符合国家相关规定之外，在研学旅行活动实际操作过程中还需考虑餐厅的区位，与住宿地点、研学活动地点的相互位置是否顺路；考虑餐厅的特色，是否能够体现当地美食，是否适合未成年人食用，是否营养健康等；考虑餐厅的接待能力，是否能够同时容纳团队进餐，是否能够确保餐食和饮用水的温度，还应考虑洗手、如厕的便利程度等。

【任务实操八】为"与威武之师为伍，以沂蒙精神作吟"规划路线。

实操解析

沂蒙精神研学路线规划。

步骤一：串联线路。

根据选定的资源点区位、青岛与临沂的区位，将资源点进行合理排序，并选定大巴车作为往返交通工具。初步线路串联为：青岛→午餐、蒙阴县沂蒙山孟良崮战役遗址→沂南县沂蒙红色影视基地→沂南县沂蒙红嫂纪念馆→晚餐、住宿→费县沂蒙山小调活态博物馆（沂蒙山小调诞生地）→大青山胜利突围纪念馆→午餐→临沂市华东野战军总部旧址暨新四军军部旧址纪念馆→沂蒙革命纪念馆（华东革命烈士陵园）→晚餐→青岛，如图 3-6 所示。

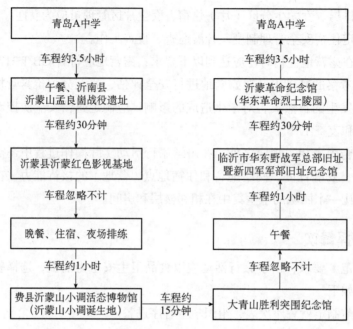

图 3-6 线路规划图

步骤二：制定进程表，见表 3-6。

表 3-6 进程安排

日 期	时 间	活动安排	地 点
9月29日 星期四	7:40—8:00	集合	A校门口
	8:00—11:30	出发	大巴车
	11:30—12:30	午餐	附近酒店
	12:40—15:40	研学课程	孟良崮战役遗址
	15:40—16:10	前往沂蒙红色影视基地	大巴车
	16:20—18:00	研学课程	沂蒙红色影视基地
	18:00—19:00	办理入住、晚餐	沂蒙红色影视基地住宿酒店
	19:00—21:00	舞台剧排练、演出	沂蒙红色影视基地宴会厅
	21:00	休息	各房间
9月30日 星期五	6:30—7:00	叫早、洗刷、整理行李	各房间
	7:00—7:30	早餐	沂蒙红色影视基地住宿酒店

续表

日　期	时　间	活动安排	地　点
9月30日 星期五	7:30—8:30	前往沂蒙山小调活态博物馆	大巴车
	8:30—10:00	研学课程	沂蒙山小调活态博物馆
	10:00—10:15	前往大青山胜利突围纪念馆	大巴车
	10:15—11:30	研学课程	大青山胜利突围纪念馆
	11:30—12:30	转场、午餐	附近酒店
	12:30—13:30	前往华东野战军总部旧址	大巴车
	13:40—15:00	研学课程	华东野战军总部旧址
	15:00—15:30	前往沂蒙革命纪念馆	大巴车
	15:30—17:00	研学课程	沂蒙革命纪念馆
	17:00—17:30	晚餐	附近酒店
	17:30—21:00	返程	大巴车

四、选定研学活动核心内容

研学旅行课程的设计与选择是研学旅行活动开展的核心环节，部分研学旅行资源点入选的主要原因是其自身设计的研学课程较为优秀，当研学旅行目的地确认后，应及时配套适合本校、本年级学生的研学旅行课程，切忌孤立教学环节，应将课程和学习体现在各个环节；避免照搬照抄，应独立设计或有针对性地更改课程内容。具体如下。

（1）吻合资源点特征，能够编制研学旅行解说内容，凸显本地的资源或文化特色。

（2）与部分学校教育内容相衔接的课程，学习目标明确、主题特色鲜明、富有教育功能。

（3）从学生的真实生活和发展需要出发，从生活情境中发现问题，转化为活动主题，通过探究、服务、制作、体验等方式，培养学生综合素质的跨学科实践性课程。

（4）能够围绕传统文化、革命教育、科技艺术、自然生态、创意思维、运动拓展、实践体验、五育（德智体美劳）中的一个或多个展开研学活动。如通过露营、徒步等内容体现运动拓展（或体育、实践、生存等）教育效果；以手工制作、职业体验体现劳动（或实践体验等）教育效果；以参观、游览等内容体现爱国（或传统文化、科技艺术等）教育效果；以写生、才艺展示等体现美育（情感、抗压能力等）教育效果。

建立健全课程教研制度，配备专兼职研学活动教研员，及时分析、解决课程实施中遇到的问题，提高课程实施的有效性。

在研学旅行活动计划阶段，可以多罗列几种备选方案，并应至少确定课程大致名称、依托载体、教学内容简介、所需师资及教具要求等。

如果有多个研学资源点，可以先大致排列资源点先后顺序，将初步选定的研学活动核心内容归纳、总结到统一的表格中，方便比对不同环节之间是否存在方法雷同、内容相似、张弛无度等情况，见表3-7。

拓展知识

表3-7 研学活动核心内容梳理表

课程名称		时间		年级		教学方法		学习方法	
核心驱动问题						分解问题			
依托资源点									
对应知识点									
研学过程	时间		课程名称		学时		地点		核心内容
评定方法									

【任务实操九】为"与威武之师为伍，以沂蒙精神作吟"设置核心活动内容。

实操解析（表 3-8）

表 3-8 "与威武之师为伍，以沂蒙精神作吟"研学活动核心内容梳理表

课程名称	与威武之师为伍，以沂蒙精神作吟			时间	2天1夜（18课时）		适合年级	8年级学生	教学方法	PBL教学法、讲授法、探究法等	学习方法	合作探讨法、实践法等
核心问题	我们脚下的这片土地为什么总能诞生如此多感天动地的精神？								分解问题	(1) 史之厚，文之重：沂蒙精神是什么？ (2) 情之切，魂之舞：唱红歌、演红剧，拟红战。 (3) 行之笃，图之远：思考"沂蒙红"在未来如何传承发扬		
研学资源点	山东临沂：孟良崮战役遗址、沂蒙红色影视基地、沂蒙山小调活态博物馆、大青山胜利突围纪念馆、华东野战军总部旧址、沂蒙革命纪念馆											
课程知识点	"水乳交融，生死与共"的沂蒙精神											
研学过程（青岛→临沂）	时间		主题课程	学时/分钟	地点				核心要点			
	D1	下午	王牌对王牌	120	孟良崮战役遗址				(1) 开营仪式； (2) 真人CS之王牌对王牌（陈毅、粟裕带军战胜国民党七十四师）			
		下午	浓浓红嫂情	90	沂蒙红色影视基地				(1) 学生收集资料，小组合作探究沂蒙红嫂背后的故事； (2) 场景式教学，研学指导教师带领学生走进沂蒙红嫂住所，深入学习沂蒙红嫂的故事			
		晚上		120	沂蒙红色影视基地多功能厅				小组合作设计舞台演出形式及内容，完成舞台演出创作（要求融入本次两天研学旅行学习内容，并加以创新）；排练舞台演出			

续表

时间		主题课程	学时/分钟	地点	核心要点
研学过程（青岛→临沂） D2	上午	沂蒙小调永流传	90	沂蒙山小调诞生地	研学旅行指导师与学生进行互动，欣赏民歌手演唱，学习山东（沂蒙）方言，学唱《沂蒙山小调》《跟着共产党走》等歌曲；红歌联唱，录制、制作各班级 MV
	上午	绿水青山就是金山银山	90	大青山战斗遗址、大青山胜利突围纪念馆	（1）大青山战斗遗址参观； （2）遗址变身果树青山，学习两山论，乡村振兴等； （3）为当地土特产录制展销短视频，助力乡村振兴
	下午	共产党人的一天	90	华东野战军总部旧址	（1）参观、学习旧址； （2）聆听红军后代讲座，感受峥嵘岁月中共产党人的一天是如何度过的
	下午	伟大精神	90	沂蒙革命纪念馆	（1）瞻仰烈士雕塑、献花仪式； （2）参观革命纪念馆，体会沂蒙精神内核； （3）闭营仪式
评定方法					通过对抗赛、舞台剧、MV、短视频推广等内容进行评定

任务三　研学旅行活动筹备

任务内容	根据研学活动设计大纲，筹备此次临沂地区的红色研学旅行活动
对应典型工作名称	产品开发（二）
对应典型工作任务描述	根据研学活动设计大纲，分工筹备研学活动，并适当调整研学活动设计大纲
学习目标　素质目标	思政素养 心理素质稳定 关爱学生 乐于挑战 创新意识
学习目标　职业能力	实施踩线 能够根据客户需求和踩线结果，完善研学产品★ 能够进行有效沟通，有良好的口语表达和书面写作能力 能够与研学旅行供应商合作完成采购业务，具有进行质量管理的能力 能够对各类成本进行管理与控制，具备财务分析能力★ 能够开展研学旅行筹备调度★
学习目标　知识目标	具备研学产品设计基础知识及技能 掌握财务和采购知识 掌握项目管理知识

一、制定工作筹备推进表

研学旅行活动的环节多、人员多、物资多，通过制定筹备推进表可以帮助工作人员准确把握工作推进流程和进度，在对应的时间做对应的工作，在这一过程中确保方案不走样，实时监控，动态调整。同样，也可以制作工作执行表来规范、监督研学活动正式开展之后的各项工作。

（一）分解筹备工作步骤

筹备工作按照类型通常分为踩线、活动与预算确定、物资准备、供应商准备、手续准备、文案及多媒体材料准备等内容。在这一步骤可以通过思维导图将所需准备的工作一一列出，分解地越详尽越有价值；因为不同的研学活动、不同环节内的各项工作所需预留的筹备时间并不一样，在这一步骤可先不考虑时间问题。

（二）重点工作及特殊情况标注

从详尽的分解工作中寻找最重要的工作和较为特殊的情况，如签订合同、购买保险等是所有研学活动中的重要环节；团队内有少数民族学生、素食主义学生、对某种食物过敏的学生等，某些团队更看重短视频的制作而非普通的纸质研学手册，某些团队要求凸显特殊元素等，疫情常态化各地区防疫要求不一样等就属于特殊情况。需要充分考虑这些情况，并关注容易出现纰漏的问题。

（三）预留筹备时间

根据承办方以往经验、物资、文案积累情况，结合每个研学活动的特殊性，将各项工作按照时间顺序进行排列。时间表详尽但不要僵化，尽可能确保所有工作在既定时间之前完成，并留有一定的弹性。

（四）明确责任分工

在研学筹备和执行过程中，工作人员有多种角色、负责多项工作；一项工作也可能由多名工作人员甚至多方参与者共同完成；这就会出现运行和管理的混乱，所以必须明确地将具体的工作分配给具体的人，多人员的工作也需要指定第一负责人，确保工作安排的落实。

（五）绘制筹备表格

以整个筹备过程为时间刻度，将每一个时间段的筹备内容进行分配，并同步标注需要注意的事项和负责人。现以提前三周的任务为例，进行绘制，见表3-9。

表3-9 工作筹备推进表（罗列部分内容，※ 为重点或特殊情况）

团队名称			团号	
日期			学校	
项目负责人			联系方式	
周次	事项	情况描述	负责人	截止时间
开始前三周	踩线	完成踩线记录表，考察部分供应商		

续表

周次	事项	情况描述	负责人	截止时间
开始前三周	方案修正	根据材料情况修正方案，会议汇报通过		
	预算确定	※确定最终预算		
	供应商洽谈	各供应商方案确定		
	特殊情况沟通	※学生特殊情况、校方（家委会）特殊要求		
	……			
开始前两周	大交通订票	订票		
	基础类物料准备	清点数量、分配表		
	供应商合同签订	※合同签订、首付款支出、各特殊情况确定		
	购买保险	※保单存档		
	研学手册	手册印刷完毕		
	教具	清点数量、分配表		
	……			
开始前一周	分车、分房、分餐表	※与校方沟通，分发至师生		
	行前说明会	录像存档		
	预付款支出	※存档		
	宣传材料	公众号、抖音基本素材		
	电子材料	音乐、背景图、PPT等素材		
	……			

【任务实操十】为"与威武之师为伍，以沂蒙精神作吟"研学活动绘制筹备推进表。

实操解析（表 3-10）

表 3-10 研学活动筹备推进表

团队名称		与威武之师为伍 以沂蒙精神作吟	团号	2022-09-123
日期		9月29—30日	学校	青岛 A 中学
项目负责人		ABC	联系方式	12345678900
周次	事项	情况描述	负责人	截止时间
开始前四周	踩点	完成踩点记录表，考察部分供应商		9月2日
	方案修正	根据材料情况修正方案，会议汇报通过		9月5日
	预算确定	※确定最终预算		9月7日
	物料确定	制订物料清单		9月8日
	签订合同	与校方签订合同		9月10日
开始前三周	特殊情况沟通	※学生特殊情况、校方（家委会）特殊要求		9月12日
	供应商洽谈	各供应商方案确定		9月14日
	订房	住宿下单		9月14日
	订票	票务下单		9月14日
	订餐	餐饮下单		9月14日
	订物料	物料下单		9月14日
	供应商合同签订	※合同签订、首付款支出、各特殊情况确定		9月16日
	购买保险	※保单存档		9月16日
	模拟推演第一次	修正方案，熟悉流程		9月18日
开始前两周	文案定稿	研学手册、各类信件、通知单、PPT、授课课件、说课稿等定稿		9月20日
	印刷	印刷材料完成，清点数量，检查印刷质量		9月23日
	各类物料到位	清点数量、分配表		9月23日
	分车、分房、分餐表	※与校方沟通，分发至师生		9月23日
	模拟推演第二次	修正方案，熟悉流程		9月25日

续表

周次	事项	情况描述	负责人	截止时间
开始前一周	行前说明会	录像存档		9月26日
	预付款支出	※存档		9月26日
	宣传材料	公众号、抖音基本素材		9月27日
	电子材料	音乐、背景图、PPT等素材		9月27日
	先锋团队出发	先锋团队成员前往临沂		9月27日
	最后核对	各要点		9月28日

二、踩线

（一）整体流程演练

确定好研学旅行目的地及主要研学旅行资源点后，研学旅行供应商需组织踩点考察，成员应包含但不局限于跟团研学旅行指导师、研学项目策划专员、校方副校长（跟团领导）、班主任、卫生员等，重点对不同资源点或目的地交通转换情况（表3-11）、研学旅行资源点徒步丈量、安全卫生、住宿、当地文化、天气等展开记录，排查问题和安全隐患。

表3-11　研学旅行活动交通转换记录

出发地	目的地	目的地情况	路况	交通工具	交通时间	交通注意事项
学校	始发站火车站	对火车站情况进行简单描述，如人多防盗、防走丢、不替其他人员携带行李等	××路段易发生堵车、××路段某时限行等；重点区分城市交通、高速交通、盘山公路不同情况	大巴车	××小时	对乘坐大巴车注意事项进行描述，如禁止在车内走动、打闹；上下车安全；车内卫生；物品保管等；晕车处理等
始发站火车站	目的地一火车站	对目的地一情况进行简单描述，如天气情况、风土民情、禁忌适宜等	经停站及时间等	卧铺	××小时	对乘坐火车注意事项进行描述，如禁止在车内嬉戏打闹；禁止途经站下车或到车门处停留；物品安全等
目的地一火车站	宾馆/营地	住宿要求简单描述，如说明安全通道，禁止夜晚出行等		大巴车	××小时	

续表

出发地	目的地	目的地情况	路况	交通工具	交通时间	交通注意事项
宾馆	资源点一	资源点一情况简单描述，如客流大小、安全隐患、徒步时间、是否有登山等	经停站及时间等	大巴车	××小时	对乘坐火车注意事项进行描述，如禁止在车内嬉戏打闹；禁止途经站下车或到车门处停留；物品安全等
	目的地一机场	对机场情况进行描述，如航站楼、登机流程、安检要求等		大巴车	××小时	
目的地一机场	目的地二机场	对目的地二情况进行简单描述	是否经停、经停地处理等	飞机	××小时	对乘坐飞机注意事项进行描述，如晕机、耳鸣等情况的处理
目的地二资源点	某红色研学资源点	对战争遗址类、名人故居等资源点进行简单描述，如战争遗址的历史背景、革命英雄事迹等	是否需要步行、车辆是否允许通过等	大巴车	××小时	
目的地二火车站	始发站火车站			动车	××小时	

对各个研学旅行资源点要逐一拍照、记录，做到对活动地点各方面情况心中有数，包括地理位置、环境地貌、逃生通道、区域面积、天气状况、消防设施、就餐及休息地点分布、医疗机构和派出所位置及联系方式等，详细填写踩线考察记录表（表3-12），以便课程实施中，对学生进行有针对性的指导。

在踩线过程中要对配套资源进行同步遴选与检查，主要包括交通、食品、住宿三个方面，提前与不同类型运输公司沟通好各周转段的交通安排；餐饮要兼顾安全、卫生、准点原则，同时体现当地特色并照顾到少数民族或宗教信仰学生的需求；住宿需满足安静、安全、卫生、网络、男女生分层等要求，保障学生能够有良好的条件进行休息和学习。

表3-12 研学旅行资源点踩线记录

基地/营地名称		地址及联系方式	
最近公共交通距离		最近公共交通抵达时间	

续表

最近救助点名称		最近救助点 地址及联系方式	
住宿条件			
餐饮条件			
简介	至少应该包含： （1）主要课程（项目）及所需时间。 （2）项目间转换的交通方式、时间。 （3）其他配套条件。 （4）安全撤离措施及路线。 （5）其他注意事项		
关键位置配图			

【任务实操十一】实施"与威武之师为伍，以沂蒙精神作吟"研学活动踩线活动并做记录。

实操解析

根据踩线实际情况进行记录。

（二）分项工作记录

1. 酒店落实（表 3-13）

表 3-13 酒店落实工作单

落实人： 日期：

A	＿＿＿＿＿＿酒店，传真确认价（单间/双人间/四人间/六人间，根据实际情况保留）＿＿＿元/间（□含桌早 □中西自助早 □西式早 □不含早），预订＿＿＿间 入住期：＿＿＿＿ 付款方式：□现付 □签单 □押金＿＿＿元，支付日期：＿＿＿＿
B	＿＿＿＿＿＿酒店，传真确认价（单间/双人间/四人间/六人间，根据实际情况保留）＿＿＿元/间（□含桌早 □中西自助早 □西式早 □不含早），预订＿＿＿间 入住期：＿＿＿＿ 付款方式：□现付 □签单 □押金＿＿＿元，支付日期：＿＿＿＿
备注	请将已落实的住宿情况填入，并将确认的传真原件装订于此单背面

2. 餐厅落实（表3-14）

表3-14　餐厅落实工作单

请将已落实的餐次在□内打"√"，用餐细节可根据实际情况，分类描述清楚。

落实人：　　　　　　　　　　　　　　　　　　　　　　　日期：

D1	□早餐：　　形式：　　餐标： □午餐：　　形式：　　餐标： □晚餐：　　形式：　　餐标：			分餐信息	1号桌 N号桌 清真餐 素食
D2	□早餐：　　形式：　　餐标： □午餐：　　形式：　　餐标： □晚餐：　　形式：　　餐标：			分餐信息	1号桌 N号桌 清真餐 素食
DN	□早餐：　　形式：　　餐标： □午餐：　　形式：　　餐标： □晚餐：　　形式：　　餐标：			分餐信息	1号桌 N号桌 清真餐 素食

3. 用车落实（表3-15）

表3-15　用车落实工作单

落实人：　　　　　　　　　　　　　　　　　　　　　　　日期：

车型：正座　　　车号： 车价：元/台		车队联系人（车头）：　　　手机： 司机：　　　　　　　　　　手机：	
分车表	1号车		
	N号车		
	注意细节	车内话筒：□正常　　□无 电　　视：□有　　　□无	

4. 交通落实

交通落实（表3-16）时务必注意，与组团社确认前须提前与票务联系确认票源情况。

表3-16　交通落实工作单

落实人：　　　　　　　　　　　　　　　　　　　　　　　日期：

	需求日期	起点/目的地	航班号/车次	席位	张数	落实情况
□我方代订 □对方自订						
附1	附团队成员信息（航班、火车使用）					

续表

序号	中文姓名	英语姓名	性别	年龄	证件号码
1					
2					
N					
附2			票务信息（火车使用）		
成人人数		单价	元/张	小计	元
学生人数		单价	元/张	小计	元
等级		□硬座 □软座 □硬卧 □软卧 □一等座 □二等座 □其他			
总票款	元		其他要求与备注		

研学旅行团出发后，除现场工作人员随时把控团队进行情况，灵活处理突发状况外，每天应至少2次电话沟通各供应商、随团工作人员，将可能出现的问题消灭在萌芽阶段，出现的问题尽可能在当下予以解决。

5. 住宿落实（表3-17）

表3-17 住宿落实工作单

落实人： 日期：

酒店名称			入住时间		离店时间	
停车位	个		娱乐场所	□有 □无	电梯	□有（ ）部 □无
安保	24小时：		消防通道	□通常 □不通畅	叫醒	□有 □无
入住登记	□可先入住 □须登记后入住		离店方式	□绿色通道 □查房后离店	餐厅	□有：（ ）人 □无
房间情况	房型					
	消防设备		□合格	□不合格（○可整改 ○无法整改）		
	封闭阳台		□合格	□不合格（○可整改 ○无法整改）		
	安全窗/门		□合格	□不合格（○可整改 ○无法整改）		
	免费矿泉水		□有	□没有 （○可整改 ○无法整改）		
	免费水果		□有	□没有 （○可整改 ○无法整改）		
	六小件		□有	□没有 （○可整改 ○无法整改）		
	成人用品及装饰		□有	□没有 （○可整改 ○无法整改）		
	烟酒		□有	□没有 （○可整改 ○无法整改）		
房间情况	意识形态问题		□有	□没有 （○可整改 ○无法整改）		
其他情况						

6. 团款落实

提醒：如对方是汇款，一定要看到记录并查验到账情况；如果是现付款，务必在团走前收齐并出具凭证（表3-18）。

表3-18 团款落实

团款总额：¥____元 减¥____元	□ 月 日委托代收¥ 元			已付款累计：¥____元 未付款累计：¥____元	□发票开具¥____元 开具日期：__月__日 □发票邮寄¥____元 邮寄日期：__月__日
	付款日期	付款账号/现付	付款金额		

【任务实操十二】落实"与威武之师为伍，以沂蒙精神作吟"研学活动各项筹备工作。

实操解析

根据查询、沟通的实际情况完成。

三、制定预算

根据研学旅行活动全流程设计的各个板块，需准确、合理、快速地进行预算和报价，既包括吃住行游等各个板块的成本，又需要核对往返交通、区域内交通、教育费用、人员费用等。

（一）询价并选择合作单位及产品

研学旅行产品策划设计好后，需向协作单位进行询价，首先确定交通工具（表3-19）。如果是选乘飞机，则要选择适合的航空公司和航班，综合考虑出发时间、经停/转机、价格等因素，不能一味寻求低价，尤其是低龄研学团，尽量不要选择"红眼"航班；如果是选乘火车（非包列），则应与铁路部门进行沟通，座位选择在同一或相邻车厢，询问出发地是否有研学旅行专用通道，没有也应提出申请走专用通道，当单次行程不超过400千米时可以选乘大巴车（此方式不在下表距离范围内）。

表3-19 研学旅行活动交通计划单

序号	选用交通工具	始发地	出发日期	希望时段	目的地	返程日期	希望时段	计划人数
1	□飞机□火车□轮渡							
2	□飞机□火车□轮渡							
3	□飞机□火车□轮渡							

【拓展案例】

　　为青岛市初中一年级同学制定三孔研学项目，青岛到曲阜的距离恰巧在 400 千米的临界线，公司为了稳妥起见，查看了多条交通路线，并向校方分别报送了全程大巴车以及高铁+大巴车两套方案的预算及优劣势，最终在双方的协商下，选择了全程大巴车方案，并确定了一条 389 千米的行车路线，确保符合国家规定。

　　出行方式基本确定后逐一确定其他板块报价，根据报价和提供产品的品质，综合对比后，确定最终的各类供应商。表 3-20 至表 3-22 可以整体使用，如直接选择当地研学旅行地接社或承包商；也可以拆分板块与各供应商直接沟通，统计报价。

表 3-20　研学旅行活动询价单

客源地		年级	
研学日期		人数	男生 ____ 人；女生 ____ 人；教师 ____ 人
研学资源点板块	D1　名称 1：报价 ____ 元/人；名称 N：报价：____ 元/人；		
	D2　名称 1：报价 ____ 元/人；名称 N：报价：____ 元/人；		
	DN　名称 1：报价 ____ 元/人；名称 N：报价：____ 元/人		
住宿板块	情况：□五星；□四星；□三星；□研学营地；□其他，地理位置：____ 报价：□双人间 ____ 元/间；□大床房 ____ 元/间；□四人间 ____ 元/间； □六人间 ____ 元/间；□工作人员房 ____ 元/间		
用餐板块	早餐（房费未含）：□中式桌餐 ____ 元/人；□中西自助 ____ 元/人； □西式自助 ____ 元/人； 正餐：____ 元/人		
大巴车	____ 人正座旅游大巴，____ 元		
保险费	____ 元保额，____ 元/人		
研学工作人员	□研学旅行指导师 ____ 元/人天；□特聘专家 ____ 元/人天； □导　游 ____ 元/人天；□讲　解 ____ 元/人天		
教学物品板块	物品 1 名称：____；单价：____；数量____；小计 ____； 物品 2 名称：____；单价：____；数量____；小计 ____； 物品 N 名称：____；单价：____；数量____；小计 ____		
其他			

表 3-21 研学旅行活动餐饮询价单

编号：		团号：		客源地：		人数：	
游览期：		餐标：		下单日期：		主控 op：	
D1	□午：餐标：	□现金□签单	D2		□午：餐标：	□现金□签单	
	□晚：餐标：	□现金□签单			□晚：餐标：	□现金□签单	
D3	□午：餐标：	□现金□签单	D4		□午：餐标：	□现金□签单	
	□晚：餐标：	□现金□签单			□晚：餐标：	□现金□签单	
D5	□午：餐标：	□现金□签单	D6		□午：餐标：	□现金□签单	
	□晚：餐标：	□现金□签单			□晚：餐标：	□现金□签单	

表 3-22 研学旅行活动火车票委托订票单

制单部门		制单人		制单日期	
团号		人数		组团社	
出票日期	月　日	车次		起止站	至
数量	___张	等级	□硬座　□软座　□软卧　□硬卧 □一等座　□二等座		
单价	元/张	总票款	_____元		
订票方式	□自行出票　□委托代理点出票　□委托票务出票				
最迟购票时限	提前_____天购票，即____月____日____时 立即出票，即____月____日____时				
其他要求与备注	（铺位要求等）				
受托人签收		签字日期		年　月　日	
审核人签字		签字日期		年　月　日	

（二）制作预算并确定报价

预算是指对于未来的一定时期内的收入和支出的计划。研学旅行活动的预算要在调研、询价的基础上精确制定出来，根据各合作单位的报价，选择合适的供应商，注意整个研学活动的价格、接待条件、计划安排是否合理、符合要求，形成本次活动预算表（表 3-23）和成本明细表（表 3-24）。目前，研学旅行机构承接研学的毛利润为30%；净利润约占费用的10%；地接利润约为研学机构的一半，以上数据标准可以在活动预算制定与执行的过程中帮助研学主体做出判断。

表 3-23 研学活动预算表示例

团名		日期		人数	（　）名男 +（　）名女
学校				年级	

一、酒店预算	
A	＿＿＿＿＿＿＿酒店，房间类型：□标间 □大床房 □四人间 □六人间 □其他＿＿＿；房间确认价格：＿＿＿＿元/间，（□含桌早 □中西自助早 □西式早 □不含早）；预订：＿＿＿＿间；司陪房间入住日期：＿＿＿＿；退房日期：＿＿＿＿；付款方式：□现付 □签单 □押金＿＿＿＿元；支付日期：＿＿＿＿
B	＿＿＿＿＿＿＿酒店，房间类型：□标间 □大床房 □四人间 □六人间 □其他＿＿＿；房间确认价格：＿＿＿＿元/间，（□含桌早 □中西自助早 □西式早 □不含早）；预定：＿＿＿＿间；入住日期：＿＿＿＿；退房日期：＿＿＿＿；付款方式：□现付 □签单 □押金＿＿＿＿元；支付日期：＿＿＿＿

二、餐饮预算（已确定的打√，并标注价格，团餐/不含餐/自订餐请备注）			
D1	□午餐：＿＿元/位； □晚餐：＿＿元/位；	D2	□午餐：＿＿元/位； □晚餐：＿＿元/位；
D3	□午餐：＿＿元/位； □晚餐：＿＿元/位	D4	□午餐：＿＿元/位； □晚餐：＿＿元/位
D5	□午餐：＿＿元/位； □晚餐：＿＿元/位	D6	□午餐：＿＿元/位； □晚餐：＿＿元/位

三、交通预算

日期	起点	目的地	航班号/车次	席位	单价	张数	总价

四、用车预算

车型：＿＿＿＿＿＿　正座：＿＿＿＿＿＿　车号：＿＿＿＿＿＿　车价：＿＿＿＿＿元/台天
车队联系人：＿＿＿＿＿　手机：＿＿＿＿＿　司机：＿＿＿＿＿　手机：＿＿＿＿＿

五、门票预算	
A	名称：＿＿＿＿＿；门票：＿＿＿＿元/人；点内交通：＿＿＿＿元/人；讲解：＿＿元
B	名称：＿＿＿＿＿；门票：＿＿＿＿元/人；点内交通：＿＿＿＿元/人；讲解：＿＿元
C	名称：＿＿＿＿＿；门票：＿＿＿＿元/人；点内交通：＿＿＿＿元/人；讲解：＿＿元
D	名称：＿＿＿＿＿；门票：＿＿＿＿元/人；点内交通：＿＿＿＿元/人；讲解：＿＿元

六、其他预算	
人员	□导游：＿＿元/位天；□研学旅行指导师：＿＿元/位天；□研学辅导员：＿＿元/位天；□卫生员（安全员）：＿＿元/位天；□专家：＿＿元/位场；□其他：＿＿元/位天

续表

教具	A	名称：_____	价格：___元	数量：___个	小计：___元
	B	名称：_____	价格：___元	数量：___个	小计：___元
教育资源	A	名称：_____	价格：___元	数量：___个	小计：___元
	B	名称：_____	价格：___元	数量：___个	小计：___元
衍生品	A	名称：_____	价格：___元	数量：___个	小计：___元
	B	名称：_____	价格：___元	数量：___个	小计：___元
其他	A	名称：_____	价格：___元	数量：___个	小计：___元
	B	名称：_____	价格：___元	数量：___个	小计：___元

七、累计预算：_____元（大写：_____圆）

表 3-24 研学活动成本明细表示例（源于亲子猫）

活动起止时间				活动负责人		
预算控制						

	项目内容		预算控制占比/%	数量	单价	金额	占比（对应值/项目总金额）
一	项目总金额		100				
二	项目收入（扣除增值税）		94.34				
三	营业成本（可控成本+不可控成本）		68				
（一）	可控成本（以下1~8求和）		65				
1	餐饮费	早餐费	10				
		正餐费					
2	住宿费	住宿费	10				
3	交通费	大交通费	4				
		大巴车费					
4	劳务费用（导游费、研学旅行指导师费、医生费等）		15				
5	门票及活动费用（学生票、成人票、讲解费等）		30				

续表

	项目内容	预算控制占比/%	数量	单价	金额	占比（对应值/项目总金额）
6	物料费（印刷品、活动物料、应急物料等）	8				
7	场地（场地租赁费）	3				
8	其他（风险基金费、地接费、保险费等）	20				
（二）	项目设备折旧费	35				
四	毛利（项目收入－营业成本）	26.34				
五	税金及附加费用	0.68				
六	销售费用	9				
（一）	销售人员薪资（薪资/销售费用）	60				
（二）	媒体推广宣传费	20				
（三）	差旅费	10				
（四）	销售提成	5				
（五）	产品方案提成	5				
七	管理费用	6				
（一）	管理人员薪资（薪资/管理费用）	80				
（二）	房租、物业、水电费	15				
（三）	办公用品分摊费	5				
八	财务费用	0.03				
九	手续费	100				

续表

项目内容		预算控制占比 /%	数量	单价	金额	占比（对应值/项目总金额）
十	营业外收入					
十一	营业外支出					
十二	利润总额（营业利润＋营业外收入－营业外支出）	10.63				
十三	所得税	2.66				
十四	净利润（利润总额－所得税）	7.97				

【任务实操十三】制作"与威武之师为伍，以沂蒙精神作吟"研学活动预算。

📖 实操解析

根据询价，实际制作。

团队返回后，团队负责人应尽快提交报账单、费用明细清单（表3-25），最终确认账单后核算出本次研学旅行活动的费用，即研学旅行活动过程中发生的各项耗费；为下一步调整供应商、行程和计划做好准备。

表3-25 研学旅行活动费用明细清单

团队名称			学校		人数	
研学日期			往返交通		研学旅行指导师	
团款收入（RMB）						
现金			汇款			
支票			其他			
总收入：	元，大写：	拾万	万 仟	佰 拾	元 角	分整
团队费用支出（RMB）						
项目	人数	次数	单次价	合计	其他费用	金额
餐饮费					大巴费用	
门票						

续表

项 目	人数	次数	单次价	合计	其他费用	金额
机票/火车票					人员费用	
住宿费						
物品费用					其他项目	
区间交通						
A 合计	¥				B 合计	¥
总支出（A+B）：		元，大写：	拾万	万 仟	佰 拾	元整
账面毛利（A+B）：		元，大写：	拾万	万 仟	佰 拾	元整

四、制作物资储备清单

　　研学旅行活动要提前做好物资储备，并且要留出一定的富余量，以应对物品损坏、丢失、损耗、人员突增等情况，通常按照参加活动人数的105%～120%进行物料准备；团队需要安排专岗（超过300人的团队建议安排专人）负责物资，提前制作物资采购、领用、核验等清单（表3-26），部分物资需要划定专门的摆放区域。根据学生的年龄、研学的具体内容，可以提前决定部门物品提前发放给学生，一方面是方便学生提前熟悉物品、道具；另一方面也起到了锻炼学生生活自理的能力；在研学的课程中也可以有意识地穿插教授学生如何保管贵重物品、重要证件、大件物品、打包行李等生活常识和劳动技能，丰富研学课程内容。

表3-26　研学旅行活动物品清单

团队名称			团号	
日期			学校	
人数	学生：年级/	人数	工作人员	
项目负责人			联系方式	
物料负责人			联系方式	
物品类型		物品名称	数量	备注
基础物料	食	餐券		
		便当		
		饮用水		
	住	帐篷		

续表

物品类型		物品名称	数量	备注
基础物料	住	睡袋		
	行	票据		
		行李牌		
		车头牌		
		手举牌		
研学物料	课程	扩音设备		
		教具		
	活动	电子设备		
		奖品		
	急救	急救包		
		防疫包		
		野外求生包		
文本物料	基本保障	保单		
		安全承诺书		
		问卷		
		签到		
	研学	研学手册		
		辅助资料		
		研学证书		

【任务实操十四】制作"与威武之师为伍,以沂蒙精神作吟"研学活动物品清单。

实操解析（表 3-27）

表 3-27 研学物品清单实例

团队名称	与威武之师为伍以沂蒙精神作吟	团号	2022-09-123
日期	9月29—30日	学校	青岛 A 中学
人数	学生：8年级/480人数	工作人员	24
项目负责人	ABC	联系方式	12345678900
物料负责人	DEF	联系方式	23456789001

续表

物品类型		物品名称	数量	备注
基础物料	食	餐券	530 张	第一天午餐为桌餐、第二天午餐为便当、第二天晚餐为桌餐、早餐使用房卡，以上三餐均不需要餐券；第一天晚餐为自助餐，需要餐券：（480 名学生 + 24 名工作人员）×105%≈530 张
		便当	530 份	计算标准同上，涵盖标准餐 527 份、素餐 2 份、清真餐 1 份
		饮用水	1210 瓶	（480 名学生 +24 名工作人员）×2 天 ×120%≈1210 瓶
		酸奶、水果、小零食	1060 份	每人、每天一份，第一天为夜间排练时间发放；第二份为返程路上发放
	行	行李贴	1059 张	（480 名学生 +24 名工作人员）×2 件行李 ×105%≈1059 个
		车头牌	15 个	12 辆车，备空白 3 个
		手举牌	15 个	12 个班，备空白 3 个
		挂脖卡片	555 个	含个人信息和防走丢信息（480 名学生 +24 名工作人员）×110%≈555 个
研学物料	课程	扩音设备	15 套	12 个班，备空白 3 套
		名牌	550 个	空白可书写
		真人 CS 场地布置	1	供应商提供
		真人 CS 设备	50 套	4 套 ×12 个班 + 备空白 2 套
		白板	15 个	12 个班，备空白 3 个
		彩笔	15 套	12 个班，备空白 3 套
		白板纸（A3）	150 张	10 张 ×12 个班 + 备空白 30 张
		白板纸（A4）	13 包	1 包 ×12 个班 + 备空白 1 包
		拍摄设备（手机、DV、稳定器、三脚架、滑轨等）	15 套	1 套 ×12 个班 + 工作人员 2 套 + 备空白 1 套
		笔记本电脑（内含编辑软件）	15 台	1 台 ×12 个班 + 工作人员 2 台 + 备空白 1 台
		演出服	6 组	2 个班一组
		收音设备	2 套	—
	活动	开营仪式舞美及其他搭建设备	1 套	当地供应商完成

续表

物品类型		物品名称	数量	备注
研学物料	活动	红军水壶	100 个	20%×480+备空白 4 个
		白花	555 个	（480 名学生+24 名工作人员）×110%≈555 个
		花篮	8 个	—
		横幅	14 条	1 条×12 个班+总领 2 条
		班旗、旗杆	12 套	1 套×12 个
		团旗、旗杆	2 套	用 1+备 1
		闭营仪式舞美及其他搭建设备	1 套	当地供应商完成
		打印设备	1 套	—
	急救	急救包	14 个	1 个×12 个班+备 2 个
		防疫包	555 个	（480 名学生+24 名工作人员）×110%≈555 个
		药箱	2 个	—
文本物料	基本保障	保单	504 张	480 名学生+15 名校内工作人员+9 承办方工作人员
		安全承诺书	480 张	480 名学生
		问卷	495 张	480 名学生+15 名校内工作人员
		签到单	15 张	1 张×12 个班级+备空白 3 张
		意见反馈表	495 张	480 名学生+15 名校内工作人员
	研学	研学手册（学生版）	504 本	480 本×105%
		研学手册（教师版）	18 本	15 本+备 3 本
		研学奖牌	100 个	480 人×20%+备 4 个
		研学证书	504 张	480 张×105%

五、人员选拔

研学旅行的本质是一项教育行为，在教育过程中师资的作用不容置疑，研学活动的内容和资源极为丰富，在开放性的教育中，师资的引导尤其重要。研学旅行作为一种开放型的教育活动，所需要的师资也是多种多样的，而严谨的研学旅行计划更需要有一支专业的队伍，将其落地为有品质地研学旅行活动，这就需要研学旅行指导师（研学指导师）、校方代表、导游员（讲解员）、安全员（卫生员）和家委会代表的通力合作。

(一)研学旅行指导师

研学行业的快速发展产生了巨大的人才需求缺口。从客户端来看,2021年我国中小学生在校生规模1.9亿人以上,参照现有的《研学旅行服务规范》(LB/T 054—2016)要求承办方应至少为每个研学旅行团队配置1名研学导师,结合企业在实际业务中的学生与研学旅行指导师配备比例一般为30∶1,服务中小学生团队的研学指导师需求已达到较大规模。此外,大学生研学、亲子研学、老年研学以及大众个性化研学等新兴市场蓬勃发展,对专业化研学旅行指导师的需求量日益扩大。在教育部公布的《普通高等学校高等职业教育(专科)专业目录》2019年增补专业中,研学旅行管理与服务专业首次列入高校专业设置,专业化人才培养启航。2022年,设置研学旅行管理与服务专业的高等职业院校超过90所,招生数在5 000人左右,以人才培养为抓手满足行业产业对研学人才的需求。

根据各大招聘网站数据分析和相关报告显示,自2017年以来,研学旅行指导师的招聘数量以每年平均500%的需求增长。虽然2020—2022年以来,市场需求增长速度下降约40%,但是市场需求量仍然保持强劲增长,而且该岗位的从业者中以年轻人居多,岗位月薪普遍在5 000元至12 000元,并呈上升态势。

2019年中国旅行社协会与高校毕业生就业协会联合发布的《研学旅行指导师(中小学)专业标准》指出研学旅行指导师是指策划、制定或实施研学旅行课程方案,在研学旅行过程中组织和指导中小学学生开展各类研究学习和体验活动的专业人员。同年,文化和旅游部人才中心制定的《研学旅行指导师职业技能等级评价标准》也采用该定义。因此,这个定义更多的是突出了指导中小学生开展研学旅行活动。

2021年4月,人力资源社会保障部启动了《中华人民共和国职业分类大典》修订工作。2022年7月,人力资源和社会保障部向社会公示了18个新职业信息。其中,研学旅行指导师纳入新版国家职业分类大典。研学旅行指导师属于教育服务人员,是策划、制定、实施研学旅行方案,组织、指导开展研学体验活动的人员。这里就已经不限定服务的对象是中小学生了,我们可以理解为"全体公民"。

研学旅行指导师正式成为新职业,标志着该职业正式获得了国家认证,为正在从事研学指导师岗位的从业者提供了"身份证明",也为劳动者提供了新的就业机会,对推动研学旅行基地专业化人才队伍建设意义重大。

人力资源及社会保障部发布的研学旅行指导师新职业信息中提到,研学旅行指导师主要工作任务是:收集研学受众需求和研学资源等信息;开发研学活动项目;编制研学活动方案和实施计划;解读研学活动方案,检查参与者的准备情况;组织、协调、指导研学活动项目的开展,保障安全;收集、记录、分析、反馈相关信息。在研学旅行基地的实际工作中,还有讲解、运营、管理、规划等工作内容。研学旅行指导师的职业技能等共设四个等级，分别为中级工、高级工、技师、高级技师。

【拓展知识】

研学旅行中的家长需求有哪些（源自家长问卷）

（1）希望研学旅行指导师经验丰富、管理严格、能够引导学生创造性思维、培训孩子动手能力、锻炼独立生活能力、多鼓励，成为孩子依赖的导师。

（2）通过这个平台能学到一些东西，能突破、成长。

（3）希望孩子在活动后有收获，研学旅行指导师平易近人，和孩子成为朋友，要针对小孩子的自身问题和年龄计划对应的活动。

（4）专业、周到、责任心强。

（5）希望研学旅行指导师有责任感并且能给孩子带来健康丰富的人格建设。

（6）责任心强，有很强的安全意识，会照看孩子，学识渊博。

（7）知识渊博，热爱学生。组织能力强，关心学生，真正将研和学、学和行有机结合，课内和课外相结合，融会贯通。

（8）我希望研学旅行指导师是一位和善、耐心有知识，懂急救，最好本身是一位母亲。

（9）期望研学旅行指导师给孩子讲一些书本以外的知识，教会孩子最基本的生存能力，自理能力，让孩子学会与同学相处，学会帮助，互相团结。

（10）认真负责，服务周到，有责任心。

（11）希望老师知识面广，综合型人才。天文、地理、人文、历史各方面都能给予讲解。温和耐心，公平、公正。语言表达清晰，幽默诙谐。

（12）对每一个学生热情，呵护周到。

（13）希望在研学中引导好学生的学习，安全和食宿。

（14）专业性课程内容。

（15）保证孩子此行有收获、保障孩子的安全、教育孩子参加活动的意义并学会感恩。

（16）希望开阔孩子的视野和见识、锻炼孩子的自主能力、团队协作能力、拓展书本之外的知识。

（17）能保障学员的安全，能在研学过程中带给学员收获，能合理引导学员的思想。

（18）期望了解更多自己不知道的东西，期望指导师涉猎更多更广泛的知识，期望指导师能设计出更好的问题，使学生最大化受益。

（二）校方代表

各学校组织开展研学旅行活动都必须有本校的领导和老师参与其中，至少派出一人作为主办方代表，负责督导研学旅行活动按计划开展，担任统筹领导、指挥调度和最终决策的角色；随队教师担负的是管理、组织和保障学生的角色；应当根据《研学旅行服务规范》中 1:20 的配比配备，由于这些老师对学生更为熟悉，自身也掌握着深厚、专业的学科知识，所以是研学旅行活动计划制订和最终落地的重要参与者。

学校教师不只是组织管理者，也可以在研学过程中担任讲解老师，如地理、历史、政治、语文老师，都可以胜任。很多学校的研学课程就是教师团队合作设计出来的。对于多数学校老师来讲，在研学过程中的主要工作是管理、组织学生，保障学生的安全、健康、良好学习状态和学习氛围。他们的工作大致可以分成三个阶段。

（1）行前管理。行前管理的主要内容是团队出发前的准备工作，大致包括审核确认研学方案，参与教师的筛选，行前教师沟通会，行前全体会，行前课题内容准备，行前组织准备等工作。这一个阶段的工作重点，一个是学校教师团队的组建挑选，另一个是确定与研学服务提供方的协作分工模式。

（2）研学中管理。在第三方研学机构提供专业服务支持的模式中，研学中学校教师的管理主要在整体计划落实的关键点把控，即质量控制和风险意外管理，其中最重要的是关键点把控，主要是基于学校老师更熟悉学生情况下的安全方面的控制管理。

（3）研学结束后管理。即研学活动结束后的总结、提升和分享，这是非常重要并且高度凝聚研学价值的一项工作，多为事务性管理工作，需要仔细设计和操作，在多数研学模式中，学生活动后的日志、总结、标本、心得等的汇总是第一步，之后整体的深入分享和研讨"复盘"是第二步，如果能做到把二次成果在更广的层面进行传播交流，进而获得更深入的反馈，则更加发挥出此次研学活动的长远效益。分享范围通常设定为研学团体内部、年级分享汇报和校级分享汇报；其形式可以是书面报告、讲解演示、专题展览等。无论形式如何变化，其核心目标都是非常清晰的，即活动所得的自我提炼总结和与他人的分享。在这一过程中，建议老师的核心关注点或者引导点集中在学生的感受和体验上，而基于知识或技能上的提高，建议在学生感受的基础上展开。

（三）导游员（讲解员）

研学旅行活动中少不了前往标准化旅游景点、博物馆、科技馆、美术馆等地，作为该类标准化旅游景点、文博场馆的讲解员是最能讲解其精髓的人员，也是研学活动中不可或缺的师资力量；而导游员在整个研学旅行活动的调度上起着重要作用，包括食、宿、行、学、游安排落实；维护学生合法权益的责任等。应将安全知识、文明礼仪作为导游讲解服务的重要内容，随时提醒引导学生安全旅游、文明旅游。需要注意的是导游员、讲解员需与研学旅行指导师密切配合，将景点本身的知识与学生所需掌握的研学知识相融合，能够结合教育服务要求，提供有针对性、互动性、趣味性、启发性和引导性的讲解服务。

（四）安全员（卫生员）

研学旅行活动需根据团队大小配备安全员、卫生员。秉承"安全重于泰山"的原则，将安全预防工作前置，培训学生具备安全防护意识和技能，应提前调研和掌握研学营地周边的医疗及救助资源状况，并能及时对研学旅行活动中的不安全因素提出指正改进意见；条件允许时需要配备随队医生（宜聘请具有执业资格的医护人员随团提供医疗及救助服务），负责处理活动过程中出现的如晕车、流鼻血、肠胃炎、水土不服、皮肤过敏、四肢抽筋、轻微骨折等问题；学生生病或受伤，应及时送往医院或急救中心治疗，妥善保管就诊医疗记录。返程后，应将就诊医疗记录复印并转交家长或带队老师。

（五）志愿者

好的研学旅行活动可以引入部分志愿者加入，具体可以分为专家类志愿者，如科研机构专家、非物质文化遗产传承人、音乐家、美术家等；专业院校学生志愿者，如旅游大类、文化类、教育类以及与研学主题相关专业的在校学生；家长志愿者，既可以起到群策群力效果、也可以共同保护学生安全，使人手更加充足，分工更加专业和明确。

（六）选择地接社

根据《规范》要求，研学旅行活动应选择依法注册的旅行社作为组织方或某个目的地的地接社，具体要求如下。

（1）符合 LB/T 004 和 LB/T 008 的要求，宜具有 AA 及以上等级，并符合国家标准 GB/T 31380 的要求。

（2）连续三年内无重大质量投诉、不良诚信记录、经济纠纷及重大安全责任事故。

（3）应设立研学旅行的部门或专职人员，宜有承接 100 人以上中小学生旅游团队的经验。

（4）应与供应方签订旅游服务合同，按照合同约定履行义务。

其他供应方，应具备法人资质，并符合以下要求。

（1）应具备相应经营资质和服务能力。

（2）应与承办方签订旅游服务合同，按照合同约定履行义务。

任务四 撰写研学旅行手册

任务内容		撰写此次临沂红色研学旅行活动的研学手册
对应典型工作名称		产品设计（三） 文案撰写
对应典型工作任务描述		能够撰写研学手册
学习目标	素质目标	审美和人文素养
	职业能力	能够根据研学者的身心特征，设计出实用、科学、美观的研学手册★ 具备主题策划和图文设计的能力 能够在研学手册中渗透相关课程内容
学习目标	知识目标	研学旅行相关政策及法律法规知识★ 研学旅行行业标准知识 研学旅行产品设计知识

研学旅行活动手册就是专门为某一次活动所制订的书面计划，也可以形成规范，制作成为学校、运营商或基地的标准化运营手册。根据前期工作，研学旅行活动方案包括但不局限于以下板块：研学目的或意义、参与对象、研学活动时间、研学目的地及资源点介绍、研学活动及课程内容、参加学生情况、行程安排、预算、组织机构和职责分工、安全负责人姓名及联系方式等，通常在正文后，可将办法细则、协议、课程设计、应急预案、评价反馈等以附件的形式附后。样板案例如下。

研学课程手册撰写

【拓展知识】

××学校××研学旅行活动手册

研学活动背景、遵循文件及规定，经××研究同意，于××时间段开展××主题研学旅行活动。

一、研学目的

根据研学主题展开阐述。

二、研学主题

三、参与对象

××年级××人。

四、研学时间

（一）集合

（二）解散

五、研学目的地简介

（1）整体简介。

（2）核心研学资源点简介，注意与研学课程或教学内容相结合。

（3）主要供应商介绍及联系方式（表3-28）。

表3-29 供应商及联系方式表头

序号	承担任务	名称	资质	地址	联系方式

六、研学内容

（1）可以根据研学项目进行分类介绍。

（2）根据子主题分类介绍。

七、行程安排（表3-29）

表3-29 行程安排表头

日期	时间	项目名称	活动简介	课程	餐饮	交通	住宿

八、预算（这里应为对外公布价，涵盖利润，见表3-30）

表3-30 预算表头

序号	项目	规格	单价	数量	备注

九、组织单位

十、承办单位

十一、联系方式

十二、注意事项

附件

落款

日期

【任务实操十五】撰写"与威武之师为伍，以沂蒙精神作吟"研学活动手册。

 实操解析

"与威武之师为伍,以沂蒙精神作吟"研学手册

一、研学目的

学生通过实地参观、资料收集整理、舞台表演等方式学习红色沂蒙知识,进一步理解沂蒙精神的内涵,并在实践中传承红色基因。

二、研学主题

与威武之师为伍,以沂蒙精神作吟。

三、参与对象

青岛 A 中学 8 年级 480 人。

四、研学时间和地点

（一）集合时间地点

2022 年 9 月 29 日 7:40,青岛市 A 中学校门口内侧。

（二）解散时间地点

2022 年 9 月 30 日 21:00,青岛市 A 中学校门口内侧。

五、研学目的地简介

（一）临沂市简介

临沂,山东省地级市,位于山东省东南部。临沂在抗日战争时期和解放战争时期被誉为"小延安",多少革命战士曾在这里牺牲,沂蒙人民与党生死与共、水乳交融,共同创造了沂蒙精神。

临沂是著名的革命老区。抗日战争和解放战争时期,我党我军先后在这里创建了滨海、鲁中、鲁南革命根据地。1940 年七八月间,山东省战时工作推行委员会在这里成立,1945 年 8 月改称为山东省政府。1949 年 3 月,改称山东省人民政府。山东党政军机关、八路军第一一五师、八路军第一纵队、新四军、华东局机关、华东野战军曾长期驻扎在这里。刘少奇、陈毅、罗荣桓、徐向前、粟裕等老一辈无产阶级革命家都曾经在这里工作过。当时根据地 420 万人,120 多万人拥军支前,20 多万人参军参战,10 多万名革命烈士在这里献出了宝贵生命。革命战争年代,涌现出红嫂、沂蒙六姐妹等一大批先模人物。

抗日战争时期,临沂地区是华东、山东党政军领导指挥中心,以临沂地区为核心的沂蒙与井冈山、延安是中国革命战争时期最重要的三大老革命根据地。

（二）核心研学资源点简介

1. 孟良崮战役纪念地

孟良崮战役纪念地位于临沂市蒙阴县与沂南县交界处。相传宋朝杨家军将领孟良曾屯兵于此，故名。20世纪40年代的一场孟良崮之战，又使它成为军事家瞩目之地。

孟良崮战役中，华东野战军在国民党军重兵集团密集前进的态势下，以奇用兵，从战线中央割歼其精锐七十四师及八十三师一个团共3.2万余人。这一胜利，粉碎了国民党反动派的"鲁中决战"计划，对挫败国民党反动派对山东解放区的重点进攻具有决定性意义。扭转了全国解放战争的战局，孟良崮也由此而名扬海内外。

孟良崮战役纪念地主要景点有孟良崮国家森林公园、孟良崮战役纪念碑和孟良崮战役纪念馆。是山东省青少年爱国主义教育基地。

2. 沂南红嫂家乡旅游区暨沂蒙红色影视基地

红嫂家乡旅游区暨沂蒙红色影视基地，位于红嫂原型明德英的家乡临沂市沂南县马牧池乡常山庄村。

常山庄是沂蒙山区腹地沂南县马牧池乡的一个非常普通的小山村，地处穷乡僻壤。抗战时期曾是中共中央山东分局机关的常驻地，是八路军山东纵队司令部旧址。分局机关下属的山东省青年抗日联合会在这里召开过两次全省青年代表大会。省妇委会在这里举办过多期青年妇女培训班。山东省委原书记高克亭曾这样说过："抗日战争时代，山东的中心在沂蒙，沂蒙的中心在沂南，沂南的中心在常山。"由此可见，常山庄或者说常山庄一带在党的历史上的重要位置。

这个有着光荣革命传统的"沂蒙古村"，现在正成为红色影视拍摄和红色旅游的首选地，被誉为中国"山村好莱坞""中华红色堡垒第一村"。

3.《沂蒙山小调》诞生地

《沂蒙山小调》的诞生地位于临沂市费县薛庄镇白石屋村。这支优美动听的歌曲，唱红了沂蒙山区，飞遍大江南北，被定为临沂市市歌。这支小调诞生于蒙山第三高峰望海楼脚下的白石屋村。

《沂蒙山小调》诞生于1940年。当时，在鲁南、渤海、胶东、滨海等根据地，不管走到哪里，都可以听到抗战的歌声。在战斗频繁、生活十分艰苦的前线和后方，山东各根据地的歌咏活动十分活跃，每个连队都有几个能指挥唱歌的战士作为连队歌咏活动的骨干，而且连与连、营与营之间的歌咏比赛此起彼伏。农村的歌咏活动也十分活跃，每逢村庄集会，特别是区、乡开各种纪念大会，歌声、口号声、笑声就会响彻云天，震荡山谷。受革命乐观主义的鼓舞，抗大一分校文工团团员李林（后任上海歌剧院顾问)、阮若珊(后任中央戏剧学院副院长)在白石屋村借助当地的花鼓调创作了初期的《沂蒙山小调》，后在流传中经过多次加工修改，成为蜚声海内外的沂蒙民歌。歌曲一经传出，就以其通俗生动的歌词，美妙动听的曲调，很快传遍了鲁中、鲁南、滨海、胶东、渤海各抗日根据地，受到了广大军民的普遍喜爱，之后又流传到华北、东北各抗日根据地。"沂蒙山区好风光"也逐步深入人们的心灵中，成为沂蒙大地的主题形象。

4. 大青山战斗遗址和大青山革命烈士陵园

1) 大青山战斗遗址

大青山战斗遗址位于临沂市沂南县双堠镇西南9千米的大青山，2000年共青团中央将其命名为"全国青少年教育基地"。

1941年11月，日寇调动5万余兵力向沂蒙山抗日根据地发动"铁壁合围大扫荡"，企图以绝对优势兵力一举歼灭中共山东党政军领导机关和主力部队，彻底摧毁沂蒙山区抗日根据地。11月29日，党政军机关数千人误入敌"清剿"包围圈内。悲壮惨烈大青山之战就此打响了。这是一场敌我悬殊的战斗，凭借指挥员机智的指挥与广大军民的浴血奋战，我方终于以1 000多人的伤亡换来了打死打伤9 000多敌人的胜利突围。粉碎了敌人"合围""清剿"的阴谋，保卫了山东党政军领导机关，保存了山东的抗日骨干力量。在这次惨烈的突围战中，没有一个叛徒，没有一个懦夫，从八路军到老百姓每一个人都是英雄!

2) 大青山革命烈士陵园

大青山革命烈士陵园位于临沂市沂南县双堠镇西梭庄村。1941年冬，中共山东分局及后勤人员和抗大一分校部分学员被5万余日军包围在大青山腹地，在敌众我寡、悬殊巨大的情况下，八路军与侵华日军在此激战。1 000多名烈士长眠大青山，成为山东抗战史上悲壮的一幕。1949年后，在距大青山战斗遗址10千米的地方建立了这座烈士陵园，以缅怀烈士的英雄业绩。

5. 新四军军部旧址暨华东军区、华东野战军诞生地纪念馆

新四军军部旧址暨华东军区华东野战军诞生地纪念馆位于临沂市河东区九曲街道前河湾村，是新四军历史上最后一个军部驻地，同时也是华东军区、战军诞生地，现为全国爱国主义教育示范基地、全国重点文物保护单位，山东省关心下一代教育基地、山东省社科联基地、山东省爱国主基地、山东省党史教育基地，临沂市党员教育、国防教育、廉政教育基地。

1946年6月至1947年2月，新四军军部兼山东军区机关长期驻扎前河湾村(河东区九曲街道)。陈毅、粟裕、张云逸、邓子恢、谭震林、张鼎丞等老一辈无产阶级革命家都曾在此战斗和生活过，先后指挥了著名的宿北战役、鲁南战役、白塔埠战役和临沂阻击战,制订了莱芜战役的作战计划和策略,形成了孟良崮战役的战术思想。1947年1月,遵照党中央、中央军委的指示,新四军主力、山东八路军一部及山东军区部队在前河湾村整编为华东野战军,至此,新四军完成了其光荣的历史使命,前河湾村也由此成为新四军最后一个军部驻地,是华东军区、华东野战军诞生地。

6. 沂蒙革命纪念馆

沂蒙革命纪念馆位于临沂市兰山区银雀山路与沂州路交汇处,与东邻的华东革命烈士陵园互为补充、相得益彰,是临沂市倾力打造的全国重要的爱国主义教育基地、群众路线教育基地和国防教育基地。

沂蒙革命纪念馆主体建筑外方内圆,建筑形式简洁朴实,体现质朴高尚的沂蒙精神;暗红色基座稳扎大地,暗示沂蒙精神的革命根基;两组支座承载建筑上部主体,象征着沂蒙精神对革命胜利果实的重要支撑;中间贯穿上下的红色筒体,寓意沂蒙精神中流砥柱的强大作用。在建筑内部设计上,沂蒙革命纪念馆采用开放式格局,营造出通透流畅、宏伟壮丽的展览氛围,形成疏密有致、富有韵律的展示空间。馆内以"沂蒙精神"核心思想为陈展主线,设有沂蒙精神展、党的群众路线主题教育展览等五个主题展厅,在党性教育和爱国主义教育中发挥着重要作用。

(三)主要供应商介绍及联系方式

主要供应商介绍及联系方式如表3-31所示。

表3-31 供应商及联系方式清单

序号	承担任务	名称	资质	地址	联系方式
1	大巴车	公司名称	无事故承诺、营运时间、资质和荣誉	与营业执照吻合、可查询	本项目负责人姓名、职务、可拨通的座机或手机
2	第一天午餐	餐饮供应商名称			
3	第一天晚餐、住宿、早餐	酒店名称			
4	第二天午餐	餐饮供应商名称			
5	第二天晚餐	餐饮供应商名称			
6	开/闭营仪式搭建	搭建公司名称			

六、研学内容

此次研学的内容如表3-32所示。

表 3-32　研学课程及内容

研学思考逻辑				（1）史之厚，文之重：沂蒙精神是什么？ （2）情之切，魂之舞：唱红歌、演红剧、拟红战。 （3）行之笃，图之远：思考"沂蒙红"如何在未来传承发扬	
序号	主题课程	学时/分钟	地点	学习内容	课程评价方式
1	王牌对王牌	120	孟良崮战役遗址	王牌对王牌（陈毅、粟裕带领军队战胜国民党七十四师），通过体能对抗赛、知识竞答、绘制王牌形象、剖析成功原因等实操环节，体会胜利的来之不易，逐步明白伟大精神诞生在这片热土的深层次原因	过程表现各环节评比
2	浓浓红嫂情	90	沂蒙红色影视基地	学生搜集资料，小组合作探究沂蒙红嫂背后的故事；学生走进沂蒙红嫂住所，深入讲解学习沂蒙红嫂的故事；通过动人的讲解触及学生内心	过程表现舞台剧效果
		120	沂蒙红色影视基地多功能厅	小组合作设计舞台演出形式及内容，完成舞台演出创作（要求融入本次两天研学旅行学习内容，并加以创新）；通过剧本打磨和揣摩人物和历史情境、排练和最终相互观看演出，身临其境地感受红色文化、传承红色基因、增强爱国主义情怀	
3	沂蒙小调永流传	90	沂蒙山小调诞生地	学习山东（沂蒙）方言，欣赏民歌手演唱，学唱《沂蒙山小调》《跟着共产党走》等歌曲；彩排红歌联唱，录制、制作各班级 MV。通过共同排练、合唱等环节提升学生凝聚力，用音乐的魅力感染学生，同步提升对音乐美的鉴赏能力	过程表现MV 效果
4	绿水青山就是金山银山	90	大青山战斗遗址、胜利突围纪念馆	参观大青山战斗遗址和纪念馆；感受原来的战斗遗址变身果树青山，深度学习两山论、乡村振兴等战略理论；为当地土特产录制展销短视频，用实际行动助力乡村振兴	过程表现短视频效果
5	共产党人的一天	90	华东野战军总部旧址	参观旧址；聆听红军后代讲座，感受峥嵘岁月中共产党人的一天是如何度过的	过程表现
6	伟大精神	90	沂蒙革命纪念馆	瞻仰烈士雕塑、献花仪式；参观革命纪念馆，体会沂蒙精神内核	过程表现

七、行程安排

此次研学的日程安排如表 3-33 所示。

表 3-33　研学行程安排

日 期	时 间	活动安排	地 点	食 宿
D1 9月29日 星期四	7:40—8:00	集合	A校门口	早餐自理
	8:00—11:30	出发	大巴车	无
	11:30—12:30	午餐	附近酒店	桌餐
	12:40—15:40	王牌对王牌	孟良崮战役遗址	无
	15:40—16:10	前往沂蒙红色影视基地	大巴车	无
	16:20—18:00	浓浓红嫂情	沂蒙红色影视基地	无
	18:00—19:00	办理入住、晚餐	沂蒙红色影视基地住宿酒店	自助餐
	19:00—21:00	舞台剧排练、演出	沂蒙红色影视基地宴会厅	无
	21:00	休息	各房间	标间
D2 9月30日 星期五	6:30—7:00	叫早、洗刷、整理行李	各房间	无
	7:00—7:30	早餐	沂蒙红色影视基地住宿酒店	自助餐
	7:30—8:30	前往沂蒙山小调活态博物馆	大巴车	无
	8:30—10:00	《沂蒙小调永流传》	沂蒙山小调活态博物馆	无
	10:00—10:15	前往大青山胜利突围纪念馆	大巴车	无
	10:15—11:30	《绿水青山就是金山银山》	大青山胜利突围纪念馆	无
	11:30—12:30	转场、午餐	附近酒店	便当
D2 9月30日 星期五	12:30—13:30	前往华东野战军总部旧址	大巴车	无
	13:40—15:00	《共产党人的一天》	华东野战军总部旧址	无
	15:00—15:30	前往沂蒙革命纪念馆	大巴车	无
	15:30—17:00	《伟大精神》、闭营仪式	沂蒙革命纪念馆	无
	17:00—17:30	晚餐	附近酒店	无
	17:30—21:00	返程	大巴车	无

八、研学费用

略。

九、组织单位

青岛市 A 中学。

十、承办单位

C 研学公司（公司简介、资质、荣誉；项目负责人联系方式等）。

十一、组织机构

组织机构人员安排如表 3-34 所示。

表 3-34 组织机构人员安排

板　块	职　责	职务	姓　名	联系方式 （建议公开指数）
统筹	整体负责、事故紧急处理、危机公关等	组长	校长	☆☆☆
		副组长	分管副校长	☆☆
		成员	其他工作人员	☆☆
安全	行动指导、防灾、安全管理等	主任	学生工作负责人	☆☆☆
		组员	其他工作人员	☆☆
教学	研学课程实施、学生学习效果	主任	教学工作负责人	☆☆
		组员	其他工作人员	☆☆
学生管理	生活管理、学生纪律维持等	主任	教学工作负责人	☆☆☆
		组员	其他工作人员	☆☆
医疗保障	健康管理、救护、饮食安全、卫生监管等	主任	后勤或校医院负责人	☆☆☆
		组员	其他工作人员	☆☆
对外宣传与联络	对外联络、媒体宣传、影像资料记录、舆情管理等	主任	宣传/办公室/团委负责人	☆☆
		组员	其他工作人员	☆☆
班级	各班级具体事务管理	1 班负责人	班主任或研学指导师	☆☆☆
		……	班主任或研学指导师	☆☆☆

十二、注意事项

把安全第一挂在心上，互相合作让研学旅行既有意义又快乐。把研学旅行当作学校生活和学习的一个环节，遵守纪律。带着青岛 A 中学校学生的自觉性去行动。

（一）出发前

1. 关于旅行准备

（1）确认研学旅行的目的、了解相关注意事项，遵守相关规定和纪律。

(2)把姓名牌挂在旅行包上。在随身携带物品上写上姓名,贵重物品尽量少带。

(3)注意健康管理,特别是有疾病的同学一定要提前说明情况。

(4)第一天的午饭请各自准备。

2. 关于服装及行李用品

(1)正确穿戴制服。

(2)穿舒适的鞋。

(3)因前一天会用货车运输行李,因此请把大的行李箱和带上飞机的随身行李箱(贵重物品和当日必需品)分开准备。

(4)为了保证5天4晚的旅行,请注意健康,调整身体。

(二)出发当日

(1)集合地点是学校门口,集合时间为早上八点,请不要迟到。

(2)当日因为事故或者生病没有办法参加的情况下,请尽快联系学校。

紧急联系电话:×××。

(三)旅行中

1. 参观时的注意事项

(1)旅行中请自觉跟随团体行动,不要擅自行动。

(2)集合、点名时,请遵守时间,快速行动。

(3)公共场合请遵守相关规定。

(4)请听从研学老师的指示,不要擅自离队,或靠近危险的场所。

(5)参观学习时以班级为单位进行,不要掉队。

(6)现金、相机、手表等贵重物品随身携带。

2. 乘坐交通工具的注意事项

(1)请一定在出发5分钟前集合,并找到自己的座位。

(2)上下车时,请自觉排队,有序上下车,不要拥挤。

(3)在渡船上,请听从负责人的指示,不要做危险行动。

(4)在公交车里请听从研学指导师的指示和说明。

(5)搭乘飞机时,按负责人指示,迅速就座。飞机内有危险时,听从研学旅行指导师指挥。

(6)把垃圾装入袋中,放到指定场所,不要乱扔垃圾。

3. 在酒店的注意事项

(1)到达后,请立刻确认安全出口、避难场所等安全通道,各个房间的长明灯、避难方法的使用。

(2)入住宾馆,检查房间内设施是否有问题,如有及时通知研学老师。

（3）住宿时，切勿贪图一时的凉快用冷水洗澡，如需帮助应及时打电话给研学旅行指导师或酒店前台。如有问题，研学老师查房时要及时反应。

（4）注意身体健康，不要暴饮暴食，保证适当休息。

（5）从酒店出发时，整理好自己的物品，不要遗漏物品。

4. 自主研修的注意事项

（1）自主研修是以班级为单位行动。

（2）珍爱公共物品、草木，对以文化财产为首的所有物品不要乱涂乱画，弄脏弄乱。

（3）不要进入禁止入内的区域，不要在禁止拍照的地方拍照。

（4）集合场所、时间、电话号码须提前确认好。

（5）遵守交通规则，防止事故发生。

5. 关于卫生保健的注意事项

（1）旅行中和旅行前要有充分的睡眠，注意健康管理。

（2）如果有正在服用的处方药或常用药，请一定随身携带。

（3）旅行中，感到身体异常时，请立刻向研学老师进行报告。

6. 其他注意事项

（1）购买特产时，购买明码标价的产品，并与带队老师沟通。

（2）不需要的物品不要携带（如游戏机、纸牌、化妆品、装饰物等）。

（3）有任何问题，请立刻联系研学老师。

（4）有会客的同学需要得到研学老师的许可。

附件1　研学旅行课程设计与实施（略，含具体内容和学生笔记等内容）。

附件2　应急预案（略，见项目五）。

附件3　家长协议书（略，提前签订收回）。

附件4　研学旅行活动管理办法及安全承诺书（略，提前签订收回）。

附件5　分车表（略，建议必须有）。

附件6　分房表（略，可各班自行掌握）。

附件7　研学活动分组表（略，可各班自行掌握）。

青岛市A中学

C研学公司

2022年9月

任务五　实施研学旅行活动

任务内容	组织实施此次临沂红色研学旅行活动
对应典型工作名称	项目组织实施 文案撰写
对应典型工作任务描述	参与项目活动的组织实施，落实研学活动的开展，进行活动评价与反思；负责各项事务的内外联络、协调、沟通等 完成各类文案撰写工作
学习目标　素质目标	心理素质稳定、乐于挑战、抗压能力强 吃苦耐劳、勤奋踏实、勇于承担等职业素养
职业能力	能够落实研学活动的开展，负责各项事务的内外联络、协调、沟通等★ 具备较强的语言沟通能力 熟悉行前准备工作，行中组织、监督管理工作★ 掌握行后成果展示与交流、激励与评价等工作★
知识目标	掌握职业道德规范、从业素质、职责要求 研学旅行行业标准知识 研学旅行相关政策及法律法规知识 学生管理知识 研学旅行活动实施知识★

一、行前组织

（一）制定研学旅行工作机制

研学旅行背后会产生经济体，如果不加以规范管理，很容易因为利益问题而导致各种乱象。此次《关于推进中小学生研学的意见》从以下方面做了规范。

（1）研学旅行组织管理工作方面，明确了组织管理主体是各地教育行政和中小学，主要工作是探索制定中小学生研学旅行工作规程，做到"活方案，行前有备案，应急有预案"。

（2）学校开展研学旅行组织管理工作方面，明确了两种组织形式：自行开展和委托开展。对学校自行开展的研学旅行提出了三方面要求：一是人员配备要求，根据需要配备一定比例的学校领导、教师和安全员，也可吸收少数家长做志愿者。二是配备人员职责，主要是负责学生活动管理和安全保障。三是明责权利，与家长签订协议书，明确学校、家长、学生的责任权利。

对学校委托开展的研学旅行的要求：一是对委托方的要求。委托方须是有资质、信誉好的委托企业或机构。二是行使法律程序。要签订协议书，明确委托企业或机构承担学生研学旅行安全责任。三是规定了基本流程。包括学校和委托方合作拟订活动计划，即"三案"一上报，教育行政部门备案→告知家长（通过家长委员会、致家长的一封信或召开家长会等形式告知家长活动意义、时间安排、出行线路、费用收支、注意事项等信息）→总结学生和教师的研学旅行事前培训→师生研学旅行→事后考核。

（二）提交备案表

研学旅行活动一般由学校所在市或区县级教育行政部门审批，通常也都会有统一的备案要求和备案表，备案时间多提前 10～15 天，主要针对具体的研学活动时间、地点、内容、供应公司资质等展开，通常需要提供具体的研学旅行活动方案、家长同意书、家长协议书、师生保单、供应商资质证明材料与合同、预算、应急预案、研学课程方案、安全责任书等文件。教育行政部门一般还会要求各学校建立研学旅行档案管理制度，对学校研学旅行工作计划、工作方案、课程内容、照片影像资料、总结材料、家长反馈资料和对承办单位、研学旅行基地的评价资料等进行归档整理，以备随时查验。

拓展案例

（三）与家长书面沟通

1. 致家长的一封信

待研学活动各项计划事宜完成，需要撰写《××研学旅行活动致家长的一封信》，也可通过家长委员会或者召开家长会等形式，告知家长此次研学活动的具体安排，内容应包括但不限于活动地点、时间、目的、研学内容、形成安排、费用、注意事项等信息。示例如下。

【拓展知识】

××学校××研学旅行活动致家长的一封信

尊敬的家长朋友们：

您们好！

依据××政策/文件，响应××号召，旨在培养学生××，经我校研究，组织××年级全体同学赴××开展××主题研学旅行活动。现将研学旅行活动的事宜告知如下，并征求您和学生的意见和建议。

一、活动地点

二、活动主题

三、活动时间

四、活动意义/目的

五、活动内容及行程

时间、研学内容简介、课程简介（也可做成表格形式）。

六、研学旅行供应商资质

1. 旅行社等中间商资质简介。

2. 餐饮、住宿、交通供应商资质简介。

七、费用预计

1. 总额：××元/人（具体分项列支）。

2. 注明是否有变化的可能性，以及处理方法。

八、注意事项及其他

九、活动负责人及联系方式

落款

日期

2. 家长协议书

通过家委会、研学旅行说明会或直接下发，校方与家长签订协议书，以此来明确家、校、生各方权利与责任；协议书内容应包括但不限于以下内容：活动简介、三方权利、三方义务、注意事项、食宿交通标准、学生纪律、物品清单、活动费用及退费规则，不可抗力、其他、签字等，示例如下。

【拓展知识】

××学校××研学旅行活动家长协议书

甲方：　　　　，身份证号码：　　　　，为学生　　　，身份证号码：　　　的父母/法定监护人，紧急联系电话：　　　，现住址：　　　　。

乙方：学校全称

地址：学校地址

法定代表人/负责人：校长姓名

联系电话：学校办公室电话

具体事务联系人：　　　　联系电话：

甲乙双方经友好协商，就学生　　　参加由乙方主办的××主题研学旅行活动达成以下协议。

1. 研学时间：具体时间。
2. 研学课程及活动内容：涵盖的课程名称和具体研学活动版块、项目。
3. 交通：交通方式、司机资质、车况等。
4. 用餐及住宿：标准、男女生分住、配套设备、餐标等。
5. 注意事项：隐私、患病、过敏、禁忌、着装等。
6. 学生纪律要求：阅读守则、安全教育、服从命令、请假、守时及其他公民基本出行要求、学习要求等。
7. 物品清单：必带物品、建议携带物品、禁止携带物品等。
8. 费用：总额、分项说明、退费说明、账户信息等。
9. 其他及格式条款

甲方：签字　　　　　　　　　　　　乙方：单位盖章

代表：签章

日期：　　　　　　　　　　　　　　日期：

二、行中组织

（一）制作汇总表

研学旅行活动的组织方派专人对每一类型供应商在每一站提供的服务和产品进行确认和跟踪，并养成信息登记存储的职业习惯，确定每一站所提供的产品或服务是否符合要求。汇总表一目了然，体现团队执行过程中的核心要素，适当增加分项负责人和联系电话一列，建议一面纸或一张图体现核心要点内容，方便查看（表3-35）。

表3-35　研学旅行活动信息汇总表

团名		团号	
城市		始发日期	
人员	校方工作人员	职务、人数、性别等	
	学生	总数、性别、特殊情况备注	
	承办方工作人员	职务、人数、性别等	

续表

交通	大交通	始发	时间、地点、形式、车次、注意事项、校方及组织方联系人	
		中转	同上	
		返程	同上	
	小交通	城市1	车牌号、司机姓名及联系方式、分车情况	
		城市N	同上	

	日期	时间	地点	核心内容	注意事项
行程	D1				
	DN				

	日期	时间	地点	形式	注意事项
餐饮	DN	7:15	××酒店二楼	自助餐	无清真专区
		12:00	××餐厅	桌餐	
		17:00	××研学基地	便当	可续添

住宿	分房信息
服务	所能提供的其他服务，如欢迎屏、横幅、赠品、小礼物、证书、制作影片或相册

（二）制作核对表

与活动筹备一样，一项研学活动的参与主体是多方的，在确保各团队内部协调流畅的同时，不同团队之间的合作更加重要，既要共同推进研学活动，又要明晰各团队之间的分工边界；既不要出现重叠工作，更不要出现遗漏工作、推诿扯皮的情况。通过事前协商分工、合同约定、对内/对外工作交接记录清单等方式方法确定所有工作顺畅推进。此表建议团队负责人持有，便于快速查阅核对，见表3-36。

表 3-36 工作信息核对表

客源地			年级		出发日期	
人数			行程		返回日期	
应收款			实收款		未收齐说明	
研学前	操作单	□团队询价单　□出团计划单　□确认接报价　□团队成本明细表				
研学前	交通（以航空为例）	□团队机票计划单 □机位订单		机票价格＋税	定金日期	出票日期
研学前	住宿/餐饮	□协议订单　　□押金单				
研学前	物品采购	□物品清单　　□物品到位及分配表				
研学前	负责人签字：	日期：				
研学中	财务	□出团确认单　□收款确认单　□出票所需支票　□机票发票				
研学中	出票	□身份证复印件　□核对机/车预订单　□机/车复印件				
研学中	地接	□研学行程　□分房名单　□接待明细确认　□出团账单				
研学中	再核对	□火车/飞机票　□有无回民　□团员生日				
研学中	保险	□旅游团队投保申请单　□保险确认单回执				
研学中	财务	□收款确认单　□团队成本预算单　□保险确认单回执复印				
研学中	地接	□预付款　□社账单　□合作协议　□团费支出单				
研学中	送团	□送团交接单　□客人护照　□研学行程　□客人机票/火车票				
研学中	主管审阅（签字）：	日期：				
出研学后	研学旅行指导师	□电话询问研学团队情况　□学生、教师、校方意见反馈单				
出研学后	财务	□最终账单　□团队成本结算单　□团款支出申请单				
出研学后	团队总结	□酒店归档　□研学总结　□客服追踪				
出研学后	负责人（签字）：	日期：				
备注						

（三）制作执行记录表

与研学活动工作筹备推进表一样，执行记录表建议内容细致、步骤详细、关键点明细，便于提前准备下一环节工作，同时指导每一步骤工作操作，见表 3-37。

表 3-37 研学活动执行记录表（仅罗列部分内容）

团队名称		团号	
日期		学校	
项目负责人		联系方式	

D1 日期：　月　日　星期　　地点：始发城市、目的地城市 A

时　间	地　点	事　项	关　键　点	负责人
7:00—7:20	学校大门内侧	集合	（1）清单人数 （2）检查证件 （3）核点行李	校方：班主任 承办方：小明
7:20—8:00	大巴车	前往火车站	（1）强调乘车安全 （2）保持车内卫生 （3）关注晕车同学 （4）提前讲解取行李方法	各跟车研学 指导师
8:00—8:40	青岛北站	候车	（1）行李全部离车 （2）绿色通道 （3）身份核验并保管身份证	校方：班主任 承办方：研学 指导师
8:40—12:35	G1234	乘车	（1）文明乘车 （2）沿途管理 （3）严禁中途下车 （4）提前下车报备 （5）行李全部下车	校方：班主任 承办方：研学 指导师
……	……	……	……	……

D*N* 日期：　月　日　星期　　地点：目的地城市 C

时　间	地　点	事　项	关　键　点	负责人
6:20—6:45	酒店	较早起床	（1）全部起床 （2）收拾房间 （3）持房卡就餐	校方：班主任 承办方：研学 指导师
6:45—7:20	酒店	早餐	（1）文明用餐 （2）节约粮食	校方：班主任 承办方：研学 指导师
7:20—7:30	酒店	集合	（1）全员准时 （2）证件 （3）校服 （4）水壶	校方：班主任 承办方：研学 指导师

续表

时间	地点	事项	关键点	负责人
7:30—8:00	大巴车	前往研学基地	（1）强调乘车安全 （2）保持车内卫生 （3）关注晕车同学 （4）随车讲解	研学指导师
8:00—11:30	研学基地	《××》研学课程	（1）自由活动安全 （2）全员参与分组学习 （3）时间把控 （4）××文物未罩防护，需特别提醒 （5）××处台阶易疏漏，需特别提醒	研学指导师
……	……	……	……	……

三、行后组织

研学旅行活动做好评价、总结和反馈工作，团队负责人及时查看研学旅行活动日志及总结、各类评价表及影响资料，如有特殊情况、意外事故和投诉应第一时间处理，提交情况说明、处理意见和反思；与客户进行团队服务咨询工作并记录。根据财务情况、意见反馈、工作人员总结等对后期产品进行及时调整，以作出更适销对路、广受欢迎的研学旅行产品。常规项目可以将全部供应商板块进行整体评价，也可以对一些重点项目进行分项评价。

（一）教师对研学活动的反思与评价

教师的评价是最重要的评价，其根本原因在于在教师、学生、家长三方中，教师应该是对教育有着最深的理解和最丰富经验的人，也是整项活动中最有专业权威的人。

在教师这一方中，可以细分为两个层面，一个层面是教育管理者或课程设计者，另一个层面是课程执行者。这两个层面的人员对同样的教育实践的理解通常会有较大的差异。课程设计者会更关注整个教育视野的各主要因素和教学目标的关系。具体到研学活动来说，设计者会首先关注参与学生的整体发展阶段和教育需要，进而关注整体研学体系的基本模式和结构，如在哪些年级开展、整体活动内容的难度进阶和主题侧重、基本运作模式的探索等。而对于研学活动的教育执行者来讲，会更关注于当下主题的设计质量、运作质量、与不同资源方合作的顺畅程度等具体问题。教师对研学活动的评价见表3-38～表3-40。

表 3-38 研学旅行品质整体评价表（教育管理者）

住宿	客房设施	满意□	一般□	不足□
	服务员态度	满意□	一般□	不足□
	如有异议请注明酒店名称：			
餐饮	餐厅环境	满意□	一般□	不足□
	膳食口味	满意□	一般□	不足□
	如有异议请注明酒店名称：			
行程	行程编排	满意□	一般□	不足□
	逗留时间	满意□	一般□	不足□
	研学课程	满意□	一般□	不足□
	总的来说，您认为此次行程编排：			
大巴车	整洁舒适	满意□	一般□	不足□
	司机态度	满意□	一般□	不足□
	总的来说，您认为此次大巴车安排：			
研学旅行指导师	服务态度	满意□	一般□	不足□
	授课教学	满意□	一般□	不足□
	组织协调	满意□	一般□	不足□
	知识储备	满意□	一般□	不足□
	总的来说，您认为此次研学旅行指导师服务：			
研学资源点	硬件条件	满意□	一般□	不足□
	软件条件	满意□	一般□	不足□
	知识性	满意□	一般□	不足□
	趣味性	满意□	一般□	不足□
	总的来说，您认为此次研学资源点：			
研学资源点讲解员	服务态度	满意□	一般□	不足□
	讲解水平	满意□	一般□	不足□
	总的来说，您认为此次讲解员服务：			
总的来说，您认为此次研学旅行：				
签名： 电话： 日期：				

表 3-39　酒店/营地评价表

酒店/营地名称：			所处位置：		
事项（请在右边框内打"√"）	优	良	一般	差	意见和建议
员工服务态度					
住宿环境					
硬件设施					
卫生质量					
学习环境					
安静程度					
热水供应					
室内温度					
餐饮情况					

表 3-40　大巴车评价表

日期		团号			全陪日期：
车牌		司机姓名			
（1）车辆状况：充气程度/胎纹深度/车身是否破损					详情：
（2）车辆行驶证/验车证是否有效？是否为社会车辆？					详情：
（3）车辆话筒/仪表能否正常使用？					详情：
（4）车厢正座是否足够，是否超载破损、有无行李架？					详情：
（5）车厢冷/暖气是否足够，行车前是否提前打开空调？					详情：
（6）司机状态能否安全驾驶，是否私载游客？	第 1 天				详情：
	第 2 天				详情：
	第 3 天				详情：
研学旅行指导师（导游）姓名：			签署意见：		
说明	（1）如在行程中更换大巴车，请用另一张评核表填写。 （2）以上任何一项有问题，即表示研学旅行指导师须立即通知单位及校方，同时致电相关负责人员跟进。 （3）未经公司同意擅自变更车龄超过 5 年的车，请立即通知公司跟进。 （4）如有任何问题请于备注栏详加说明及详述跟进情况				

（二）学生对研学活动的评价

研学旅行活动的核心是研学旅行课程，由于它是综合实践活动课程的一种特殊形式，所以具有环境丰富性、教学资源多样性、教学元素高度复杂性的特点，进而产生了充分的师生、生生互动。学生作为研学旅行活动的参与主体，其评价成为一场研学活动成功与否的重要标准之一，要极为关注学生在研学旅行活动中的体验、参与、收获、感受的程度。但由于学生的年龄和心智发展特点，学生角度对于课程的评价很容易偏感性，因此这个评价更多的是作为一种印证，而不是作为总体评价，学生对研学活动的反馈通常用现场观察、问卷调查或访谈的途径收集信息，见表3-41。

表3-41 学生评价问卷

你所在学校名称：		你所在的年级和班级：
在研学过程中，内务整洁有序： □满意 □一般 □不满意	在研学过程中，遵守行程规定与安排： □满意 □一般 □不满意	在公共场合懂文明、讲礼貌： □满意 □一般 □不满意
在研学过程中爱护公物，遵守公共秩序： □满意 □一般 □不满意	在研学过程中保护好人身和财产安全： □满意 □一般 □不满意	安全出行，遵守交通规则： □满意 □一般 □不满意
在研学过程中，积极主动参与集体活动： □满意 □一般 □不满意	在研学过程中，认真记录研学笔记： □满意 □一般 □不满意	在研学过程中，积极交流分享： □满意 □一般 □不满意
在活动中团结友爱、互帮互助： □满意 □一般 □不满意	有始有终，认真完成研学任务书： □满意 □一般 □不满意	在研学活动中有创新能力： □满意 □一般 □不满意

（三）家长评价

家长对于课程的评价非常重要，因为在目前的研学模式中学生的研学费用通常是由家长承担的，对于活动结果有满意的预期是家长很正常的心理反应。而研学结果能否得到家长的认可，是学校持续有效开展研学活动的重要保证。

尽量引导家长把注意力从对"吃饱、吃好"等生活问题转移到"送孩子出去干什么"这类教育问题、成长问题上，在具体的评价中，家长通常会关注活动内容和节奏设计的合理性，如某个活动与主题是否相关，连续室外活动后是否要安排一段室内活动等；还会关注时间安排和强度安排的合理性，某项活动是否时间过长，强度过大等；再就是活动准备的充分性，例如，如果下山时间晚了怎么解决孩子饿的问题，遇到雨了怎么办，气温低是否有什么应对措施等。以上几点更偏向于保障性需求。更高的学习性需求通常会关注特别难得的经历，例如，看到了某种很难见到的动物，拍到了灿烂的银河等；也关注完成了哪些有挑战性的任务，例如长距离野外徒步，第一次公开演讲答辩等。

以上这些内容构成了家长对于活动质量的整体评价，而保障性需求和学习性需求这两个因素中，前一个是后一个的基础，只有前一个因素获得充分满足后一个因素才能有成绩，这一点需要特别注意。家长评价问卷见表3-42。

表 3-42 家长评价问卷

学生姓名：	班级：
您与孩子的关系：	您的电话号：
总体满意度： □满意 □一般 □不满意	
询问孩子关于出行餐饮保障是否满意 （1）分量充足： □满意 □一般 □不满意 （2）干净卫生： □满意 □一般 □不满意 （3）味道可口： □满意 □一般 □不满意	
询问孩子关于出行车辆保障的安排是否满意 （1）车辆卫生： □满意 □一般 □不满意 （2）乘车感受： □满意 □一般 □不满意	
您对此次研学旅行的地点满意程度： □满意 □一般 □不满意	
和孩子一起回顾一下研学活动，都有哪些收获呢？（多选） □丰富的知识 □开心的体验 □珍贵的友谊 □亲近自然的快乐	
询问孩子对我们的研学实践的老师服务是否满意：□满意 □一般 □不满意	
如果有类似的活动您是否愿意让孩子参加： □参加 □考虑一下 □不再参加	
您选择研学实践最主要考虑的因素有： □课程体系 □安全 □研学地点 □费用 □舒适度	
您最理想的研学实践需设计哪些项目（多选）？ □历史教育类 □生态环保类 □素质教育类 □科学技术类 □风景游览类 □其他_____（请备注在横线上）	
您认为最适合我校学生的研学营地是什么（多选）？ □自然山水 □生物景观 □城乡风貌 □文物古迹 □文化意识 □其他_____（请备注在横线上）	
您希望通过研学，学生的收获有哪些（多选）？ □了解异地文化 □学习专业知识 □丰富生活经历 □其他_____（请备注在横线上）	
陪伴孩子分享出行的精彩内容，让孩子印象最深刻的是：	

（四）其他参与主体评价

1. 专家评价

专业师资包括通常所说的科研单位的专家、非物质文化遗产手工艺技师、民间研究者甚至老村长（从实际生活角度反映民俗生活变化）等。在课程角度，专业师资通常关注的角度一个是能够得到足够的重视和尊重，即足够重视并且真正理解这部分内容的价值；另一个是能够安排合适的方式充分发挥自己的特长，通常前一个因素会更重要，并在很大程度上影响后一个因素的顺利落地和最终效果。

在操作层面，专业师资需要明确主题和内容要求，即讲（或做）什么，到什么程度，用什么方式最合适。通常专家们的主要关注点也是从这里出发，即需求是否明确，协调组织是否合理，时间和场地安排是否科学，现场组织是否紧凑顺畅等。专家对课程的评价，主要包括对学生学习态度的评价、学校组织情况的评价和对自己授课讲解或制作指导效果的评价，见表3-43。

表3-43 专家评价问卷表

您的姓名：	您的联系电话：
您认为此次研学活动课程体系设计如何（多选）？ □符合国家教育政策，课程定位目标明确，具有教育功能。 □具备国情省情教育、文化民俗教育及科普拓展教育等理想理念教育内容。 □课程架构合理，核心素养设计明晰。 □课程主题突出，具有独创性，能够完整体现研学课程的探究特点。 □具备多领域、多学科、多元素的特点	
您认为此次研学活动的教育功能有哪些（多选）？ □承办方具有研发提升学生综合素质和跨学科实践性的课程。 □研学旅行指导师具备相关研学旅行工作的专业能力和专业素养。 □研学实践教育活动设计与主题吻合，具有可操作性、安全性、合理性。 □教育服务流程覆盖行前、行中、行后的工作安排	
您认为此次研学活动课程特色是否具有鲜明的山东文化特色： □是　□否	
您认为此次研学活动 （1）需求明确：　　　　　　　□是　□否 （2）协调组织合理：　　　　　□是　□否 （3）时间和场地安排科学：　　□是　□否 （4）现场组织紧凑顺畅：　　　□是　□否 （5）学生学习态度良好：　　　□是　□否	

2. 合作单位的总结

通常的研学活动都需要一个或多个合作单位。通常合作单位都会有此类合作的经验，相应地也会有横向的对比，因此合作单位的反馈通常会比较切中要害。同时合作单位对于整体活动组织的影响力相对较大，因此对于合作单位的整体协调和沟通也就尤为重要。

　　合作单位通常最关心的是学生背景，因为这个背景的强弱会直接影响合作单位对合作价值的判断。其次合作单位会关心活动方案和计划，这个能够反映出研学活动组织者的能力和经验水平，更重要的是合作单位会从方案和对课程的反馈通常用现场观察、问卷调查或访谈的途径收集信息判定出活动对本单位的潜在价值。当这两项工作都确认无误后，具体的实施通常会比较顺畅。

　　由上述分析可以看到，合作单位的关注点是清晰明确的，但需要注意的是，在评价角度，上述两点虽然起了决定性作用，但其内容不会出现在最终评价中。出现在最终评价中的，主要是活动安排是否合理、组织工作是否高效等。

项目四

运营研学旅行基地

🔍【项目导入】

　　近日，D研学公司接到邀请，参与该公司（占地150亩，总建筑面积2万余平方米，共分10栋单体建筑）整体的研学实践教育基地规划设计及运营管理工作。根据进度计划显示，研学实践教育基地的规划设计部分需要在1年内完成，该地地处青岛市即墨区，原建筑为规划展览馆构造。

任务一　认识研学旅行基地

任务内容		作为 D 研学公司的工作人员，了解研学实践教育基地的内涵、功能和分类，剖析该基地改造案例的基本情况
对应典型工作名称		研学实践教育基地运营与管理（1）
对应典型工作任务描述		研学实践教育基地的申报、开发、运营与维护
学习目标	素质目标	质量意识 服务意识
	职业能力	能够具备发现问题、分析问题、解决问题的终身学习能力
	知识目标	掌握基地运营与管理的基本知识

一、研学旅行基地的内涵

（一）研学旅行基地的内涵发展历程

2016 年 12 月，（原）国家旅游局发布的《研学旅行服务规范》中提及研学营地一词，并将其解释为研学旅行过程中学生学习与生活的场所。

2016 年 11 月，教育部等 11 部门发布的《关于推进中小学生研学旅行的意见》（以下简称《意见》）中明确要求，研学旅行要坚持教育性原则、实践性原则、安全性原则和公益性原则。作为研学旅行活动的载体，研学实践教育基地必然具备教育性、时间性、安全性和公益性的特性。

《教育部办公厅关于开展"全国中小学生研学实践教育基（营）地"推荐工作的通知》（教基厅函〔2018〕45 号）中，研学实践教育基地的定义为：研学实践教育基地主要指各地、各行业现有的，适合中小学生前往开展研究性学习和实践活动的优质资源单位。该单位需结合自身资源特点，已开发或正在开发不同学段（小学、初中、高中）、与学校教育内容衔接的研学实践课程。

《研学实践教育基（营）地设施与服务规范》提出了研学实践教育基（营）地的定义：研学实践教育基（营）地（study travel base camp）是自身或周边拥有良好的餐饮住宿条件、必备的配套设施，具有独特的研学旅行资源、专业的运营团队、科学的管理制度以及完善的安全

拓展知识

保障措施，能够为研学旅行过程中的学生提供良好的学习、实践、生活等活动的场所。

（二）辨析研学旅行基地和研学旅行营地

在众多政策文件和学者专家观点中，均出现了研学旅行基地、研学旅行营地的描述，从全国和各省（自治区、直辖市）关于研学旅行基地和营地的评定条件和规范标准中看，二者主要有以下不同之处。

一是接待设施与接待规模的不同。获评国家级研学旅行营地需要具备至少同时接待1 000名研学者集中食宿的相应设施，而对研学旅行基地并无此要求。同样，研学旅行营地可以同时开展至少1 000名学生的研学活动，而基地则需要根据实际规模安排开展研学活动的学生人数。因此，研学旅行营地具备开展更长时长研学旅行活动的条件。

二是课程资源的不同。研学旅行基地通常是建立在现有的爱国主义教育基地、国防教育基地、革命历史类纪念遗址、优秀传统文化教育基地、文物保护单位、科技馆、博物馆、生态保护区、自然景区、科普教育基地等资源单位的基础上，因此自身拥有特色鲜明的课程资源，为开展研学旅行课程设计提供了条件。而研学旅行营地通常依托周边的研学实践教育基地或教育资源开展研学旅行线路设计。

因此，本书认为，二者作为开展研学旅行活动的场所，研学旅行基地与研学旅行营地没有本质上的区别。结合"研学教育实践基地"的相关论述，下文统称为研学旅行基地。

（三）研学旅行基地的定义

在文旅融合发展的背景下，研学旅行基地面对的不仅是中小学生，而是面向全体"依托各类文化和旅游资源及设施，开展求知学习、过程体验和研究探索旅行活动的人"。所以本书将研学旅行基地定义为：贯彻创新、协调、绿色、开放、共享的发展理念，依托文化和旅游资源及设施，拥有专业运营团队和研学旅行课程，能够有组织、有计划地面向社会开展和实施研学旅行的各类文化和旅游场所。由此可见，研学旅行基地需要满足相应的硬件和软件两方面的基本要求。在硬件方面需要具有一定的实践教育资源，具备能够满足公民开展求知旅行探索的基础设施设备和活动场所。在软件方面需要具有从事研学旅行的专业队伍，能够根据不同研学者的特点开展研学旅行课程的开发设计和组织实施。

二、研学旅行基地的功能

（一）教育功能

研学旅行引导研学者走进自然、走进社会，是在旅行体验过程中进行研究性学习和探究性学习，以实现实践育人的教育目的，研学旅行基地作为研学旅行的载体，具备开展教育活动的教室、活动室、实验室等教育设施，通过不同主题的研学课程、研学线路和研学实践体验实现教育目的。教育功能是研学旅行基地的服务中小学生团队的首要功能。

（二）服务功能

研学旅行基地需要具备相应的基础设施和接待能力，还需要提供一定规模团队的食宿服务，满足中小学生及其他团队集体生活的需要。服务功能是研学旅行基地的基础功能。

（三）休闲功能

部分研学旅行基地是依托自然、人文景区而建，本身具有优美的环境和浓厚的文化氛围，能够满足研学者在研学旅行过程中愉悦身心需要、审美需要，帮助研学者生在轻松愉悦的环境和氛围中求知学习、过程体验和旅行探索。

【任务实操一】 分析本项目中研学旅行基地在规划设计时在功能方面应注意的问题。

实操解析

当确定一个研学旅行基地所包含的功能时，首先应立足于项目所在区域展开分析。

案例中项目所在地为山东省青岛市即墨区。即墨区地处黄海之滨、山东半岛西南部，陆地面积1 780平方千米（东西最长76千米，南北最宽36千米），辖7个镇、8个街道，1 033个村庄，2018年年末全区常住人口123.83万；是国家环保模范城、中国优秀旅游城市、全国科技进步先进市、省级文明城市，被确定为全省率先发展为大城市的9个县级市之首。概括来看，项目所在地具有历史发展悠久，文化底蕴深厚；产业体系完善，经济发展水平高；推进城乡融合发展，新型城镇化格局基本形成；把握国家战略，推动蓝色经济全域发展；旅游资源丰富，旅游特色鲜明五大基本特点作为项目开展的地域优势和资源支持。

经过调研、分析后，应详细了解项目开展自身所拥有的支持条件。针对本案例来说，一方面该项目依托浓厚的背景文化，如卫所文化、民俗文化、海洋文化等；另一方面，从展览馆现在的运营状况看，其拥有员工30余人，交通条件优越，具备较好的开展研学旅行活动的基础。

综上所述，本项目拥有丰富的物质基础和良好的资源条件，但在教育功能和服务功能的体现上还有所欠缺。故在开展研学旅行基地的规划设计时，应注重建设教室、活动室、实验室等教育设施，打造完善的研学课程、研学活动、研学线路，以更突出体现教育功能；并将相关区域合理地升级改造，建设功能性更强的宿舍、食堂、医务室等基础设施,以确保良好的服务产业链。

在后续的设计规划中,立足于展览馆的两栋主体建筑,将其一个馆围绕书院方向展开设计,另外的则将鳌山卫作为设计主题,一文一武,相得益彰。项目名称为"鳌山书院"是对项目组设计理念最高度地概括体现,"鳌山"来源于武略设计部分,旨在突出展示项目包含的"卫所文化";"书院"来源文韬设计部分,旨在突出展示项目包含的"传统文化"。二者相辅相成、动静互补,为参与者打造立体化、全课程、多领域的研学体验。

四、认识研学旅行基地的分类

(一) 根据资源类型分类

根据资源类型不同,研学旅行基地分为知识科普型、自然观赏型、体验考察型、励志拓展型与文化康乐型,具体内容见表4-1。

表4-1 研学旅行基地按照资源类型分类

序号	类 型	主 要 资 源
1	知识科普型	主要包括各种类型的博物馆、科技馆、主题展览馆、动物园、植物园、历史文化遗产、功能工业项目、科研场所等资源
2	自然观赏型	主要包括山川、江、湖、海、草原、沙漠等资源
3	体验考察型	主要包括农庄、实践基地、团队拓展基地等资源
4	励志拓展型	主要包括红色教育基地、大学、国防教育基地、军营等资源
5	文化康乐型	主要包括各类主题公园、演艺影视城等资源

(二) 根据教育主题分类

根据教育主题的不同,研学旅行基地可以分为优秀传统文化型、革命传统教育型、国情教育型、自然生态型、国防科技型,具体内容见表4-2。

表4-2 研学旅行基地按照教育主题分类

序号	类 型	主 要 资 源
1	优秀传统文化型	主要包括文物保护单位、古籍保护单位、博物馆、非遗场所、优秀传统文化教育基地等资源
2	革命传统教育型	主要包括爱国主义教育基地、革命历史类纪念设施遗址等资源
3	国情教育型	主要包括体现基本国情和改革开放成就的美丽乡村、传统村落、特色小镇、大型知名企业、大型公共设施、重大工程等资源

续表

序号	类型	主要资源
4	自然生态型	主要包括自然景区、城镇公园、植物园、动物园、风景名胜区、世界自然遗产地、世界文化遗产地、国家海洋公园、示范性农业基地、生态保护区、野生动物保护基地等资源
5	国防科技型	主要包括国家安全教育基地、国防教育基地、海洋意识教育基地、科技馆、科普教育基地、科技创新基地、高等学校、科研院所等资源

（三）根据评定部门的级别分类

按照评定部门的级别分类，研学旅行基地可以分为县（区）级、市级、省级和国家级。

（四）根据投资主体分类

按照投资主体不同，研学旅行基地可以分为民营投资型、政府举办型以及政府和民间资源共同投资的混合所有制型。

五、明确研学旅行基地的相关规定

关于研学旅行基地的相关规定主要包括政策法规类和技术规范类两大类。

（一）政策法规类

2014年，国务院办公厅《关于促进旅游业改革发展的若干意见》中首次明确把"研学旅行"纳入中小学生日常教育范畴。此后，国家旅游局、教育部等都针对研学基地发布了相关政策。教育部等11部门《关于推进中小学生研学旅行的意见》是推进中小学研学旅行的政策指导性文件，其中将加强研学旅行基地建设作为主要任务，明确了遴选中小学生研学旅行基地的基本依据，并提出以基地为依托打造精品示范性研学旅行线路，充分发挥研学旅行基地的育人目标。
《研学旅行服务规范》（LB/T 054—2016）由国家旅游局于2016年12月19日发布，于2017年5月1日起正式实施。该规范对研学旅行营地进行了界定，同时就研学旅行产品、服务项目进行了相应的界定和规范。

（二）技术规范类

《研学实践教育基（营）地设施与服务规范》（T/CATS 002—2019）是由中国旅行社协会、高校毕业生就业协会、中国旅行社协会研学旅行分会、北京联合大学旅游学院等单位起草,于2019年3月1日实施的一项行业标准。该标准规定了中国境内研学实践教育基(营)地作为旅行社研学旅行线路产品资源供应商的认定准入标准,其规定的创办原则、基本设立条件和要求、教育与体验、设施与服务、安全管理及合格认定等为研学实践教育基(营)地建设提供了技术规范参考。

《中小学生研学实践教育基地、营地建设与管理规范》(CQC/GF JD 0002—2018)由中国质量认证中心联合相关教育主管部门和研学行业机构制定。该标准对研学实践、研学实践教育基地、研学实践教育营地进行了界定,对研学实践教育基(营)地的建设、运营及服务提供、安全保障等内容提出了明确的规定。

除此之外,《福建省中小学生研学实践教育基地建设与服务标准》(试行)、《武汉市中小学生研学旅行第2部分:研学实践教育基(营)地评定与服务规范》《中小学生航空研学实践教育基地、营地建设与管理》(T/AOPA 0012—2019)、《江西中小学研学旅行系列标准》等地方性标准和团体标准为研学实践教育基(营)地建设提供了技术规范参考。

任务二 设计研学旅行基地

任务内容		根据该案例的基本情况,实施简要设计
对应典型工作名称		研学旅行基地运营与管理(2)
对应典型工作任务描述		研学旅行基地的开发与设计
学习目标	素质目标	创新思维 审美和人文素质 工匠精神
	职业能力	定期开发、升级研学旅行基地各项服务内容★ 实施研学旅行基地规划设计
	知识目标	掌握研学旅行基地设计方法 了解研学旅行基地发展模式 掌握产品和项目设计类型和路径★

一、设计研学旅行基地主题

研学旅行基地主题(IP)和后续设计内容是互相影响的。首先,在对研学资源基础和市场分析评价的基础上,进行综合研判。综合研判之后,确定基地可能并且能够开发配置的单体产品类型和规模。其次，结合资源类型、当地文化、目标市场需求等完成主题的策划，使各种类型的单体产品统领在统一的产品主题之下。最后，根据确定的产品主题进行具体的产品开发和配置。

基地的主题设计不仅影响后续研学课程和产品的开发，也影响通过何种方式利用产品和线路有序组织内部空间，从而为研学者带来系统、统一的体验过程。研学者的研学目的是探索未知或者寻求平常生活中缺乏的特殊体验，所以产品主题应为研学者提供或强化平时生活中、学习中欠缺的现实感受或产生有别于现实的感觉。主题是集空间、时间和事物等相互协调的总体风格，研学者的体验也是综合的，包含了空间、时间和事物的整合。因此，主题应契合当地文化和研学者心理，寻找关联的文化内涵和产品形式，让研学者对核心研学要素、美食、舒畅交通、多环境住宿、特色美景、丰富文创产品和愉悦研学活动有更深层次的感受。

围绕研学旅行主题，研学旅行基地需进行课程目标、内容、实施和评价的设计。因此，主题是否恰当将直接影响研学旅行基地活动的开展。在选择研学旅行主题时，要遵循一定的规律。在选择研学旅行主题时，需要明确该研学的目的是什么，研学受众有什么特点，要培养哪些方面的素质，要达成这一目的有哪些可能的途径等，盘点基地自身的特色资源，结合域情、学情、承办单位及研学活动委托方的特殊需求等进行综合考虑，最终确定合适的研学旅行主题。研学旅行基地的主题定位应特色鲜明、符合基地资源特征、彰显时代精神内涵。应坚持以文塑旅、以旅彰文，打造包括但不限于历史、人文、科技、自然、艺术、工业、农业、乡村等其中一个或几个方面的研学主题。

【拓展案例】

绍兴市三味书屋——鲁迅故里，绍兴的乌篷船、乌毡帽、社戏、越剧等文化元素都极具代表性，是绍兴独有的特色文化资源。结合鲁迅故里、沈园等著名的文化古迹，形成独具特色的"文学圣地"。

依托这些独特资源，开展历史游览、品读经典、情景化教育与爱国主义教育、地方文化人传承等有机融合，通过景区周边的水系、石桥、民居、原住民一起，再现江南"小桥流水人家"的独特景致。

同时，鲁迅故里景区留有"百草园""三味书屋"等实景资源，可以通过现场公开课形式邀请各地名师讲授鲁迅作品，从触觉、视觉等多感官来理解课本中原本抽象的文字，对青少年的爱国主义教育、鲁迅文化的传承起到积极作用。

【任务实操二】挖掘本项目的研学资源并设计基地主题。

> 实操解析

经过多次研讨，建议展览馆采用"研学小镇"的发展思路，整体转型为传统文化教育与卫所文化教育于一体的研学中心，决定将该项目命名为"鳌山书院"。

鳌山书院发展战略定位是以弘扬优秀传统文化和传承爱国主义精神为核心，提供育人效果突出的研学实践课程，为青少年提供一个卫所文化互动体验研学场馆，为泛研学客人提供中高端深度文化旅游、亲子旅游、休闲旅游的度假场所，打造传统文化传承与传播中心、青少年"五育"教育示范中心、海防军事文化教育中心。

"鳌山书院"项目在设计构造中，充分借助当地资源优势，依托浓厚的"卫所文化"主旋律，深度挖掘当地最突出的"雄崖所"文化，因地制宜地打造独一无二的综合性集研学学习、活动体验于一体的卫所文化体验中心。项目原展览馆自身拥有深厚扎实的艺术基础，项目设计延续其艺术特色和优势，将现有展览馆改造升级为一处集国学、古代礼仪、文化体验、手工体验为一体的传统文化研学中心。

二、确定研学旅行基地发展模式

（一）发展模式的理论阐述

发展模式是指某一组群在特有的历史、经济、文化等背景下所形成的发展方向，以及在体制、结构、思维和行为方式等方面的特点。就研学产业而言，其发展模式应包含以下几个方面。

（1）概括性：产业发展模式对一个国家或地区研学产业发展原则和方式的高度理论概括和抽象，它全面而概括地体现了研学产业在一定时期发展的主导思想和本质特征，反映了研学产业在一定时期的发展战略要求和发展方向。

（2）阶段性：即旅游产业发展模式对一个国家或地区研学产业在某一特定时期的总体发展原则和方式。时间的长短依不同国家或地区的不同发展情况而定，但无论时期长短如何不同，一个国家或地区研学产业发展都必然会呈现出一定的阶段性。

（3）相对稳定性：即在特定的阶段内，研学产业的发展模式一经确立，研学产业的发展方式和方向就应保持相对稳定性，以充分发挥该模式的功能，获得相应的研学经济效果。只有当研学经济运行内部条件和外部环境发生了质的变化，原有的发展模式难以适应新的需求发展时，才会出现新模式替代旧模式的客观要求。

（4）特指性：即研学产业发展模式应根据一个国家或地区的社会经济发展情况、经济发展模式以及历史发展进程和自然环境状况来确定。不同的国家或地区，由于其社会经济发展水平不同，经济发展模式的差异，处于不同的历史发展阶段，以及自然地理环境的差异，研学经济发展模式也不尽相同。

（二）常见的发展模式分析

1. "旅游聚焦"模式

（1）特征：旅游业是研学旅行基地的核心产业，是基地经济发展的核心主动力。

（2）功能特点：国内传统古镇、第一批旅游小镇大多属于此类，观光、休闲、旅游接待服务功能发展较早，也是目前此模式下小镇的主体功能，随着小镇建设升级，体验、商业、养生、度假等功能逐渐丰富。

（3）开发模式：主体模式—政府与企业合作成立旅游开发公司共同开发，"政府直接开发管理"模式与"企业自主开发运营"模式相对较少，前者如汤口小镇，后者如乌镇。

（4）盈利模式："门票+旅游经营性收入"为主，门票多在百元以上。

（5）适配条件：旅游资源（含可用于旅游开发的自然、人文资源）富集或旅游区位优势明显之地。

2. "研学+"产业模式

（1）特征：在研学产业带动促进作用下，健康产业、旅游地产、文创产业等其他相关产业蓬勃发展。

（2）功能特点：观光功能弱化，休闲、体验、商业、养生、度假、文创、商务等功能是亮点。

（3）开发模式：主要为"企业自主开发运营"模式。

（4）盈利模式：旅游收入+产业收入，其中"门票+课程+经营性收入"为主，占比较高。

（5）适配条件：产业优势明显，可用于旅游开发的自然、人文资源比较丰富。

3. "产业+"研学模式

（1）特征：依托基地内的核心产业，如食品工业、制造业、文创产业、艺术产业等发展研学产业。

（2）功能特点：与核心产业相关的"体验、文创、科普、购物、休闲、演艺"功能为主体，兼有观光、商务等功能。

（3）开发模式：企业自主开发运营模式占绝对主体。

（4）盈利模式：产业收益占主体，研学收入相对弱化，研学收入以"大门票/小门票+经营性收入"为特点。

（5）适配条件：品牌产业、工艺技艺、艺术文化等资源优势明显且具有较强的旅游转化、延展能力之地。

【任务实操三】分析本项目中研学旅行基地的发展模式。

> 实操解析

主要有以下三种模式。

1. "文化+研学"模式

"文化+研学"模式是指侧重于文化内涵的探究式学习。在课程内容上,更侧重于人文与艺术的内容,强调通过打造行走的课堂,给孩子以兴趣培养、文化启蒙、能力提升和素养培育。这里更加强化了文化学习与文化启蒙的深刻教育意义。

鳌山书院以原有的展览馆为核心,将继续延续其艺术特色和优势,将现有展览馆改造升级为一处集国学、古代礼仪、文化体验、手工体验为一体的传统文化研学中心,分层分功能设置区域板块、教室和体验馆。

2. "军事+研学"模式

"军事+研学"模式是以激发个人潜能、增强个人创造力为目的的军事教育。可通过拓展式教学来训练孩子坚强的性格,引导孩子在体验中正视自身潜能,增强自信心,进而调适身心状态,增进团队意识和责任心,激发想象力与创造性,提高解决问题的能力。

研学小镇所处地域的特殊历史文化背景,突出"鳌山卫"军事卫所的背景,将现有"研学楼"打造成卫所文化体验中心。将展览、互动、军事游戏、科技VR、设卡通关串联一体,带给广大中小学生和其他游客全新的互动式军事研学体验。打造户外拓展基地,设置高空抓杠、空中断桥、穿越"电"网、逃生墙、滑板公园等系列国防拓展项目。

3. "亲子+研学"模式

"亲子+研学"模式是一种亲子活动方式,通常和户外课堂、旅行相结合。亲子研学活动鼓励通过家长与孩子的共同探索,完成行前设定的学习主题,让孩子在探索发现中学到知识,培养能力。

研学小镇根据特定的自然生态本底资源、建筑特色、消费群体进行规划改造,打造带有地域特色主题的亲子教育基地,围绕民俗文化、社会探究、自然探究等方向设置研学体验类产品,开设"亲子周末营""亲子夏令营"等系列高端亲子课程,格物致知,诚意美心,进行高质量亲子互动。

三、设计研学旅行基地项目

研学旅行基地的产品是指研学旅行基地经营者通过开发、利用研学基地资源,提供给研学者的项目与服务及其组合,即研学旅行基地为研学者提供一次研学经历所需要的各种要素及其总和。

从某种意义上说，基地的核心产品是研学所获得的有益的体验，换句话说，基地就是一个快乐剧场，研学者与员工、当地居民共同演出一场欢乐剧。基地实质上是"体验制造者"，研学者则是"体验消费者"。基地的项目设计，则要围绕以下三个原则来进行。

第一，差异性。差异性表现为唯一、第一与多样。要体现新鲜感，首先，基地产品要有特色，具有唯一性，即独特性；其次，基地产品具有第一的特征；最后，要给研学者多种选择。特色要求基地要有特色主题，要让研学者对基地有地方感，它必须提供研学者某种独特的研学体验，就像你在黄山与在泰山会有完全不同的体验一样。维持独特性或新鲜感的根本是项目持续创新。

第二，参与性。研学者不仅是体验的主体，也是体验的成分。参与性体现在两方面，项目本身需要研学者参与以及研学者参与项目的设计与组合。基地是剧场，顾客则既是观众又是演员。重在参与不是一句空洞的口号，观众已经不满足于作为一个被动的旁观者。

第三，挑战性。项目的设计还要考虑对研学者有一定的挑战性，为研学者提供突破日常学习和生活状态以证明价值的研学项目，这些项目能够为研学者培养自豪感。当研学者成功完成了别人无法完成或自己以前无法完成的事件时，自豪感就产生了。当然基地配置项目一定要掌握好项目的难度，要让研学者有选择，大多数项目的难度要适度，即只要经过一定的努力就能够成功，否则反而会令研学者产生挫折感。

针对某一研学实践教育基地实施功能区域和产品设计时，往往采用"由浅及深"的设计方式，即从整体到局部层层推进，使研学实践教育基地的各个部分既独立互补又功能全面。

【任务实操四】为项目中研学旅行基地实施项目设计。

实操解析

"鳌山书院"研学小镇设计。

1. 整体设计理念

"鳌山书院"研学小镇位于青岛市即墨区，毗邻丁字湾海滨，近依雄崖所古城，地理条件优越，交通设施便利，自然与人文环境皆宜。项目总规划用地约165亩。

"鳌山书院"研学小镇以落实立德树人为根本任务，以推进德智体美劳全面培养为基本宗旨，依托丰富的美术文化资源、齐鲁文化和即墨当地特有的卫所文化，立足"文旅+教育"研学旅行新模式，以传统文化教育、军事文化教育、学生研学旅行、社会人士游学为主要内容，通过深度挖掘历史、文化、生态资源，坚持产教、产旅融合，着力建设集研学旅行基地、休闲度假为一体的国内一流研学目的地。

"鳌山书院"研学小镇尊重项目所在地的自然条件，最大限度保留环境的自然天成，融合主题理念、农耕文化教育、体能训练、艺术教育、生活素质教育、社会认知教育、自然教育、休闲度假等多种业态于一体，构建"一核、两翼、六区"的空间布局，打造"研学旅行新标杆、传统教育新中心、军事教育新窗口、五育并举新基地"。

（1）一核：一个核心点，杏坛广场，文脉源长。

（2）两翼：两个发展翼，以传统文化教育为主要内容的文韬楼，以军事文化和爱国主义教育为主要内容的武略楼，文韬武略、内外兼修。

（3）六区：六个功能区，艺术创意街区、农艺园区、童乐园区、军事体验区、拓展训练区、露营区，六区六艺、寓教于乐。

另外，园区原有的景观湖位于两个发展翼之间，一方面需要提高水的流动性，防止水质腐败发臭；另一方面，在湖周边种植灌木花卉，提高此湖的景观观赏性。园区内两口水井，主要对其进行安全设施的修建和维护，防止危害游客人身安全事件的发生。

2. 文韬楼产品说明

文韬楼以"诗·书·礼"为核心，以弘扬中华传统文化和夯实文化素质教育为抓手，根据"1+1+X"的板块设计理念，设置1个传统文化礼仪体验厅、1个大型科举文化展厅、X个"传统手工艺研学"活动教室。将整个文韬楼按照"亲近文化—研习文化—体验文化"的活动路径，让传统文化研学浸润心灵、启迪智慧、促进成长。

3. 武略楼产品说明

武略楼以"卫所文化"为核心，以军事文化、爱国主义以及红色教育为抓手，根据"1+1+X"的板块设计理念，设置1个"卫所军事文化展厅"、1个"和平精英"大型互动体验区、X个"军事研学"活动教室。将整个武略楼按照"参观—体验—研习"的活动路径，实施研学旅行的具体教育落地。

4. 拓展空间产品说明

拓展空间作为文韬楼和武略楼的延伸，以青少年素质培育为核心，设置杏坛和六区（艺术创意街区、农艺园、童乐园、军事体验区、拓展训练区、露营区），通过充满趣味性的户外教育拓展活动，融合艺术教育、农耕文化教育、体能训练、自然教育等多种业态于一体，激发学习兴趣，促进身心发展。并在每个区设置临时可移动的集会设施，方便开展各项活动。另外，在农艺园、素质拓展区和军事体验区之间、童乐园和艺术街区之间规划建设三个洗手间。

任务三 申报研学旅行基地

任务内容	撰写申报书
对应典型工作名称	研学旅行基地运营与管理（3）
对应典型工作任务描述	研学旅行基地的申报
学习目标	素质目标：创新思维／人文素质／信息素养
	职业能力：能够撰写申报各级研学基地申报书，准备申报材料★／能够撰写各类研学旅行活动标准，准备招投标材料
	知识目标：具备文案撰写技巧／研学旅行招投标知识／掌握研学旅行基地设施与服务规范、准入标准及基本设立条件和要求

一、明确申报类型

国务院办公厅《关于促进旅游业改革发展的若干意见》把"研学旅行"纳入中小学生日常教育范畴以来，国家旅游局、教育部、农业农村部等部门都针对研学基地发布了相关政策。

2015年，原国家旅游局在全国组织开展了"中国研学旅游目的地"和"全国研学旅游示范基地"品牌认定活动。由各省（区、市）旅游部门推荐一批内容丰富、特色明显、服务良好的参选单位，经过资料审核、初选、专家审核认定等程序。

2016年，原国家旅游局公布首批"中国研学旅游目的地"和"全国研学旅游示范基地"品牌认定活动。

2017年，教育部在全国组织开展了"全国中小学生研学实践教育基（营）地"推荐工作，目前已公布两批全国中小学生研学实践教育基（营）地名单，共581家基地和40家营地，涉及优秀传统文化、革命传统教育、国情教育、国防科工、自然生态五大板块。

2020年，农业农村部办公厅和教育部办公厅联合发布《农业农村部办公厅教育部办公厅关于开展中国农民丰收节农耕文化教育主题活动的通知》，通知指出，力争用

3～5年时间，打造一批中国农民丰收节农耕文化实践教育基地，形成一批实践教育活动品牌，同时，以基地为重要依托，推动实践教育资源共享和区域合作，规划设计一批中国农民丰收节等农事节庆专题研学教育线路。

为促进研学的建设和发展，地方教育部门和旅游部门纷纷依据各自合计制定相应标准，组织开展省级、市级中小学生研学旅行基地和省级、市级研学旅游示范基地。

【拓展知识】

研学旅行基地的申报类型见表4-3。

表4-3 研学旅行基地的申报类型

	申报类型	组织单位	依据文件
1	全国中小学生研学实践教育基（营）地	教育部	《关于开展"全国中小学生研学实践教育基（营）地"推荐工作的通知》
	省级中小学生研学实践教育基（营）地	教育厅	省级地方标准
	市级中小学生研学实践教育基（营）地	教育局	市级地方标准
2	中国研学旅游目的地和全国研学旅游示范基地	国家旅游局	—
	省级研学旅游目的地和研学旅游示范基地	旅游局、教育厅	省级地方标准
	市级研学旅游目的地和研学旅游示范基地	旅游发展委、旅游局、教育局	市级地方标准
3	全国研学实践教育基（营）地	全国研学旅行基地认定委员会	《研学实践教育基（营）地设施与服务规范》

二、明确申报条件

（一）教育部门评定国家级研学实践教育基（营）地

2016年教育部等11部门《关于推进中小学生研学旅行的意见》中强调，加强研学实践教育基（营）地建设，各地相关部门密切合作，依据研学旅行育人目标，依托现有资源，遴选建设一批安全适宜的中小学研学实践教育基（营）地，探索建立基地的准入标准、退出机制和评价体系。此后，教育部先后公布了两批共581家"全国中小学研究实践教育基地"和40家"全国中小学研究实践教育营地"。

拓展知识

（二）省级研学旅行基地

为促进研学旅行发展落到实处，各省（自治区、直辖市）相继发布了相关政策法规，根据各自不同的资源基础和发展条件，各省就研学旅行基地申报进行了相应的明确。

根据 2020 年 10 月 21 日山东省教育厅、山东省发展和改革委员会、山东省文化和旅游厅联合印发的关于《山东省省级中小学生研学基地管理办法（试行）》的通知中第四条的内容可知，申报省级研学实践教育基地应符合以下条件。

（1）具备法人资格。

（2）主要范围：国家或省级相关部门命名的各类教育基地、特色小镇、美丽乡村、生态保护区、动植物园、文物保护单位等，市级中小学生综合实践基地、劳动基地和研学旅行基地，市级及以上设立的博物馆、文化馆、科技馆等，高等院校、科研院所、大中型企业，非物质文化遗产、传统手工艺制作坊等；上述单位申报省级研学基地需具有鲜明特色，在本地区、本行业、本领域有一定示范意义。

（3）正式运行 3 年以上，累计接收参加研学实践教育中小学生不少于 1 万人次。

（4）具备符合学生核心素养培养目标的研学实践主题，能够开设与学校教育内容相衔接、学习目标明确、主题特色鲜明、课程体系完整的适合中小学不同学段学生的研学实践课程。

（5）配备研学实践教育专员，负责对接中小学生研学实践工作；配备专业研学实践指导老师，能够提供面向中小学生群体的专业讲解和指导服务。

（6）接待能力较好，原则上能够同时容纳 200 人以上中小学生参加活动，能为中小学生集体研学实践活动开辟"绿色通道"；区位条件好，交通、食宿、医疗便利。

（7）研学实践门票价格要低于同期学生票价和旅游团队票价，研学实践收费项目要定价合理，标准向社会公开。

（8）符合公共场所安全、卫生的基本要求，安全保障措施完备，安全设施设备运作良好，整体通过消防验收，近 5 年来未发生过安全责任事故。

（9）开设有网站或公众微信号，常态化公开开放时间、主要研学内容、适宜对象、联系方式等信息；具备实现信息登记、内容管理、反馈评价等功能的信息管理系统。

（10）近 3 年来没有受到各级行政管理（执法）机构的行政处罚。

【任务实操五】针对本项目而言，若要申报省级研学基地应符合的条件有哪些？

实操解析

经过剖析，不难发现本项目需要重点关注的山东省研学旅行基地推荐标准的核心要点如下。

1. 推荐范围

市级中小学生综合实践基地、劳动基地和研学旅行基地。

2. 课程及师资

（1）以优秀传统文化、革命传统、国情、国防科工和自然生态教育为主要内容，优先推荐红色文化课程。

（2）具有适合中小学不同学段学生的研学实践课程。

（3）配备研学实践教育专员及专业研学实践指导老师。

（4）同时容纳200人以上，能为中小学生集体研学实践活动开辟"绿色通道"。

3. 其他

（1）正式运行3年以上，累计接收参加研学实践教育中小学生不少于1万人次。

（2）票价低于同期学生票价和旅游团队票价。

（3）整体通过消防验收，近5年来未发生过安全责任事故。

（4）开设有网站或公众微信号。

三、撰写申报书

针对研学旅行基地的申报工作，近年来各个省份、地市都出具了相应的政策文件，详细地说明了研学旅行基地申报的条件及工作流程，这也使这项工作逐步任务化、规范化。而作为申报过程中的主要参考材料——研学基地申报表，其撰写质量往往影响申请的结果。接下来将以项目所在的山东省为例，展开描述申报表的填写要点及注意事项，见表4-4。

表4-4 山东省省级中小学生研学旅行基地申报表

单位基本情况			
单位名称	"鳌山书院"研学小镇		
单位地址	青岛市即墨区		
所属类别	优秀传统文化板块☑；革命传统教育板块☑；国情教育板块☑；国防科工板块□；自然生态板块□（可多选）		
统一社会信用代码			
是否具备法人资格		基地性质（见备注1）	
正式运行时间	3年	年开放天数	365天
累计接收中小学生研学人次	15 000人次	同时容纳研学人数	300人
研学课程数量	77门，其中适合小学26门，初中35门，高中16门		
研学实践教育专员	22人	专业研学实践指导老师	35人

续表

对社会人员门票价格	188元	研学实践门票价格	30元
研学课程收费情况及是否向社会公开	是		
是否整体通过消防验收	是	近5年是否发生过安全责任事故	否
网址或微信公众号	×××	网站或公众号是否公开基地基本信息（见备注2）	×××
是否具备信息管理系统	是	近3年是否受到过各级行政管理（执法）机构的行政处罚	无
联系人	×××	电话（手机）	×××
单位简介	"鳌山书院"研学小镇位于青岛市即墨区，毗邻丁字湾海滨，近依雄崖所古城，地理条件优越，交通设施便利，自然与人文环境皆宜。项目总规划用地约165亩。 鳌山书院主要由一个核心点（杏坛广场），两个发展翼（文韬楼、武略楼）和六个功能区（艺术创意街区、农艺园区、童乐园区、军事体验区、拓展训练区、露营区）组成。鳌山书院充分借助当地资源优势，依托浓厚的"卫所文化"主旋律，深度挖掘当地最突出的"雄崖所"文化，因地制宜打造独一无二的综合性的集研学学习、活动体验于一体的卫所文化体验中心		
以往开展中小学生研学实践活动情况	（1）2018年8月27日，×××小学，四年级150人到武略楼卫所军事文化展厅，学习《海防文化的传承》，深入挖掘中国古代海防文化，构造海防文化传承脉络，课程实施成功，学生们纷纷留下感谢卡，微信的阅读量2 800人次。 （2）2019年3月18日，×××中学的三年级180名学生，来到文韬楼的二楼参与《科举历史研学课程》《科举游戏互动》；通过参观展品，让学员们深入了解科举发展历程，通过游戏互动了解科举发展的历史、科举考试的流程，课程实施成功，深受学生、家长的好评。 （3）2019年10月1日，组织×××学校初二年级的学生到武略楼一层：卫所军事文化展厅，学习《追寻革命记忆》研学课程，学习战争历程，讲述革命战争故事，增强了学生爱国主义情怀。 近两年来，受疫情影响仍累计接待23团次、500人次，取得较好研学效果		
课程建设及师资配备情况	鳌山书院提供育人效果突出的研学实践课程，为青少年提供一个卫所文化互动体验研学场馆，为泛研学客人提供中高端深度文化旅游、亲子旅游、休闲旅游的度假场所，打造传统文化传承与传播中心、青少年"五育"教育示范中心、海防军事文化教育中心。 鳌山书院课程采用PBL（项目式）学习方式，融合STEAM教育模式，培养学生自主学习、创新意识和实践能力，让学生通过课程化的研学旅		

续表

课程建设及师资配备情况	行方式促进寓学于游、寓教于行，在研学旅行过程中及时组织学生开展各类有趣的研学活动。 联动许多研学专业名师历时 13 个月通过设计—研发—论证—试讲—铺开—修正的流程设计，研发了《开笔礼》《拜师礼》《成童礼》《成人礼》等一系列研学课程。 师资配备： （1）17 名专家。 （2）25 名专职人员。 （3）40 名兼职人员。
下一步研学实践工作打算	（1）发展规划：基地计划 2～5 年内，打造立足青岛、省内一流、专业研学基地，计划建设日接待能力 2 500 人，打造集餐饮、住宿、研学、爱国主义教育等多功能于一体的研学基地。 （2）人员队伍：培养、选拔政治素质高、业务能力强、精干高效的师资队伍，力争到 2025 年年底形成一支省内、国内领先的研学旅行指导师队伍。 （3）创新研学旅行产品：要提高研究、设计水平，创新研学旅行产品。研学旅行虽然也属于教育教学的内容，但又不同于课堂教学，要充分发挥好研学旅行的集体性、实践性、灵活性、参与性和趣味性等特点，通过基地建设、科学研究、创新研发，保障研学旅游产品知识体系的完整性、思想的先进性、内容的丰富性、类型的多样性、形式的趣味性，使中小学生受众群体主观上愿意参加、行动上积极参与，参与之后有实际效果，真正做到通过研学旅行陶冶情操、强健体魄、升华精神，使自己的人生观、价值观、世界观得到提高
已获奖名与奖励情况	×××
县级部门意见	 （盖章） 年　月　日
市级部门（或主管部门）意见	 （盖章） 年　月　日
省级部门意见	 （盖章） 年　月　日

备注：

（1）基地性质是指国家或省级相关部门命名的各类教育基地、特色小镇、美丽乡村、生态保护区、动植物园、文物保护单位等，市级中小学生综合实践基地、劳动基地和研学旅行基地，市级及以上设立的博物馆、文化馆、科技馆等，高等院校、科研院所、大中型企业，非物质文化遗产、传统手工艺制作坊等。

（2）基地基本信息是指开放时间、主要研学内容、适宜对象、联系方式等信息。

【任务实操六】 请为本项目撰写山东省研学基地申报表。

实操解析

根据《关于组织开展首批省级中小学生研学基地复评和第三批省级中小学生研学基地及优秀研学课程遴选推荐工作的通知》要求。填写时重点注意以下几点。

（1）申报表每一部分均有字数要求，在进行表格部分内容的填写时，建议把握"严守红线，适度优化"的填写原则。

（2）单位简介部分，应注意数字的使用，填写时尽量凝练内容、区分条目、善用加粗，这样展示的内容将更加清晰且突出重点，例如：××研学基地位于××，地处/毗邻青岛市/上合自贸区/崂山风景区/浮山湾畔，地理位置优越，交条件便利，是国家级××/省级××，自××年成立至今，深耕××旅游，××年正式开展研学业务，经××年，历经××团队/人次检验，形成以××文化为核心、以××为特色、以××为教育理念、以××为运营准则的研学旅行体系，深受广大中小学生和家长好评。

（3）以往开展的研学时间活动部分，应注意格式统一，描述时突出影响力，示例：2015 年 9 月，青岛市北京路小学，四年级 180 人，××课程，新课程实施成功，学生留下感谢信，微信宣传阅读人数 3 400 人次，开创岛城××先河，××家媒体转载，被××引入教学/培训案例，被××家同行作为样板学习（时间、学校、人数、主题、特点、影响）。

与此同时，内容可适当增加自用教材、手册介绍及活动特点综述等。

（4）课程建设及师资配备情况部分，应主要包括以下四部分内容。

① 研发团队（什么专家？历时多久？）和历程（设计—研发—论证—试讲—铺开—修正的流程设计）；

② 课程理念（PBL？ STEAM？翻转课堂……）；

③ 课程内容核心；

④ 师资介绍（专家、专职、兼职）。

（5）下一步研学实践工作打算部分，应包括以下五部分内容。

① 发展规划（远中近各一句，最终愿景）；

② 课程研发计划（数字描述、级别描述）；

③ 人员队伍（专业人员、研学旅行指导师配备、引入计划、培训计划）；

④ 制度建设（项目管理、应急等）；

⑤ 经费保障（投融资计划、投入计划、捐款渠道、公益计划等）。

任务四　研学旅行基地管理

任务内容		对该研学旅行基地实施管理
对应典型工作名称		研学旅行基地运营与管理（4）
对应典型工作任务描述		研学旅行基地的管理
学习目标	素质目标	乐于挑战 抗压能力强 吃苦耐劳
	职业能力	能够结合基地特色设计专属课程，并进行合理的教学配置 能够开展培训接待团队、做好教学安排、物料准备等各项筹备工作 能够落实课程活动的开展，负责各项事务的内外联络、协调、沟通等★ 实施教学管理、接待管理★
	知识目标	掌握基地运营与管理的基础理论知识和相关技术等 研学旅行课程设计知识★ 学生管理知识

一、研学旅行基地经营管理

（一）研学旅行基地品牌塑造管理

品牌塑造和提升是品牌管理的重要组成部分，是有效整合品牌原有资源，进行品牌再塑造的系统工程。研学旅行基地可以遵循这一体系原则，导入 CIS 系统，进行产品开发、营销，运用公关及其他广告形式实施品牌提升工程。

（二）研学旅行基地质量管理

研学旅行基地服务是为满足研学者的需要，基地和研学者之间接触的活动过程以及基地内部管理所产生的结果。服务是以研学者为核心展开的。因此，研学旅行基地必须提供高质量的服务，通过采用严谨的策略和制度加强人员管理，满足或超常满足现有的及潜在的研学者的要求和愿望。基地服务质量的提高，可以让基地获得更多的市场份额，并为基地每个员工提供良好的发展机会和工作环境。研学旅行基地应设置研学旅行专门管理机构，承担研学旅行相关工作职能。建立人员继续教育登记管理制度，对员工参加继续教育的种类、内容、时间和考试考核结果等情况进行记录，提升团队的素质和能力。在醒目位置公布投诉电话和意见箱，畅通投诉渠道，处理及时，记录完整。与产业链上下游企业建立合作关系,加强配套协作。

(三)研学旅行基地市场营销管理

研学旅行基地产品的开发要在对研学者源市场调研的基础上研究市场需求的特征、细分目标市场、选择目标市场和对不同的市场进行功能和区域定位,让基地与市场紧密结合。基地经营能反映市场变化的最新趋势和动态需求。因此,研学旅行基地经营管理的首要任务在于激发研学者的动机。在研学旅行基地竞争日益激烈、研学者群体日益成熟的市场环境中,如何体现特色鲜明的基地形象、增强基地竞争能力、提高基地的价值,是研学旅行基地面临的紧迫任务。因此,研学旅行基地应强化市场意识,制定完善、成熟的研学方案,创新服务项目和服务内容,持续提升产品质量和服务水平;应强化品牌意识,构建科学、完整的市场推广管理与评估体系,建立先进的产品运营模式,对产品进行广泛的宣传和展示。

(四)研学旅行基地安全管理

研学旅行基地应设立安全管理机构,建立科学有效的安全保障体系,制定研学旅行活动安全预警机制和应急事件响应机制,规范应急处置流程,配备必要的应急处置工具;应及时对安全制度进行修订和完善,并报上级主管部门备案。研学旅行基地的安全设施设备应设置齐全、配备合理、运行良好,并定期检查和维护;应在主要通道和场所安装闭路电视监控设备,实行全天候、全方位监控,并保证电子监控系统健全、有效,影像资料保存时间符合规定;制订安全教育和安全培训专项工作计划,定期对参与研学旅行活动的工作人员进行安全教育培训;应对研学者进行多种形式的安全教育,如承接中小学生团队研学活动,还应建立学生安全档案,强化中小学生安全防范意识;根据所识别的重大风险,如对地震、火灾等自然灾害和各种紧急突发情况制定针对性强、操作性好的应急预案,并定期组织应对突发事件的演练活动。

(五)研学旅行基地人力资源管理

在研学师资方面,研学旅行基地需建立专兼职相结合、相对稳定的研学旅行指导师队伍,研学旅行指导师数量、教育背景应与基地开展研学活动相匹配,并为每项团队研学旅行活动配置1名项目组长。项目组长全程随团活动,负责统筹协调研学旅行各项工作。管理人员方面,基地应配备专门的运营管理人员和服务管理人员,不断提高专业技术和素质,提升运营管理和服务水平。在安全人员方面,应根据各项安全管理制度的要求,建立结构合理的专职、兼职、志愿者等相结合的基地安全管理队伍。明确安全管理责任人员及其工作职责,在研学旅行活动过程中安排安全管理人员随团开展安全管理工作。

二、研学旅行基地教学管理

（一）配备专业设施设备

研学旅行基地应建设或规划规模适当的室内及室外研学场地，室内场地环境应符合相关的标准要求。应设立符合相关标准要求的特色化、专业化研学场地；有与接待规模相适应的固定停车场或临时停车位；宜配备用于内部交通的电瓶车等绿色环保专用车辆；各功能区和场所的公共信息图形标识应符合相关标准要求；标识牌内容应做到准确、清楚，体现专业性和科学性。

（二）构建科学研学旅行课程体系

基地课程体系是指基地针对可以提供的全部课程。基地在分析基地所拥有的资源基础上，把资源转化成课程；再针对不同资源，根据不同年龄段研学者特点开发出不同学段的课程，进而构成基地整体课程体系。研学旅行基地结合资源特色设定一个及以上的研学主题，每类研学主题包含多门研学课程，形成课程体系。课程体系中要明确研学旅行课程类型、面向对象、课程安排、组织方式、课程保障等内容，确保课程的合理性和科学性，应科学规范地编制研学旅行教材、研学旅行手册、研学旅行活动方案等材料。

（三）设计特色研学旅行课程

研学旅行基地应立足本基地特色，按照相关政策要求，围绕相关素养培育框架对研学旅行课程目标进行整体设计。课程要素应齐全，至少包括课程名称、课程目标、课程内容、课程实施和课程评价等要素。研学旅行基地应依据研学受众的特点，结合基地资源特色，选择合适的教学方法，根据研学活动执行的实际需要，对教学方法做出动态调整。应明确研学旅行课程实施人员、实施方式、课时安排等，注重实施过程的指导和管理；应注重探索研学旅行课程实施的新模式、新方法；应在实施过程中设计富有知识性和趣味性的体验与互动项目；应建立过程性评价与结果性评价相结合的评价体系，强化多元主体评价。研学旅行基地应为研学旅行课程的定期更新提供充足的资金、资源等保障；应自主或联合专业化社会机构定期更新课程，实现课程的迭代升级。

三、发展规划

各研学旅行基应围绕社会主义核心价值观打造基地主题文化，引导树立正确的历史观、国家观、民族观、文化观，形成具有主题特色、价值追求、自然协调的基地品牌。

各研学旅行基地应编制研学专项规划，把主题文化内涵、研学旅行课程、服务设施、安全保障作为发展规划的必要内容，突出基地发展目标愿景，做到科学规划、整体设计、定期完善，最大限度地满足研学受众的研究学习和体验教育需求，打造富有特色的研学旅行基地。

各研学旅行基地应根据基地品牌建设目标，有计划、有步骤地开展宣传推广工作，强化员工品牌宣传意识，加强基地日常活动的社交媒体宣传。结合基地文化内涵，开发与研学项目相关的文创产品，丰富延伸研学产业链。

【任务实操七】为项目中研学旅行基地设计课程体系并建设相应教学场所。

实操解析

1. 文韬楼教学场所

1）文韬楼一层设计说明

文韬楼一楼大厅常设"传统礼仪文化"体验课程。各类传统礼仪课程将以不同的组织形式在这里展开，通过传统课堂氛围的营造、研学者沉浸式的体验，力求为研学者营造真实、有趣的学习情境，见表4-5。

表4-5 文韬楼一层功能区说明

序号	功能区主题	主要课程名称	研学内容
1	咨询台（接待咨询）	—	—
2	开辟鸿蒙 冠笄堂	传统礼仪	（1）开笔礼 （2）拜师礼 （3）成童礼 （4）成人礼
3	衣冠社	传统服饰文化	（1）传统服饰文化讲解与参观 （2）汉服体验
4	文创肆	—	—
5	雅闲斋	—	—
6	监控室	—	—
7	贵宾接待室	—	—
8	男卫生间	—	—
9	女卫生间	—	—

依据原有的空间布局，合理利用大厅两端空间，分别设立汉服展区与文创商品区，为传统文化礼仪课程进行配套服务。汉服展区主要提供汉服体验与传统服饰文化讲解；文创商品区主要提供汉服售卖与文房四宝相关文创商品售卖。

原有餐厅位置及设计风格保持不变,提供茶饮、简餐为研学者提供"品味"服务。

2)文韬楼二层设计说明

文韬楼二楼为"状元及第"科举文化、即墨地方文化常设展厅,科举文化展厅以"为振兴中华读书,为天地立心,为生民立命,为往圣继绝学,为万世开太平"为教育化人目标。依托状元卷、馆藏砚台展、互动参与的展陈设计、数字化的多媒体设备、高度还原的场景设计,将千年科举历史尽收其中。展厅力求为研学者还原真实、有趣的科考场景,通过互动、体验等方式引导研学者了解科举文化、探索科举文化。在展厅设置黄金屋拍照打卡点,强化研学者的沉浸体验感。设立即墨高考状元榜,用身边的故事给研学者树立励志榜样,激发他们的学习兴趣。即墨地方文化常设展厅以即墨海洋文化、民俗文化为主题,依托即墨非物质文化资源,如即墨楂子、即墨柳腔等原汁原味地还原即墨地域文化,见表4-6。

表4-6 文韬楼二层功能区说明

序号	功能区主题	主要课程名称	研学内容
1	状元及第		(1)科举文化厅引言讲解 (2)展厅参观
2	学优则仕		讲解中国科举文化概览
3	满腹经纶	小小状元郎	(1)展示、讲解科举相关实物(状元卷、砚台等) (2)观看科举史料、故事 (3)"科举学堂"互动抢答
4	春风得意		参观讲解古代的奇才状元佳话
5	鱼跃禹门		(1)黄金屋拍照打卡点 (2)科举对我们的文化影响
6	状元廊	榜样的力量	即墨状元学习经历、励志故事
7	文化即墨	即墨文脉	(1)展示即墨地区文化(楂子、柳腔等地域文化) (2)即墨地区文化互动问答
8	雅集斋	—	—
9	蔚为大观	纵观中华五千年	(1)观看中华五千年等相关纪录片 (2)召开会议、演讲、报告、发布会、产品展示等
10	男卫生间	—	—
11	女卫生间	—	—

依据原有空间布局,在"状元及第"展厅对面东侧设立休闲区,供研学者及其亲朋好友暂时休息。展厅对面探出平层空间相对封闭,打造成中式风格阶梯多功能厅,承接团队小型会议、总结活动等。

3）文韬楼三层设计说明

文韬楼三楼为传统文化及手工艺体验分享教育空间。十余种动手体验项目包括国画、书法、剪纸、榼子、面塑、泥塑、拓片、编织、竹简制作等十余个独立区域（表4-7），让研学者在轻松、愉快的心情下感受以及学习中国及即墨地方传统文化及技艺的博大精深。同时以喜闻乐见的方式提供给研学者一个可阅读、可放松、可分享的空间，让研学者以独特惬意的方式解读经典。

表4-7 文韬楼三层功能区说明

序号	功能区主题	主要课程名称	研学内容
1	益人坊		
2	翰墨馆	书"写"人生	（1）书法讲座 （2）书法研学
3	丹青馆	神笔马良	（1）绘画讲座 （2）绘画研学（国画研学）
4	手创坊	玩转DIY	（1）DIY绘画伞 （2）DIY绘京剧脸谱等 （3）DIY贝壳画
5	工匠坊	最强大脑	（1）各类传统益智玩具研学 （2）益智玩具比赛
6	竹牍坊	小小手艺人	（1）学习装订线装书 （2）学习制作竹简书
7	文创肆	—	—
8	非遗坊	匠人匠心	（1）体验即墨榼子制作 （2）体验大欧鸟笼制作
9	神智坊		
10	活字印刷馆	一方拓片	（1）活字印刷、拓印知识讲座 （2）体验活字印刷、拓印
11	书香阁	品味书香	（1）阅读、购买图书 （2）小型分享会 （3）夜宿书店项目
12	刻纸坊	小小金剪刀	（1）剪纸讲座 （2）制作剪纸
13	编织坊	小小神编手	（1）编织讲座 （2）编织渔网研学
14	男卫生间	—	—
15	女卫生间	—	—

2. 武略楼教学场所建设

1）武略楼一层设计说明

本展区以中国国防教育特色课程文化为主题，以国防知识和国防技能为载体的学校教育教学课程的文化内涵，它既包括学校教育教学的科学文化课程内容，又包括国防军事课程内容。同时突出以青岛"卫所文化"和区域"鳌山卫""雄崖所"等古代军事遗迹为特色、切合学生年龄特点和各学科教学内容需要，通过打造特色课程文化体系，将传统教育、国防教育以及红色教育有机结合，从而加快思想道德建设和素质教育的步伐，为国防后备人才的培养奠定基础，凸显"国防教育特色育人"鲜明的研学特色，见表4-8。

表 4-8　武略楼一层功能区说明

序号	功能区主题	主要课程名称	研学内容
1	军事教育及红色教育展览区	民族英雄——戚继光的戎马一生	传承精武文化，致敬抗倭英雄
2		海上丝路	中国古代海防军事文化
3		闻鼓而进——讲武堂训练营	军规军纪、整编组队、军姿学习等军事体验课程
4		袍泽之谊	中国古代辉煌灿烂的军事文化
5		红星闪闪	中国共产党领导的革命战争
6		威武之师	新中国国防和军队的建设成就
7		强军征程	现代军事科技文化
8	"先锋剧场"多功能厅	辉煌伟业	新中国国防和军队建设成就
		蓝色和平鸽	中国人民解放军对外交往友谊/中国维和部队
		国之重器	现代武器展
		未来与挑战	战争新面貌、未来战争与战士、社会与军队、和平互换
		军神	中国人民解放军坚韧不拔的精神及男子汉气魄
		彭德怀和他的大黑骡子	红军过草地的艰苦历程、解放军将领与战士同甘共苦
		一着惊海天	辽宁舰歼-15舰载机成功着舰的过程；中国人民军队在创新中不怕牺牲，勇于探索的精神
		五四运动	五四运动史实、意义
9	军迷之家——军事文创区	—	文创商品售卖

2）武略楼二、三、四层设计说明

为实现"体验+研习"的研学实施路径，实现研学旅行具体教育目标落地。武略楼二、三层联通布局，东侧打造出1个含有"军事迷宫区、射击训练区、装备领取区、休息区、灾难逃生区及四大对战场景"的军事对战类实景游戏"和平精英"大型互动体验区；西侧依照"口字型"区域及四楼阁楼，设计10余种主题研学项目，打造X个"军事研学"活动教室。

展区以"军事文化"类体验项目为主，学生在体验中学习相关知识，与课本内容融会贯通、温故知新。研学内容打造形成了"陆战+海战+空战+太空站"的全方位立体化活动，同时设计专门区域，同比例仿照手游大热IP"和平精英"游戏，切合学生年龄特点和教学内容需要。互动体验区内，设置安全知识教育体验区域，一区多用，将军事文化体验和安全知识教育有机结合，从而加快了安全教育和军事教育学习的步伐，与一楼展厅内容相辉相应、相互补充，形成了"学习+体验"的研学特色。

二、三、四层"X"部分，可灵活选择、增减，四楼如无法投入使用，可根据实际情况，平移至二、三楼，替代其他项目，也可以作为项目后续更新备选更替项目。

3. 拓展空间教学空间建设

1）杏坛设计说明

置于中心广场中央，作为园区标志性建筑。建筑四面悬山，十字结脊，巨角重檐，黄瓦朱栏；内用斗八藻井，金龙和玺彩画。杏坛高8米，宽4.9米，平面正方形，四面敞开，每面三间，四面观看，其形状一致，方向为坐北朝南，亭周围设方正石栏。

杏坛是孔子兴教的象征，借喻鳌山书院研学小镇薪火传承、教书育人。意在弘扬传统文化，激励青少年奋发向上，成为国家栋梁。

2）艺术创意街区设计说明

与鳌山书院研学小镇自然环境和人文底蕴相融合，突出特有的历史厚重感和鲜明时代感，紧扣研学主题，按照平面艺术、现代雕塑、多维空间三条主线，融合东西方艺术之美，寓教于乐，寓教于美，体验艺术的魅力，见表4-9。

表4-9 拓展空间艺术创意街区说明

序号	分区规划	功能区主题	活动内容
1	平面艺术区	涂鸦墙	体验墙绘艺术
2		3D街头地画	体验视觉空间、三维效果
3	立体雕塑区	儿童主题雕塑（圆雕、浮雕、透雕）	参观以儿童为审美对象的雕塑
4	多维空间区	文化廊架	了解创意文化、历史文化等
5		绿色迷宫	了解园林艺术

3）农艺园设计说明

结合"鳌山书院"的艺术积淀，通过百草园、百果园、百禽园三个项目的精心策划，让农业文化与书画艺术完美交融，将农业文化注入休闲娱乐活动当中，形成一种"寓教于农"的充满乐趣又不乏启智性的模式，见表4-10。

表4-10 拓展空间农艺园说明

序号	分区规划	功能区主题	主要课程名称	研学内容
1	百草园	中药	小小医药神	中药文化、认识中草药、制作中草药树叶标本
2	百果园	果树	水果碰碰乐	果树基础知识、诗词鉴赏
3	百禽园	动物	动物大世界	动物的认知、角色扮演

4）童乐园设计说明

童乐园针对当前城市儿童普遍存在的感统失调、体能偏弱的现状，通过感统强化、体能挑战、儿童嬉戏等活动项目，打造研学小镇儿童娱乐网红打卡地，见表4-11。

表4-11 拓展空间童乐园说明

序号	分区规划	功能区主题	活动内容
1	感统训练区	感统综合强化	攀爬、滑梯、秋千等
2	体能强化区	体能自我测试和自我挑战	趣味50米跑、1分钟花样跳绳、1分钟仰卧起坐等
3	儿童嬉戏区	儿童自由玩耍	滑梯、假山、洞穴、秋千、网梯、沙池等

5）军事体验区设计说明

延伸武略楼和平精英室内IP理念，设计相关游戏室外实景场地，采用激光发射器与感应设备，模拟战场地形环境，进行军事对抗。在和平年代，通过野战真人射击对抗，体验危机意识、生存意识、团队意识等军事教育，见表4-12。

表4-12 拓展空间军事体验区项目说明

序号	分区规划	功能区主题	活动内容
1	激光CS野战区（激光，需感应器）	激光CS野战	军事武器学习体验，认识枪械，了解学习举枪、瞄准、射击基础动作要领
2	彩弹CS野战区（实弹，有痛感）	彩弹CS野战	军事体验，在模拟实战中体验军事对抗

6）拓展训练区设计说明

按照研学拓展娱乐化、拓展项目卡通化、拓展训练自主化的思路，创新拓展训练项目。同时针对传统拓展项目美育和系统性体能训练缺少的现状，将美育和拓展进行完美融合，打造新潮娱乐拓展地，见表4-13。

表4-13　拓展空间拓展训练区说明

序号	分区规划	活动主题	活动内容
1	空中之城	置身三维世界，培养创造力、锻炼运动技能，发挥天马行空的想象力	攀爬网、星空小屋、滑道、进行各种趣味活动
2	卡通攀岩	卡通创意主题，历史的崇敬+未来的展望	卡通设计、攀岩、攀梯与滑梯
3	空中弹跳	锻炼平衡、节奏感等身体技能	弹跳床进行弹跳游戏及重复的弹跳运动

7）露营区设计说明

以良好的生态环境为基础合理布局，在保护原生态环境下，将自然生命教育融入设计之中，力求为游客营造舒适、轻松、愉快的理想休闲度假环境。营区以贴近自然为特色，设置服务站，为露营者提供生活服务和安全保障，带给游客自由、随意、放松的娱乐休闲体验，见表4-14。

表4-14　拓展空间露营区说明

序号	分区规划	功能区主题	活动内容
1	户外	露营区	营地选择、亲近自然等
2			帐篷搭建的方法及技巧

4. 开发研学旅行课程

研学旅行课程开发的主体有学校、旅行社、教育公司、基地等。不管哪个单位作为开发主体，都离不开基地的大力支持。但是，研学旅行是"行走的课堂"，一个独立的基地在多数情况下不可能开发全部研学旅行课程，通常是作为其中的一个学习单元。基地纳入研学旅行课程的最合适的方式是与学校、旅行社、教育公司合作，把自己的资源以学习单元的方式植入对方所开发的课程中，也可以把自己的课程资源提供给对方，由对方对资源进行整合，开发出适用的研学旅行课程。

【任务实操八】选择项目中的某一资源，设计研学课程。

实操解析

文化即墨·即墨文脉。

1. 课程简介

本课程针对8~16岁的学生，开展主题为"文化即墨·即墨文脉"的研学课程。课程内容旨在通过"知识学习＋动手制作＋现场表演＋成果检验"的结构方法给孩子一个全方位立体的学习体验，帮助前来学习的学生了解即墨榼子、柳腔，学习即墨榼子、柳腔的历史、制作原理和表演方式，提高对即墨榼子、柳腔的认识，为进一步涉猎即墨榼子、柳腔有关知识打下基础。

2. 研学场地

本课程依托文韬楼二楼西南角"文化即墨"开展研学课程。房间内在局部装饰设计上采用即墨榼子经典作品、柳腔的文化介绍作为装饰背景，内装饰上多配备桌椅套（藤椅蒲团）、作品展示架、即墨榼子原材料，以及四胡、二胡、中胡、琵琶、月琴、三弦、扬琴、板鼓、大锣、小锣、吊钹等表演柳腔所用的乐器。采用"知识＋动手＋制作＋表演＋成果检验"的结构给孩子一个全方位立体的学习体验，保证研学教育的开展效果。

3. 学情分析

本课程设计针对8~16岁年龄段的学生。在此年龄段内：8~12岁的学生具有思维活跃、活泼好动、喜欢动手的生理特点，虽然此年龄段的学生对传统文化有所了解和学习，但在认知基础和经验分析方面，日常生活中，学生没有关于制作榼子、表演柳腔的经历。在小学五年级音乐教材中有戏剧知识；在小学三年级下册美术课本里有手工知识，老师应该结合这些特点加以正确引导并联系教材内容进行讲解，寓学于教。在认知基础和经验分析方面，日常生活中，学生有可能接触到榼子、柳腔，但缺少制作实践与模仿表演经历。12~16岁的学生抽象思维逻辑性开始萌芽，自我意识增强，有较强的求知欲和表现欲，渴望实践课程的特点，教师应该结合这些特点加以正确引导。

基于以上分析，本部分按照此类学生的认知特点和学习规律，由表及里、由浅入深地设置课程，需要运用多种教学手段和教学方法，开展该部分课程。

4. 课程目标

1）总体目标

学生能在即墨榼子的制作、柳腔的表演中及与大自然的接触中获得丰富的实践经验，在全身心参与的活动中，发现、分析和解决问题，体验和感受生活，发展实践创新能力，了解中华优秀传统文化，增强文化自觉和文化自信，更好传承非物质文化遗产文化，提升青少年的艺术素养。

2）具体目标

（1）知识与技能：在体验制作即墨榼子、表演柳腔的具体过程中，感受非物质文化遗产文化的魅力，理解文化遗产在当今继承发展的意义。

（2）方法与过程：采用集体化活动，提高学生的动手能力，培养学生自主学习和探究学习能力。

（3）情感态度与价值观：通过体验制作即墨榼子、表演柳腔的具体过程，了解中华文化传统美德，中华人文精神，增强文化自觉和文化自信。陶冶学生心灵，提升学生的人文素养和社会责任感。

5. 课程实施

研学课程实施如表4-15所示。

表4-15 《即墨文化》课程安排

课程名称	即墨文脉	研学地点	文韬楼二楼西南角文化即墨	教学时长	90分钟
教学方法	讲授法、演示法	学习方法	观察法、合作探讨法、实践法	一所需教具	桌椅套（藤椅蒲团）作品展示架即墨榼子原材料四胡、二胡、中胡、琵琶、月琴、三弦、扬琴、板鼓、大锣、小锣、吊钹等表演柳腔所用的乐器
课程概述	通过即墨榼子的制作、柳腔的观赏与学习，帮助研学者增强动手实践能力，在轻松、愉快的环境中感受和体验即墨榼子和柳腔文化，更好地传承非遗文化，提升青少年的艺术素养					
教学过程	第1~10分钟	课前创设情景，点燃激情				
	第11~50分钟	教师展示即墨榼子的作品、播放柳腔的演出，讲授关于即墨榼子、柳腔的基础知识、历史等内容。向学生演示相应的制作、表演步骤：①即墨榼子，选择喜欢的模具，将面料放入模具当中，印好花纹后磕出来；②柳腔，柳腔的表演亦经历了一个由粗糙到细腻的发展过程，在长期的实践中逐步转化到"手、眼、身、发、步"的基本功法运用上，使唱、念、做、打、舞有机地结合起来，提高了表演艺术。柳腔以演出剧情曲折的唱功戏为主，包括悲剧、喜剧、闹剧等。从20世纪20年代开始，柳腔受其他剧种影响，与当地民间武术结合，也开始演武戏，出现了刀马旦、武生等行当，逐步形成了程式化的武打套路。学生通过观察老师的演示和自主查阅相关资料了解即墨榼子、柳腔的知识，动手制作属于自己的作品，并进行柳腔表演				
	第51~90分钟	教师观看学生的制作、表演情况，巡回指导				
评定方法	根据学生聆听讲解情况，自主学习资料查找知识，制作过程等环节进行综合评定。综合展示：根据学生体现的制作过程、内容、参与度，教师进行综合评分。课后作业：结合所学，以小组形式自行制作即墨榼子，表演柳腔。教师根据小组成员展示的作品，小组成员参与度进行综合评分					

1）提供教学服务

基地研学旅行指导师和安全员提供的是定位教学服务，他们只负责某一个固定场所的教学服务，实际上只涉及一个课程单元的教学任务，所以也把基地的研学旅行指导师称为定位老师。而承办方派出的研学旅行指导师就要跟随团队到各个课程单元提供教学服务。

（1）有针对性地提供教学服务。基地研学旅行指导师应根据研学教育计划、不同年龄段学生特点、不同研学课程特点，有针对性地提供教育服务。通过课程化的研学旅行方式促进寓学于游、寓教于行，在研学旅行过程中及时组织学生开展各类有趣的研学活动。对学生的研学活动要全面进行指导，引导学生发现问题，协助学生分析问题，完成研学各课程单元的任务。

（2）严格执行研学课程计划。基地研学旅行指导师在研学旅行过程中应严格按照确定的课程计划进行指导；临时有变化的要请示，得到许可后方可改变。安全员协助研学旅行指导师做好课程实施，把控教学进度，引导学生安全完成研学任务，当发现学生做出不安全行为时，应及时加以制止。

（3）指导学生开展各种活动。基地研学旅行指导师根据课程的要求，按照规范操作，既要尊重自主性，又要指导学生开展活动，鼓励学生提出感兴趣的问题，并启迪、捕捉活动中学生的动态问题，组织学生展开讨论。指导重在激励、点拨、引导，不能对学生的活动过程展开评论，指导学生做好活动记录和资料整理。

2）提供辅助服务

生活指导主要是对学生食宿生活的指导，指导学生学会过集体生活，培养独立生活能力，指导学生的生活礼仪，同时要保证学生在基地期间的安全。

（1）用餐指导。课程结束之后，研学旅行指导师和安全员引领学生到就餐地点，组织学生有序就餐，提醒学生避免浪费。根据就餐环境和就餐时间提前确定是采用自助餐还是桌餐。如果是桌餐要确定好每桌的人数，提前分好小组，分组时注意男女生搭配，确保有序用餐。

（2）住宿指导。如果在一个基地有多日研学课程，将涉及安排学生住宿问题，要对学生住宿进行指导。根据研学旅行指导师团队成员的职责和实际需要，需对学生的晚间安全管理进行分工协调，确定好每位老师负责的房间，安排好查房时间，统计查房结果，处理出现的问题。做好晚间值班安排，确保学生不离开酒店或住宿区域，不串房间。

项目五

研学旅行安全保障与管理

【项目导入】

暑期,C旅行社接到青岛市市南区某初中邀请,参与该校480名(12个行政班)二年级学生的临沂红色研学旅行活动。根据教学计划显示,秋季学期的研学活动需要在第4教学周完成,总计18课时。承办方的选定需经校方、家委会和学生代表集体表决通过,选定的承办方需提供全套研学服务。

任务一　认识研学旅行安全

任务内容	作为C旅行社的工作人员，树立研学旅行安全服务与管理意识
对应典型工作名称	安全管理
对应典型工作任务描述	执行研学旅行活动，处理突发状况；对全体学生进行安全教育，活动过程中严格督查各项安全隐患，落实安全工作责任
学习目标　素质目标	安全意识★ 服务意识 尊重生命
学习目标　职业能力	掌握安全事故的防范与应对策略★ 能够与他人进行有效沟通
学习目标　知识目标	掌握研学旅行安全知识 掌握研学旅行法律法规知识★

一、了解研学旅行安全的内涵

2016年教育部等11个部门《关于推进中小学生研学旅行的意见》发布以来，中小学生研学旅行规范制度逐步建立，研学旅行新业态进入新的发展阶段。随着研学旅行在全国范围内的快速发展，研学旅行实践中出现的安全问题日益凸显，引起社会各界对研学旅行安全问题的普遍关注，成为制约研学旅行高质量发展的重要因素。因此，加强对研学旅行的规范管理，建立研学旅行安全保障体系，预防安全事故的发生，对于促进研学旅行的健康发展具有重要意义。

研学旅行是由教育行政部门规划、学校有计划地组织安排，通过集体旅行、集中食宿方式开展的研究性学习和旅行体验相结合的校外教育活动。其活动参与者的特殊性、活动范围的广泛性和活动形式的多样性决定了研学旅行安全具有特殊性和综合性的特点。

研学旅行安全是指在研学旅行实践教育过程中所涉及的一切安全现象，具体包括研学旅行参与者（学生以及参与研学旅行服务的教师和工作人员）的人身财产安全、研学旅行活动涉及的外界环境中的安全现象，以及预防各类事故发生、应对各种突发事件、防范化解风险等的能力。

二、明确研学旅行安全的基本原则

为更好发挥研学旅行的重要作用，规范研学旅行市场，在研学旅行全过程中应遵循一定的安全理念和基本准则，研学旅行安全的基本原则可以概括为以下四项。

（一）坚持预防为主的原则

预防是最经济最有效的策略。在研学旅行中坚持预防为主的基本原则，将重点放在活动前，认真研判研学旅行活动各个环节存在的安全隐患，做好安全教育前置和安全风险排查，制定相应的安全应急预案，完善安全保障机制，做到防微杜渐，防患于未然，将安全隐患消除在萌芽状态，防止安全事故发生乃至扩大化，以确保研学旅行活动的顺利开展。

（二）坚持安全第一的原则

教育部等 11 个部门在《关于推进中小学生研学旅行的意见》中明确提出研学旅行应坚持安全第一的原则。研学旅行作为提升学生综合素养、促进学生健康成长的实践教育形式，必须以安全为前提。研学旅行活动的所有参与方都应牢记安全第一的原则，明确安全管理工作是研学旅行的首要任务和基本任务。在具体的研学实践中联动各方、统一协调，使安全工作有序、有效进行。因此，在研学旅行活动中应实现全员、全过程贯穿安全第一的基本理念。

（三）坚持以人为本的原则

坚持"以人为本"的原则，就是要确保研学旅行活动中所有参与人员的生命健康安全。研学旅行活动的主体是中小学生，这个群体安全防范意识薄弱，缺乏安全防护经验，容易发生安全问题。同时，研学旅行活动中还有部分学校教师和相关工作人员参与，群体类型复杂，人数规模较大。在研学旅行实践中，一旦发生安全问题，涉及人员较多，应当立即实施有效的安全应急预案，保证研学旅行活动参与人员的生命健康安全。

（四）坚持教育为先的原则

加强中小学生安全教育，筑牢思想上的安全防线，在防范各类安全事故中具有重要作用。充分利用学校教育和家庭教育，采用专项培训和典型案例，积极引导中小学生树立正确的安全意识，培养健全的安全观念，提升中小学生的安全防护和自救能力。同时，还应注重安全实践课程的研究开发，加强理论与实践相结合，通过安全实践课程引导广大中小学生逐步形成正确的行为准则。

三、明确研学旅行安全的相关规定

研学旅行作为一项参与性广、涉及范围广的校外集体性综合实践活动，其存在的安全风险涉及面广。要保证研学旅行安全顺利开展需要相应的规范，明确各参与方的责任。目前，我国研学旅行安全法律法规建设仍处于起步阶段，相关规定尚有待完善。

（一）"研学旅行"首提，相关法律法规出台

2013年2月，国务院办公厅印发《国民旅游休闲纲要（2013—2020）》，其中提出"逐步推行中小学生研学旅行"，这是首次从国家层面提出"研学旅行"。

此后，关于研学旅行的相关法律法规如《关于推进中小学生研学旅行的意见》（2016）、《研学旅行服务规范》（2016）、《研学旅行基地设施与服务规范》（2019）等相继发布，其中关于研学旅行安全方面的相关内容促进了研学旅行的健康发展。

（二）《关于推进中小学生研学旅行的意见》

教育部等11个部门《关于推进中小学生研学旅行的意见》中明确"安全性原则"为基本原则，提出"研学旅行要坚持安全第一，建立安全保障机制，明确安全保障责任，落实安全保障措施，确保学生安全"，将"建立安全责任体系"作为推进中小学研学旅行的五大任务之一，明确了不同部门的安全责任。

（三）《研学旅行服务规范》

《研学旅行服务规范》（LB/T 04—2016）由原国家旅游局于2016年12月发布，于2017年5月1日正式实施。该规范对研学旅行的服务提供方、人员配置、研学旅行产品、研学旅行服务项目、安全管理、服务改进和投诉处理等内容进行了详细规定。该规范为研学旅行各参与方明细安全责任、做好安全风险防控，更好地促进研学旅行顺利开展提供制度参考。

拓展知识

任务二　明晰研学旅行活动的规范管理

任务内容	作为 C 旅行社的工作人员，明晰研学旅行安全服务与管理的内容
对应典型工作名称	安全管理
对应典型工作任务描述	执行研学旅行活动，处理突发状况；对全体学生进行安全教育，活动过程中严格督查各项安全隐患，落实安全工作责任
学习目标　素质目标	安全意识★ 服务意识★ 尊重生命
学习目标　职业能力	掌握安全事故的防范与应对策略★ 掌握安全预案与演练方法 具备安全防控系统和保险知识 能够与他人进行有效沟通
学习目标　知识目标	掌握研学旅行安全知识★ 掌握研学旅行法律法规知识

为了更好地贯彻落实《关于推进中小学生研学旅行的意见》中的相关政策，本着"活动有方案，行前有备案，应急有预案"的基本思想，在开展研学旅行活动过程中，应遵循制定研学旅行工作机制，制定研学旅行活动方案，填写、提交活动备案表，撰写致家长的一封信，签订家长协议书的规范管理流程（图 5-1），以保障研学旅行过程中各环节的安全和研学活动的顺利开展，确保实现研学旅行活动的最终目标。

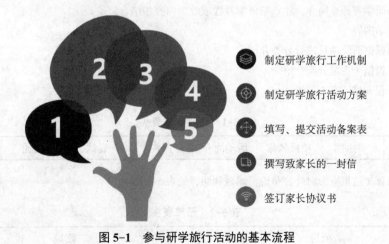

图 5-1　参与研学旅行活动的基本流程

一、制定研学旅行工作机制

由于此部分已在前文内容中进行详细描述,故在此处不再展开。这里只着重强调在两种不同的组织形式下,对研学旅行提出的不同方面的要求,如图5-2所示,具体描述请详见项目三任务五组织研学旅行活动部分。

```
自行开展要求              委托开展要求

1. 人员配备要求           1. 对委托方的要求
2. 配备人员职责           2. 行使法律程序
3. 明确各方责任权利       3. 规定基本工作流程
```

图 5-2　两种不同组织形式对研学旅行提出的不同方面要求

二、制定研学旅行活动方案

研学旅行活动方案就是专门为某一次活动所制订的书面计划,也可以形成规范,制作成为学校、运营商或基地的标准化运营手册。研学旅行活动方案模板如下。

××学校××研学旅行活动方案

阐述研学活动背景、遵循文件及规定,经××研究同意,于××时间段开展××主题研学旅行活动。

一、研学目的:根据研学主题展开阐述

二、参与对象:×××年级×××人

三、研学时间:××××年××月××日至××××年××月××日

四、研学目的地简介

1. 整体简介。

2. 核心研学资源点简介,注意与研学课程或教学内容相结合。

五、研学内容

1. 可以根据研学项目进行分类介绍。

2. 或者根据子主题分类介绍。

六、行程安排(表5-1)

表 5-1　行程安排表头

日期	时间	项目名称	活动简介	课程	餐饮	交通	住宿

七、预算(这里应为对外公布价,涵盖利润,见表5-2)

表 5-2　预算表头

序号	项目	规格	单价	数量	备注

八、组织机构

（一）领导小组成员及职责

组长：××

副组长：××

成员：××、××、××、××（应包含主要领导人员）

工作职责：统领、管理、沟通、负责等。领导小组下设 N 个工作小组，办公室设在学校办公室，协调领导小组日常工作。

1. 安全责任组

主任、组员、主要职责：

2. 教学组

主任、组员、主要职责：

3. 生活/医疗保障组

主任、组员、主要职责：

4. 对外宣传与联系组

主任、组员、主要职责：

（二）工作要求

分条描述即可。

九、安全负责人姓名及联系方式

姓名、手机、办公电话。

十、未尽事宜另行安排

附件1 ××学校××研学旅行活动手册

附件2 ××学校××研学旅行课程设计

附件3 ××学校××研学旅行活动应急预案

附件4 ××学校××研学旅行家长协议书

附件5 ××学校××研学旅行活动管理办法

附件 N

落款
日期

【任务实操一】撰写本项目的研学旅行活动方案。

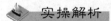

实操解析

略（可参考项目三任务四撰写研学旅行手册部分）。

三、填写、提交活动备案表

由于此部分已在前文内容中进行详细描述，故在此处不再展开。具体描述请详见项目三任务五组织研学旅行活动部分。

【任务实操二】撰写本项目的研学旅行备案表。

实操解析（表 5-3）

表 5-3　研学旅行备案表

学校：青岛A中学　　　　　　　2022 年 9 月 15 日

活动时间	2022 年 9 月 29 日至 2022 年 9 月 30 日	
活动地点	山东省临沂市	
活动内容	（附研学旅行活动方案，如上）	
学生情况	参与年级	参与人数
	二年级	480 人
参加教师人数	45 人	
家长委员会意见	同意	
服务单位	（附单位资质、单个学生费用明细等相关材料）	
经费预算	（略）	
主要安全措施	（附安全应急预案、师生保单信息、学校与服务单位签订的安全责任协议书等）	

学校意见：
签字：
盖章：
　　　　　　　　　　　　　　　　　　　　　　　　　　　　　年　月　日

四、撰写致家长的一封信

中小学生作为研学旅行活动的主体，其身心发展均处于不成熟的阶段。尽管很多家长能够认同研学旅行的价值，但是安全问题依然是家长最为关心的问题。因此，在研学旅行前应充分保证家长对整个研学旅行活动组织的全面了解。

图 5-3 是学生家长对研学旅行最关心的七大要素，可以看出，安全性高居榜首，是家长们最关心的第一要素，占比高达 64%。

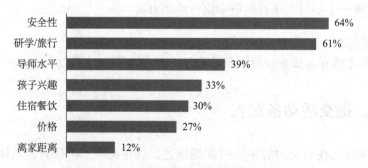

图 5-3　学生家长最关心的研学旅行要素

数据来源：艾瑞咨询发布的《2019 年泛游学与营地教育白皮书》。

待研学活动各项计划事宜完成，需要撰写《××研学旅行活动致家长的一封信》，亦可通过家长委员会或者召开家长会等形式，告知家长此次研学活动的具体安排。由于此部分已在前文内容中进行详细描述，故在此处不再展开。具体描述请详见项目三任务五组织研学旅行活动部分。

【任务实操三】撰写本项目的致家长的一封信。

实操解析

略（可参考项目三任务五组织研学旅行活动部分）。

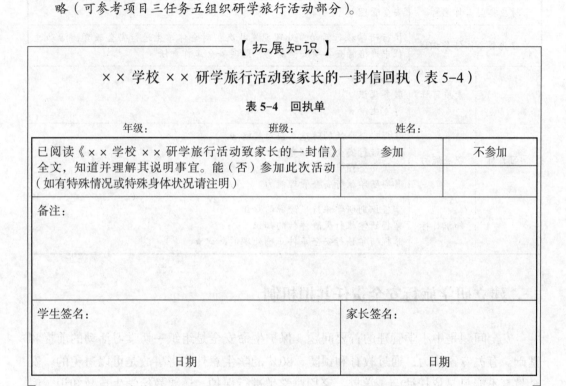

五、签订家长协议书

由于此部分已在前文内容中进行详细描述，故在此处不再展开。具体描述请详见项目三任务五组织研学旅行活动部分。

【任务实操四】撰写本项目的家长协议书。

实操解析

略（可参考项目三任务五组织研学旅行活动部分）。

任务三 保障研学旅行活动的安全

任务内容	作为C旅行社的工作人员,能够做好研学旅行安全服务与管理保障
对应典型工作名称	安全管理
对应典型工作任务描述	执行研学旅行活动,处理突发状况;对全体学生进行安全教育,活动过程中严格督查各项安全隐患,落实安全工作责任
学习目标 素质目标	安全意识★ 服务意识 尊重生命★
学习目标 职业能力	掌握安全事故的防范与应对策略★ 能够进行安全事故调查与处理★ 掌握安全预案与演练方法 具备研学旅行安全管理能力
学习目标 知识目标	掌握识别研学旅行风险源的知识 掌握研学旅行风险评估的知识 掌握研学旅行安全事件正确处理的知识★

一、建立研学旅行安全责任共担机制

安全问题是中小学管理的首要问题。保护生命安全是组织一切学习活动的前提和基础。有关专家认为,通过教育和预防,80%的学生意外伤害事故是可以避免的。安全教育不能只是依托社会、学校、家长对学生进行保护,还要教给学生自救知识,锻炼自护自救能力,使他们能够果断正当地进行自救自护,机智勇敢地处置遇到的各种异常情况或危险。研学旅行活动中加强安全教育和保护,使师生牢固树立"珍爱生命、安全第一"的意识,保障学生安全学习、健康成长。

《关于推进中小学生研学旅行的意见》(以下简称《意见》)明确指出,要"建立安全责任体系",各地要制定科学有效的中小学生研学旅行安全保障方案,探索建立行之有效的安全责任落实、事故处理、责任界定及纠纷处理机制,实施分缀。

备案制度,做到层层落实,责任到人,教育行政部门负责督促学校落实安全责任,审核学校报送的活动方案(含保单信息)和应急预案。学校要做好行前安全教育工作,负责确认出行师生购买意外险,必须投保校方责任险,与家长签订安全责任书,与委托方开展研学旅行的企业或机构签订安全责任书,明确各方安全责任。

(一)主办方安全责任

研学旅行主办方是指有明确研学旅行主题和教育目的的研学旅行活动组织方,一般主办方多为学校。

1. 研学旅行主办方基本要求

(1)具有法人资质。

(2)应对研学旅行服务项目提出明确要求。

(3)应有明确的安全防控措施、教育培训计划。

(4)应与承办方签订委托合同,按照合同约定履行义务。

2. 研学旅行主办方安全责任

(1)履行安全监管职责。这是主办方的基本职责之一,首先,要明确提出安全方面的要求;其次,要与承办方签订委托合同,按照合同履行义务,并审查承办方的运营条件、各类资质、安全许可等;最后,要对研学旅行进行全过程、全方位、全过程的监管,确保研学旅行顺利开展。

(2)制定安全防控措施。作为主办方要统筹规划,考虑周详,对于研学过程中的突发事件要有明确的应对措施、应急预案和处置模式。

(3)明确各方责任并进行安全教育。应该建立安全责任体系,主办方要与承办方、家长、参加队员和管理方签署安全责任书。

(4)为每一位参加研学旅行人员购买意外险以及校方责任险,并在行前和过程中不断进行安全教育。

3. 具体安全职责

学校作为研学旅行活动的主办方,需要做好以下安全职责。

(1)学生情况如实告知。学校应全面掌握参加研学旅行的学生的基本信息和身体状况。及时告知研学旅行服务提供方学生的不良身体情况,如心脏病、过敏癫痫、骨伤痊愈未满一年等,由研学旅行服务提供方负责申请意外保险,在具体的研学活动实践中进行合理安排。

(2)交通安全组织监管。学校需明确整个研学旅行活动的动线变化,对可能出现安全隐患的地方做好提前安排。学校负责师生上下车组织,确保人员和物品无遗漏、过程秩序良好、效率高,监管师生遵守乘车规范,不在车内随意走动,文明乘车。每到达一个研学旅行目的地,学校要有序组织好师生,防止人员走散。

(3)住宿安全组织监管。学校需对住宿场所的布局具有整体认识,明晰房间安排、基本设施和安全出口的布局。学校统一安排房间分配,保证学生不私自调换房间,晚上进行就寝检查,未经带队老师批准,不得让学生私自离开住宿场所。学校应教育学生爱护公物,保持墙壁整洁,爱护楼道及房间内设施,若有损坏,应予以赔偿。

(4)饮食安全组织监管。学校应明晰就餐场所的基本布局、特殊饮食习惯学生情况以及就餐时的具体安排。学校负责学生就餐的分桌与管理，提前将回民餐、病号餐告知研学旅行服务提供方，以便做好准备。

（5）与研学旅行服务提供方加强沟通。在整个研学旅行活动过程中与研学旅行服务提供方进行密切及时沟通，随时根据突发情况进行相应调整。若因场地、天气状况等突发情况需要调整研学活动安排，则需与研学旅行服务提供方进行沟通协商，确保研学旅行活动在安全的场所和环境中开展，保障研学旅行活动的质量。

（二）承办方安全责任

研学旅行承办方是指与研学旅行活动主办方签订合同，提供旅行研学服务的各类机构，主要指旅行社。

1. 研学旅行承办方基本要求

（1）应为依法注册旅行社。

（2）符合 LB/T 004 和 LB/T 008 的要求，宜具有 AA 及以上等级，并符合 GB/T 31380 的要求。

（3）连续三年无重大质量投诉、不良诚信记录、经济纠纷及重大安全事故等。

（4）应设立研学旅行专职负责人员，有承接 100 人及以上中小学研学旅行团队的经验。

（5）应与供应方签订旅游服务合同，按照合同约定开展各项工作。

2. 研学旅行承办方安全责任

（1）对研学旅行产品进行安全评估与风险提示，必要时要采取暂停服务、调整活动内容等措施。对参加人员进行安全询问，主动掌握参加研学人员的身体状况和健康信息，制定相应的安全保障方案。

（2）对供应方提供的产品进行安全监督检查，如果供应方提供的产品和服务不符合安全标准，必须及时进行沟通解决。制定应急保护预案，进行预案演练，确保熟练运用应急预案的能力。

（3）进行安全教育和安全培训。一方面是针对从业人员的安全培训，另一方面是针对参与者的安全培训，并为每个研学旅行团队配备至少一名安全员。

（4）应急救援与处置。研学旅行期间一旦发生安全事故，承办方必须第一时间投入营救救援和善后处置工作，一方面现场工作人员要采取必要措施开展救助，控制事态发展；另一方面承办方要积极配合地方政府进行救援，开展应急处理和善后。同时负有及时向上级主管部门、安全监管部门信息上报的责任。

3. 具体安全职责

（1）研学旅行承办方应按规定为师生购买保险，保险手续齐全，做好保险的解释和后续工作。

（2）承办方负责租用车辆，保障车辆状况、司机状况。提醒驾驶员按规定路线行驶，保持车队相对稳定。每到达一个地点，应提前告知师生该地点的风土人情、安全注意事项等。

（3）在组织学生进行攀爬、乘坐缆车、合作训练等活动时提醒学生将手表、手机、钥匙等硬质物品装入背包，在景点内负责介绍、路线引导。

（4）承办方应检查住宿宾馆、就餐酒店的资质，确保手续齐全、资质良好。合作商负责监督酒店就餐质量，确保饭菜可口、干净卫生，尽量不食用凉拌菜，并做好食物留样。

（5）督促宾馆保证楼道、出入口畅通，消防疏散指示标识齐全，室内设施、设备良好。

（三）供应方安全责任

研学旅行供应方是指与研学旅行活动承办方签订合同，提供旅游地接、交通、住宿、餐饮等服务的机构，如地接旅行社、研学旅行目的地的住宿企业、餐饮企业、交通企业、旅游景区等。

1. 研学旅行供应方基本要求

（1）应具备法人资质。

（2）应具备相应的经营资质和服务能力。

（3）应与承办方签订旅游服务合同，按照合同约定履行义务。

2. 研学旅行供应方安全责任

（1）安全评估与风险提示。供应方应对供应的产品和服务进行安全评估和风险检测，并给出风险提示。

（2）强化安全生产，制定应急预案。研学的供应商，尤其是景区、住宿、餐饮企业要严格执行国家安全生产、消防安全的法律法规和行业标准，形成自身与企业相对应的应急预案和安保制度。

（3）安全说明与警示。研学旅行者主要是中小学生，安全意识较为淡薄，对抗风险的能力较弱，供应方必须就研学旅行潜在的风险、防范措施向参与人员进行说明和警示。

（4）应急处置救援和主动上报。研学旅行期间一旦发生安全事故，供应方要第一时间投入营救救援和善后处置工作，现场工作人员要采取必要措施开展救助，控制事态发展，也要积极配合地方政府进行救援，开展应急处理和善后。同时负有及时向上级主管部门、安全监管部门信息上报的责任。

（四）管理方安全责任

研学旅行管理方是指为研学旅行活动开展提供各项管理保障的部门和组织机构，如旅游管理部门、交通管理部门、公安部门、食品药品监管部门、保险监督机构等。

1. 研学旅行管理方基本要求

（1）指导主办方、承办方开展研学旅行活动，为研学旅行活动的开展提供便利。

（2）指导和监督主办方、承办方与供应方提升研学活动质量产品与服务。

2. 研学旅行管理方安全责任

（1）风险提示。管理部门，如教育局、旅游局、气象局等联合监测风险，并共同发布风险提示和风险等级。

（2）安全指导。主管部门应加强对星级饭店和旅游景区，以及其他相关部门和企业的旅游安全和应急管理工作的指导。

（3）应急预案和演练。各个管理部门，如教育、工商、交通等部门，都应制定本部门的安全应急预案，定期组织演练，并上报上一级主管部门备案。

（4）应急救援和处置。一旦研学旅行活动发生突发事件，相关部门需要启动本部门的应急预案，采取应急处置与救援措施，进行部门联合应急救援。

（5）安全责任调查。各主管部门要参与旅游突发事件的调查，对相关责任人进行处理，也应参与本部门管辖范围内的责任调查，对相关责任人进行查处。

（6）事故上报。各部门要建立研学旅行突发事件报告制度，按照规定将事件进行详细上报。

（五）家长与学生方安全责任

1. 家长方安全责任

研学旅行课程是学校教育和校外教育协同实施的创新形式，学校在实施研学旅行课程时，需要家长的协同。在研学旅行中充分发挥家长的作用，进一步加强家校沟通，更好地把学校教育与家庭教育有机结合起来，引导家长科学教育子女，构建家庭、学校、社会"三位一体"的立体教育网络，才能更好凝聚教育合力，促进学生健康成长。在研学旅行中家长应做到以下内容。

（1）履行准确告知义务，与学校和带队老师保持联系。家长或其他监护人应准确告知联系方式，如学生有特殊饮食需求、特殊体质、特定疾病或其他生理、心理状况异常提前告知学校，如遇特殊情况，密切与学校配合。

（2）家长或其他监护人应对学生进行安全教育。应教育学生不打架、不骂人、不攀高爬低、不到危险的地方去玩；不携带任何刀具、打火机、鞭炮或有危险性的玩具。

（3）家长或其他监护人应对学生进行组织教育。应教育学生一切行动听指挥，注意防火防电、防食物中毒（不吃零食，不吃"三无"食品），禁止在野外生烧、林区生火等。教育孩子任何时候不单独行动，有任何要求可直接找带队老师汇报。

（4）家长或其他监护人应对学生进行文明礼仪教育。应教育学生要讲文明、懂礼貌，与同学友好相处，应爱护花草、保护环境，爱护公共物品，自觉遵守社会公德。

（5）家长或其他监护人应完全了解研学旅行活动的安排，做好相关辅助工作。应严格按照要求帮助学生准备好研学旅行所需物品，不携带多余物品。应按照活动时间安排到指定集合地点接送孩子，接送路途中的安全一律由家长负责。

2. 学生方安全责任

学生是研学旅行活动的主体，在活动中，在学校保障机制建立和各客观因素（环境和设施）保障安全的基础上，安全与否最重要的责任人是学生自己。如果学生遵守自己应该做到的安全行为，遵规守纪，提高安全意识乃至掌握一定的安全保护技能，就能避免事故，甚至逃生自救。

（1）严格按照研学旅行活动要求进行物品准备。不携带火柴、打火机、刀具等危险物品。

（2）认真参加安全教育会，提高安全意识，牢记带队老师和工作人员的联系方式。

（3）要有集体观念，遵守纪律，听从指挥，服从安排，统一行动。万一不慎走散也不要惊慌，及时拨打带队老师和工作人员电话。

（4）自觉遵守公共秩序，自觉排队。有序上车，不要拥挤，不追逐打闹，上车以后及时系好安全带，车辆行驶途中不随意走动，不大声喧哗，不把头、手伸出窗外。

（5）同学之间要团结友爱，互帮互助，讲文明，懂礼貌，凡事谦逊忍让，不与他人发生争执。

（6）在统一安排的餐厅就餐，注意饮食卫生，不吃生冷食物，确保身心健康，身体如有不适，立即告诉老师或工作人员。

（7）认真听从带队老师和工作人员安排，不得独自行动或结伴擅自离队，有事及时向带队老师汇报。

二、排查研学旅行安全风险

学校在制订研学旅行活动实施计划时，应该对本次研学旅行的总体出行安全进行全面评估。

（一）识别研学旅行安全风险

1. 人员因素

中小学生研学旅行的直接参与人员主要包括两类人员：一类是参加研学旅行的中小学生，另一类是参与研学旅行管理与服务的各方人员。其中，参与研学旅行管理与服务的各方人员具体包括三类：一是组织学生研学旅行的主办方——学校的人员，包括学校领导、班主任、带队教师等；二是与学校签订合同，提供研学旅行全程服务的承办方——旅行社的人员，包括项目组长、安全员、研学旅行指导师、导游等；三是与旅行社签订合同，提供旅行交通、研学场所、住宿、餐饮等服务机构的人员，包括司机、研学场所服务与管理人员、食宿服务与管理人员等，如图5-4所示。

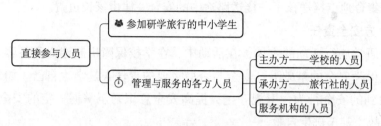

图5-4　中小学生研学旅行的直接参与人员分类

根据《意见》，研学旅行的主体是小学四到六年级、初中一到二年级、高中一到二年级的学生，年龄主要是9~17周岁。尽管在家校共育中接受了一定的安全知识教育，但整体上看，部分学生，尤其是小学和中学生，缺乏安全防范意识。加之中小学生朝气蓬勃、活泼好动，对安全隐患认知不足，面临风险时常常惊慌失措，增加了发生安全事故的潜在风险。

实施研学旅行的各方人员配备不足、经验缺乏、安全意识淡薄，也是研学旅行安全事故诱发的重要因素。

在研学旅行中，学校一般有领导、年级组长、班主任等随行。按照原国家旅游局《研学旅行服务规范》（LB/T 054—2016）（以下简称《规范》）的要求，"每20位学生宜配置一名带队老师"，但实际上，很多学校没有达到这一要求，对学生的管理和监督存在安全隐患。

同样，《规范》要求，承办方旅行社应为研学旅行活动配置项目组长、安全员、研学旅行指导师、导游。但在实际操作中，旅行社一般派出一名项目组长，然后将学生按班级分为若干组，每组派一名人员，这名人员要同时承担安全员、研学旅行指导师、导游的职责，导致对学生研学旅行全程的教育、指导和安全管理力不从心。对于研学旅行的供应方来说，派出的人员安全意识淡薄，也是发生安全事故的重要诱因。

2. 组织管理因素

目前，研学旅行实践模式尚不成熟，对于大多数学校来说，虽然会制定活动方案和应急预案，但缺少开展研学旅行的经验，缺乏对研学旅行组织者和学生的监督管理和技术指导。多数学校并未配备专业的研学旅行实践指导教师，很少进行安全保护技能培训，尤其是进行户外活动安全培训以及安全演练。因此，在具体的研学旅行活动中存在较大的安全管理风险。

从承办方旅行社看，存在两个方面的管理问题：一是将研学旅行"课程化"的能力不足。在研学旅行活动中，学生的"自由活动"时间太长，户外活动不可控因素太多，这无疑增加了安全风险。二是旅行社采购的供应方的产品和服务质量参差不齐。

当前，旅行社的团队业务越来越少，面临着巨大的竞争。为了获取研学旅行业务，旅行社往往会采取低价竞争策略，与此相对应，只能在选择供应方方面降低标准，这就导致无法保证供应方的质量和水平，成为安全事故发生的重要诱因。

从供应方看，目前我国研学旅行基地、研学型景区建设还比较滞后，很多景区并不具备开展研学旅行课程的条件。在提供餐饮、住宿、研学场所完整服务的研学基地不足的情况下，旅行社只能分别向各类企业采购食宿服务。而这些企业大多仍按照旅游团队服务模式提供服务，缺乏对研学学生这一特殊群体的充分了解，导致出现服务和管理疏忽，诱发事故发生。

3. 环境因素

影响研学旅行安全的环境因素主要包括自然环境和人文环境两方面，如图5-5所示。

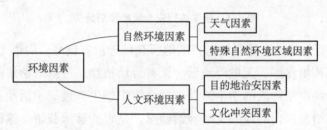

图 5-5 影响研学旅行安全的环境因素分类

在自然环境方面，一是天气因素，如没有提前做好目的地的天气状况预判，导致研学旅行时遇到大风、大雨等恶劣天气，尤其在研学基地、景区遭遇恶劣天气时，会增加安全的风险；二是特殊自然环境区域因素，如游览水域、山地等环境区域时，由于对特殊环境缺乏了解，导致发生溺水、跌倒、山体落石等安全事故。

在人文环境因素方面，一是目的地治安因素，例如，研学目的地城市治安隐患会增加研学旅行安全的潜在风险；二是文化冲突因素，例如，方言造成的语言交流障碍可能会导致言语冲突；地方风俗习惯如清真习俗、宗教信仰等的差异导致文化冲突。

（二）排查研学旅行安全风险

针对研学旅行中可能存在的安全风险进行排查，确保研学旅行有序进行，主要涉及以下内容，如图5-6所示。

（1）学生管理，针对学生群体，应了解学生的基本个性、成长环境、生活习惯、饮食禁忌、有无过敏史、身心健康状况等基本信息，做好相应的记录和留档，必要时针对特殊身心健康状况的学生进行合理安排；出行前对学生做好安全教育，为师生购买相应的保险；为学生建立安全保障卡，卡面注明学生姓名、带队老师联系方式、其他特殊情况等信息，由学生统一随身携带，方便出现问题时及时与带队老师联系。

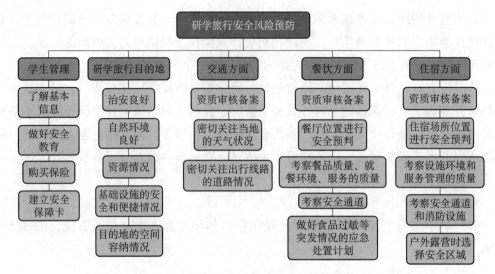

图 5-6　研学旅行安全风险预防分类

（2）研学旅行目的地。研学旅行目的地所在城市治安良好，周边无大型公共活动；研学旅行的自然环境良好，无危险地形、无有毒动植物；考察研学旅行目的地的资源情况，是否适合特定年龄段的学生，是否适合组织学生开展研学活动；目的地基础设施的安全和便捷情况、目的地的空间容纳情况，是否能够承载研学旅行学生同时开展活动等。参观时，容易出现走失、摔倒甚至踩踏事件，需要配备足够的带队老师带领，以加强安全监督，降低各类安全风险。

（3）交通方面，需进行资质审核备案，不租赁手续不全、无资质、未参保等问题车辆，须签订运输合同；驾驶员应具备 10 年以上驾驶经验，5 年内无责任安全事故和不良记录，同时应具备基本的应急救护常识和技能；出行前应密切关注当地的天气状况、出行线路的道路情况，选择安全的道路通行；如进行远距离研学旅行活动应考虑高效、安全性高的交通方式，确保每人一座。

（4）餐饮方面，需进行资质审核备案，认真核对餐厅是否具备"餐饮服务许可证""营业执照"等资质，5 年内无责任事故和不良记录；工作人员需配有健康证；对餐厅所处的位置进行安全预判，对餐厅附近的医院情况做到心中有数；到餐厅试吃餐品，考察餐品质量、餐厅卫生、就餐环境和服务等；考察安全通道是否畅通；做好对某种食品过敏等突发情况的应急处置计划。

（5）住宿方面，需进行资质审核备案，住宿场所需具备"营业执照""特种行业许可证"等资质，5 年内无责任事故和不良记录；对住宿场所的位置进行安全预判，对住宿场所附近的医院情况做到心中有数；现场考察安全通道和消防设施、设施环境和服务管理等；户外露营时应选择安全区域，避免泥石流、沙尘暴等自然灾害影响。

【拓展案例】

2014年4月10日上午，海南省澄迈县老城经济开发区欣才学校租用海航休闲车队大巴组织学生春游，约11时许，其中一辆车牌号为琼A20161的客车在文昌市东阁镇宝芳路段侧翻，经初步核实，当场造成8名小学生死亡、32人受伤，其中4人重伤。

2018年11月13日上午，来凤县实验小学组织老校区四年级、新校区五年级各两个班共310名学生，赴武汉市参加研学旅行活动。下午6时30分许，学生乘坐的6号车行至武汉下高速时，车辆不慎与交通附属设施限高架发生碰撞，前排玻璃破碎，造成9名学生受轻伤。

三、制定研学旅行安全预案

《关于推进中小学生研学旅行的意见》要求，各地教育行政部门和中小学要探索制定中小学生研学旅行工作规程，做到"活动有方案，行前有备案，应急有预案"。学校在组织活动前，要制定周密详细的活动方案和安全预案，加强学生外出活动安全管理，明确安全事故处理的责任，确保学生人身安全不受伤害。

（一）安全预案的分类

研学旅行安全预案包括总体安全工作预案、专项预案。其中专项预案包括交通安全应急预案、住宿安全应急预案、食品安全应急预案、突发人身意外伤害事故应急预案、突然自然灾害应急预案等。

（二）总体安全工作预案的基本内容

总则：说明预案编制的依据、工作目标、适用范围等；活动基本情况：主要包括活动的名称、时间、地点和参加人数等基本信息；组织管理：主要包括研学旅行领导小组和安全工作小组的人员分工及职责；安全保障体系：具体包括研学旅行前的安全教育、研学旅行中交通安全、食品安全、住宿安全的监督管理以及应急事故处理相关内容；保障措施：主要包括通信与信息保障、应急物品准备及支援保障、安全演习等内容；附则：预案管理与更新、预案实施或生效时间等；附录：包括相关应急预案、规范化格式文件、相关机构和人员通讯录等。

（三）专项安全应急预案的基本内容

（1）交通安全应急预案，如图5-7所示。

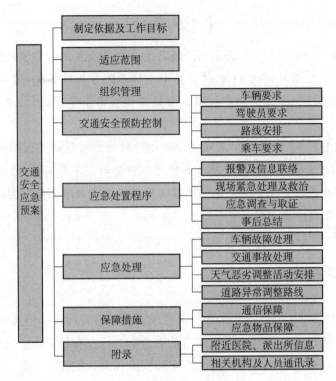

图 5-7 交通安全应急预案

（2）住宿安全应急预案，如图 5-8 所示。

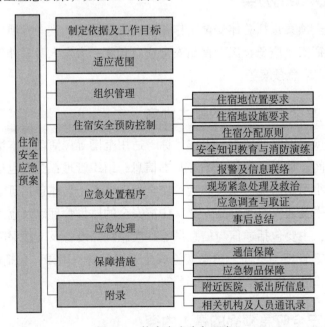

图 5-8 住宿安全应急预案

（3）食品安全应急预案，如图 5-9 所示。

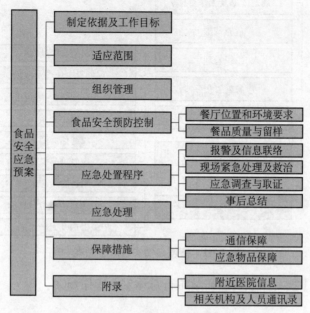

图 5-9　食品安全应急预案

（4）突发人身意外伤害事故应急预案，如图 5-10 所示。

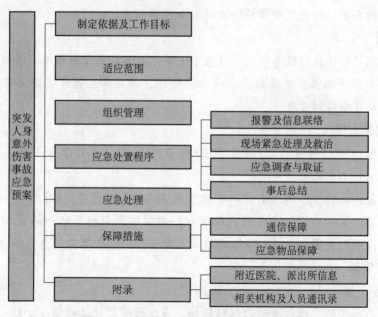

图 5-10　突发人身意外伤害事故应急预案

（5）突发自然灾害应急预案，如图 5-11 所示。

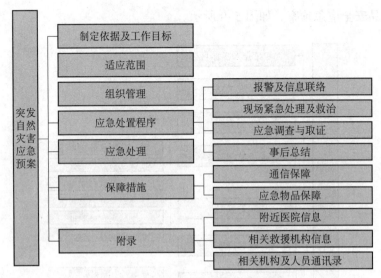

图 5-11　突发自然灾害应急预案

【任务实操五】撰写本项目的研学旅行总体安全工作预案。

实操解析

青岛 A 中学"与威武之师为伍，以沂蒙精神作吟"研学旅行安全工作预案。

为贯彻落实"安全第一，预防为主"的安全工作方针，切实保障学校广大师生研学旅行活动的安全。特制定研学旅行活动安全应急预案。

1. 总则

本预案以《研学旅行服务规范》（LB/T 054—2016）、《青岛市中小学研学旅行工作管理办法》为指导依据，认真落实各项安全措施，教育学生遵守安全法律法规、确保研学旅行活动安全顺利开展。

2. 活动基本情况

活动时间：2022 年 9 月 29 日至 2022 年 9 月 30 日（共计 2 天 1 夜）

活动地点：山东省临沂市

参加人数：共计 525 人（其中八年级学生 480 人，教师 45 人）

基本线路：A 校门口→孟良崮战役遗址→沂蒙红色影视基地→沂蒙山小调活态博物馆→大青山胜利突围纪念馆→华东野战军总部旧址→沂蒙革命纪念馆→A 校门口

3. 组织管理

1）领导小组

为加强对本次研学旅行活动的组织领导，成立研学旅行活动领导小组。

组长：×××（安全工作总指挥）

副组长：×××

成员：×××

（1）在组长的领导下，筹划制订本次活动计划。

（2）预测各项活动中的困难，以及各种不利因素，并制定应急措施。

（3）联系各个参观访问地，疏通关系，确保活动顺利。

（4）每次活动前，做好同学们的思想动员和安全教育工作。

2）工作小组

（1）人员点名组：总负责人×××，负责汇总人数。带队老师负责清点本队人数，确保人员到齐。

（2）交通安全组：总负责任人×××，负责研学途中交通及车辆安全。各队责任人为带队教师，组织学生有序上下车、提醒同学途中注意事项，保障行车途中安全，每次上车前要清点人数；跟车负责人，辅助学生上下车周边安全引导及引导周边车辆排除安全隐患，上报本车人数与组长复查核对。

（3）食品安全组：总负责任人×××。各队责任人为带队教师，组织学生排队就餐，负责食品安全工作，积极应对各种突发的食品安全问题，提醒同学们注意饮食卫生。

（4）住宿安全组：总负责任人×××。各队责任人为带队教师，组织学生按住宿分配入住，教育学生不起哄、不打闹，不乱摸电器、电源插头，沐浴、如厕讲文明，讲卫生，守秩序，负责住宿区域夜间巡查、晚点名。

（5）学生活动安全组：总负责人×××。各队责任人为带队教师，积极做好预防教育及措施，防止学生体验活动中、转场移动时受到意外伤害。

（6）宣传组：总负责人×××。负责拍照、摄影、报道等。

（7）后勤组：总负责人×××。负责保管研学旅行途中所需的各种物品。

（8）抢救小组：随队医护人员及全体工作人员。积极应对各种突发性的安全事故，做好伤员的救治和转移工作。

（9）活动小组：由带队教师带领组织活动，确保活动有组织地进行。

4. 安全保障体系

1）安全教育

为确保此次活动的安全顺利，召开研学旅行行前教师会、学生会，有针对性地对参加人员进行安全教育，主要内容如下。

（1）成员具体分组情况，学校参与人员的具体职责安排。要求每个负责人均要以高度的责任心对每个学生的安全负责。

（2）对可能发生的突发事件，通知具体的处理程序和处理方法。要求每个人在遇到突发事件时，要保持冷静，保护好自身安全，服从指挥。

（3）要求每个同学在与陌生人打交道时，既要注重礼仪，也要"慎重"对待陌生人的各种"友好请求",自己把握交友分寸。遇到可能会产生的纠纷,我们必须保持冷静,控制情绪。

2)应急事故处理

(1)处理程序

① 如遇突发事件,第一时间报告带队教师。

② 所发生的事件在自己能够处理的范围之内的,各组长要及时联系带队老师,组织班级同学做好各种应急工作,采取应急措施;如果不能处理,需要相关部门处理的,要保护好现场,及时拨打110、120向有关部门求救。

③ 突发事件处理完成后,要及时向带队老师汇报处理情况。

(2)具体处理方法

① 旅行前:如遇恶劣天气和自然灾害不能出行,则应将活动延期;如遇特殊情况,部分人员身体不适,则向带队老师汇报,并为其请假;若有同学会晕车,提前做好准备,同时了解其是否对晕车药过敏,不过敏者可提前半个小时服用晕车药,对晕车药过敏者,食用可以预防晕车的相关食品;将带队教师电话记在小卡片上,随身携带。

② 旅行途中:人身安全,万一发生意外,及时向有关部门求助,如拨打110、120等,同时维持好现场的秩序,由各组长负责,同时抢救小组做好应急抢救工作;行车过程中,要求同学保持车内秩序,不能乱跑,不能把头伸出车窗外,注意行车安全。

③ 游玩中:迷途及解决方法,同学们在旅行途中要保证不脱离队伍,维持可互相看见的原则,如若迷途,则要求先镇定精神,拨打老师电话,告知情况,然后停留在原地,不要再乱走,就算有体力也不要自行寻路,同时在旁边明显处放置颜色鲜明的东西(如红色背包套),以利他人找寻。其他人则迅速展开搜救活动,并做好安全汇报工作;摔伤、滑伤。针对此类问题,提前准备相关药品,若遇到紧急情况,及时联系相关负责人向附近诊所、医院求助;饮食安全问题。要求不得随便购买路边的小吃等食品、饮料。一旦出现问题,及时与当地医院等医疗部门联系,及早解决病情。

5. 保障措施

1)通信与信息保障

研学旅行活动期间,所有安全工作小组成员、带队教师及承办单位相关人员必须保持通信通畅,手机应24小时开机。

所有信息需及时上传下达,如研学旅行活动安排有变动需及时有效通知到每位参与人员。

2)应急物品准备与支援保障

应急物品准备,如晕车药、防中暑药品、治疗急性肠胃炎药品,云南白药气雾剂、邦迪万精油、塑料袋儿以及扩音喇叭等。

支援保障。略。

3）安全演习

略。

6. 附则

本预案生效时间为：××××年××月××日至××××年××月××日

7. 附录

附件1　研学旅行交通安全应急预案（略）

附件2　研学旅行食品安全应急预案（略）

附件3　研学旅行住宿安全应急预案（略）

附件4　研学旅行突发人身意外伤害事故应急预案（略）

附件5　研学旅行突发自然灾害事故应急预案（略）

附件6　研学旅行相关机构和人员通讯录（略）

【拓展案例】

2018年4月24日，某实验学校为全面贯彻《关于开展中小学生研学旅行试验点工作的通知》要求，通过集体旅行、集中食宿的方式走出校园，以学校的名义与旅行社签订了《团队境内旅游合同》。根据学生自愿参与原则，于2018年5月8日组织学校五年级五个班共229名学生参加"魅力八里河、古都亳州二日研学"活动。彭某是实验学校五年级（4）班的学生，缴纳了425元报名费。当学生们在八里河景区的一桥上由一头向另一头行走时，由于学生众多拥挤，彭某被桥头道路上的石墩绊倒摔伤头面部，事故发生后，实验学校就按照活动方案中的安全应急预案及时为彭某处理伤口，并将事故情况第一时间告知彭某母亲。后经医院检查，彭某的两颗门牙在此次事故中折断、牙髓外漏。后来学校和旅行社就事故责任相互推诿，致使彭某经济损失未获赔偿，彭某遂起诉至法院。法院综合实验学校与旅行社对损害结果发生的过错，裁定承担责任比例为实验学校40%、旅行社60%。

四、购买保险

（一）购买依据

研学旅行是最易受到风险侵袭的行业之一，存在较多风险点和安全隐患。保险是转移风险，加强安全保障的重要举措之一，教育部等11个部门共同印发的《关于推进中小学生研学旅行的意见》中明确要求研学旅行活动主办方负责确认出行师生购买意外险，必须投校方责任险。

（二）基本项目

研学旅行相关的保险项目主要是指相关安全保险项目和研学旅行专属保险产品，如图 5-12 所示。

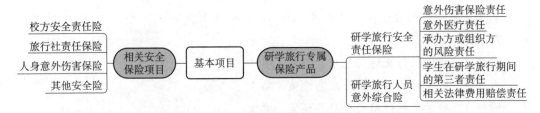

图 5-12　与研学旅行相关的基本保险项目

1. 相关安全保险项目

相关保险项目主要包括校方责任险、旅行社责任保险、人身意外伤害保险、其他安全险等。

1）校方安全责任险

校方安全责任险的投保人为学校。该险种主要保障因校方过失导致学生伤亡事故及财产损失的，学生在校内活动或由学校统一组织安排的校外活动过程中，因学校非主观过失导致注册学生的人身伤害和财产损失，依法应由学校承担的经济赔偿责任，可由保险公司来承担。

2）旅行社责任保险

旅行社责任保险的投保人是旅行社，属于强制性保险。该险种主要保障旅行社在组织旅游活动过程中因疏忽、过失造成事故所应承担的法律赔偿责任。

3）人身意外伤害保险

人身意外伤害保险是指在约定的保险期内，因发生意外事故而导致被保险人死亡或残疾，支出医疗费用或暂时丧失劳动能力，保险公司按照双方的约定，向被保险人或受益人支付一定量的保险金。

4）其他安全险

其他安全险主要指交通和门票中包含的意外险。以交通意外险为例，在购买车票、船票等交通票时已经同时购买了该险，其保费按票价的 5% 计算，每份保险的保险金额为 2 万元，其中意外医疗事故金 1 万元，保险期限从检票进站或上车上船开始到检票出站或下车下船为止。

2. 研学旅行专属保险产品

研学旅行专属保险产品主要有研学旅行安全责任保险和研学旅行人员意外综合险

两大类。

1）研学旅行安全责任保险

责任保险是以被保险人依法承担的对第三者（受害人）的民事赔偿责任为保险标的的保险，承担被保险人因非故意行为或活动所造成的他人人身伤害或财产损失的经济赔偿责任。

研学旅行安全责任保险的投保人为合法组织研学旅行的各类学校、研学机构、研学基地等单位。投保后，一旦发生责任事故，将由保险公司在第一时间直接对参加研学旅行的学生进行赔偿处理，具有很强的社会公益性。与研学旅行学生意外险形成互补优势。

研学旅行安全责任保险覆盖保障内容主要有以下几个方面。

（1）意外伤害保险责任：学生在研学旅行时，因遭受意外伤害事故导致身故、残疾或烧烫伤的，保险公司依照约定给付意外伤害保险金。

（2）意外医疗责任：学生在研学旅行过程中，因遭受意外伤害或因急性病发作，且自意外伤害事故发生或身患疾病之日起90日内，在保险公司指定或认可的医疗机构进行治疗所支出的符合保险合同签发地基本医疗保险管理规定的合理且必要的医疗费用，保险公司按合同约定给付医疗补偿保险金。以及必要时学生家长探望的交通费、食宿费、送返费用和医护人员前往处理的各种交通费、食宿费及补办旅游证件的费用和因行程延迟所导致的费用。

（3）承办方或组织方的风险责任：保险公司负责赔偿承办方或组织方的疏忽或过失造成参加研学旅行的学生因遭受人身伤亡发生的经济损失、费用以及其他相关费用。

（4）学生在研学旅行期间的第三者责任：保险公司负责学生在研学旅行期间，因意外事故造成第三方的人身伤亡或直接财产损毁，依法负赔偿责任。

（5）相关法律费用赔偿责任：保险事故发生后，承办方或组织方因保险事故而被提起仲裁或者诉讼的费用以及其他必要的、合理的费用，保险公司也负责赔偿。

2）研学旅行人员意外综合险

研学旅行人员意外综合险是指在研学旅行活动的过程中，学生遭遇外来的、突发的、非疾病、非本意的意外事故造成损失时，保险公司对此进行赔付的意外保险。保险期限通常是从学生登上旅行社提供的交通工具开始，到行程结束后离开旅行社安排的交通工具为止。此类保险是一种意外综合保险，是依据自愿购买的原则投保的短期补偿性险种，涵盖了人身意外、医疗责任、个人责任、救援服务、旅行保障及其他安全责任等保障范围。

【拓展知识】
购买保险过程中的五大误区

1. 仅在旅行社投保即可

研学旅行活动中,主办方在统一购买了旅游责任险,那么遇到意外情况时,旅行社只负责部分责任,在研学旅行过程中由于意外事故造成的人身伤害不在责任险保险范围内,因此建议研学旅行者再购买一份旅游意外险。

在研学旅行风险管理中运用责任保险可以发挥重要且特殊的作用。研学旅行的开展主体以旅行社为主,虽然每家旅行社均按规定投保了《旅行社责任保险》,但从研学旅行的特点看,旅行社责任险的保障范围相对较小,诸如学生自身疾病导致的身故残疾和医疗责任,由学生个人原因导致的意外事故和紧急救援服务等,均不在旅行社责任保险的保障范围内,无法满足实际需要。

2. 买保险只要提供名字等基本信息

如果以往有住院或用药病史,一定要如实告知保险经纪人,并根据自己的健康情况选择合适的保险产品,如果隐瞒病情,虽然节省了保险费,但是可能会导致不良后果。

3. 保险越贵越好

保费和保额不一定越贵越好,保险金额要根据当地的医疗收入水平,被保人的身体健康状况、家庭经济状况和风险承担能力综合决定。

4. 只购买一种保险即可

《全国中小学生研学旅行状况调查报告》显示,有15%的学校没有购买旅行社责任险和意外险中的任何一种保险,保险意识极弱。保险是降低事故安全责任风险的有效措施,因此在购买保险时应确保险种明确,覆盖范围全面合理。在具体购买保险时,建议除意外伤害保障不能缺少外,其他可根据研学旅行种类不同而选择一个或多个,组合成各类不同的保险保障计划,以满足降低事故安全责任风险的需求。

5. 出现后能得到全额赔偿

一般情况下,人身意外保险所约定的保险金额,只是保险公司承担给付的最高保险金额,而非实际给付金额。而且要特别注意保单中规定不理赔的情况,比如在研学旅行活动中自己参加滑草、攀岩等高风险活动发生意外,一般保险公司不予理赔。另外需要紧急医疗救治时,一定尽快通知保险公司,并在保险公司协调下获得适当的治疗。

任务四　处理研学旅行突发事件

任务内容	作为 C 旅行社的工作人员，能够正确处理研学旅行中的突发事件
对应典型工作名称	安全管理
对应典型工作任务描述	执行研学旅行活动，处理突发状况；对全体学生进行安全教育，活动过程中严格督查各项安全隐患，落实安全工作责任
学习目标　素质目标	安全意识★ 服务意识 尊重生命★
学习目标　职业能力	掌握安全事故的防范与应对策略 具备应急处突能力★ 具备研学旅行安全管理能力
学习目标　知识目标	掌握识别研学旅行风险源的知识 掌握研学旅行风险评估的知识 掌握研学旅行安全事件正确处理的知识★

一、认识研学旅行突发事件

（一）研学旅行突发事件的含义

研学旅行突发事件是指在研学旅行过程中突然发生的，造成或者可能造成严重社会危害，需要采取应急处置措施予以应对的自然灾害、公共卫生安全事件、事故灾难事件和社会安全事件。

（二）研学旅行突发事件的分类

1. 自然灾害

自然灾害是指给研学旅行带来危害或损害人类生活环境的自然现象，包括山体滑坡、泥石流等地质灾害，台风、暴雨雷电、高温等气象灾害，风暴潮、海啸等海洋灾害和生物灾害等。

2. 公共卫生事件

公共卫生事件是指在研学旅行过程中突然发生的，造成或者可能造成社会公众健康严重损害的重大传染病疫情、群体性不明原因疾病、重大食物中毒以及其他严重影响公众健康的事件,包括传染性疾病、群体性不明原因疾病(过敏)、食物中毒等。

3. 事故灾难

事故灾难是指由于事故的行为人出于故意或过失的行为,违反治安管理法规和有关安全管理的规章制度,造成物质损失或者人员伤亡,并在一定程度上对研学旅行秩序和公共安全造成危害的事故。包括道路交通事故、水运事故、拥挤踩踏、火灾事故等。

4. 社会安全事件

社会安全事件是指违反法律法规,公开实施扰乱和破坏社会治安秩序、妨碍公共安全,造成严重后果和社会影响,并发生人员伤亡和财产损失的灾祸。主要包括恐怖袭击事件、重大刑事案件、大型群体性事件等。

【拓展案例】

2019年7月22日晚,内江市第二中学参加研学旅行的368名学生和20名带队老师,乘坐北京西开往重庆西的Z95次列车返程,晚饭后,24名学生出现呕吐、恶心、拉肚子等症状。本次研学旅行由世纪明德组织,晚餐为旅行社准备的方便食品及列车上的水果等。

7月22日深夜列车抵达郑州站,24名学生被紧急送往市内5家医院进行救治。列车从郑州火车站发车后,又有15名学生出现症状,先后在汉口站、恩施站移交救治。至此,团队共有39名学生出现不适症状。经卫生部门初步诊断,发病学生为细菌性集体食物中毒。

7月23日晚9点,内江市教育局通过官方微博发布事件通报,称获知消息后有关部门派出3个工作小组分赴郑州、汉口、恩施协调处理相关事宜。

7月25日凌晨,世纪明德官网公告称,39名学生陆续出现了恶心、呕吐、腹泻等症状后,公司第一时间启动应急预案,截至25日子夜零点,所有发病学生体征平稳并已陆续康复出院,返程。同时公司配合相关部门开展后续调查及善后工作。

二、管理研学旅行突发事件

(一)计划跟进及调整

根据前期制定的研学活动推进表中的时间进度安排,合理安排行程,重点关注集合、解散、就餐、休息等灵活掌握的时间,根据活动进行的实际情况,灵活调整时间表,对于可能出现的影响活动计划推进的人员和事项要做好预判,并严格管理,提前打出富余量，保持全员手机畅通，随时可以找到每一个参与人员；如遇天气、路况、客流增大等特殊情况，要提前做出剩余项目时间的调整表，如表 5-5、表 5-6 所示。

表 5-5　计划执行记录表

日期	活动名称	负责人	计划时间	实际时间	变更原因、后果及处理方式
D1	出发集合	××	7:00—7:15	7:00—7:15	无
	乘车前往火车站	××	7:15—8:00	7:15—8:10	堵车但未影响乘坐火车
	……	……	……	……	……
	午餐	××	12:00—13:00	11:55—13:20	一名学生饭后离队，手机静音未及时联系；对该名同学进行批评教育；缩减下午自由活动时间
	……	……	……	……	……
D2	……	……	……	……	……

表 5-6　研学旅行活动计划更改（取消）通知单

团队名称		最终人数		日期	
□ 研学旅行活动形成变更					
□ 提前或延期					
□ 取消					

（二）应急管理

根据现有研究成果，结合研学旅行实际情况，提出研学旅行突发事件应急管理主要包含预防与预备、监测与预警、应急与救援、调查与善后四个阶段。

（1）预防与预备。一方面要编制应急预案。研学旅行活动的主办方、承办方、供应方以及管理方都应根据自身在研学旅行活动中的角色定位，以及各自的安全责任，制定研学旅行的应急预案。另一方面要进行行前安全教育，研学旅行行前教育的对象是参加研学旅行活动的学生、带队老师以及相关工作人员，一定要取得实效。

（2）监测与预警。要构建风险监测网络，县级以上人民政府主导，推动气象、地震、环保、消防、公安等部门联合协作，共同监测相关风险；同时要监测研学旅行的风险，构建多部门协作风险监测网；要根据监测情况分析风险状况，发布预警信息；要落实预警成效，对预警信息的落实情况进行核实。

（3）应急与救援。一方面要启动事故分级响应，一旦发生研学旅行突发事件，要及时根据突发事件等级进行事故分级响应，并依据事故等级及时上报，酌情启动应急预案；另一方面要加强应急救援，根据事故情况进行现场紧急救治，同时依托公共救援服务，将损失降到最低。

（4）调查与善后。研学旅行突发事件事故的善后处理工作，主要包括事故全面评估、事故原因调查、事故经验总结等三个方面，其中市场恢复提升工作主要从形象恢复、心理恢复、产品恢复以及市场恢复等层面进行。

【拓展知识】

常见突发事件的应急处理方法

（一）自然灾害事件应急处理

1. 山体滑坡

（1）朝与滑坡垂直方向跑，在向下滑动的山坡中，向上或向下跑都很危险。

（2）跑不出去就躲在结实的障碍物下，抱住身边的树木等固定物体，注意保护好头部。

(3) 滑坡停止后不可立即返回。

(4) 切勿盲目施救，将滑坡体后缘的水排开；从滑坡体的侧面开始挖掘；先救人，后救物。

2. 泥石流

（1）不能沿沟向下或向上跑，而应向两侧山坡上跑，离开沟道、河谷地带。

（2）不应上树躲避，因泥石流不同于一般洪水，其流动中可能剪断树木卷入泥石流。

（3）不要往地势空旷、树木生长稀疏的地方逃生，可以就近选择树木生长密集的地带逃生，密集的树木可以阻挡泥石流的前进。

（4）不要停留在低平的弯道凹侧，因为弯道处水位较高。也不要躲在有滚石和大量堆积物的陡峭山坡下方。

（5）不要往土层较厚的地带逃生，要向地质坚硬、无碎石，不易被雨水冲毁的岩石地带逃生。

3. 台风

（1）尽快转移到坚固建筑或底层躲避风雨，不能上船，如果在船上要立即下船。

（2）避免外出，必要外出时要穿鲜艳衣服，并在随时能抓住固定物的地方行走。

（3）在外行走要尽量弯腰将身体缩成团，必要时爬行前进。

（4）不在受台风影响的海滩进行任何活动。

4. 暴雨雷电

（1）在积水中行走时要注意观察，尽可能贴近建筑物。

（2）发现河流上游来水浑浊、水位上涨较快时，要注意防范山洪、泥石流。

（3）室外积水漫入屋内时，要立即切断电源，以防触电。

（4）发生雷电时不要在旷野中、大树下、电线杆旁、高坡上避雨；不要赤脚站在水泥地上，不要洗澡；远离铁轨、长金属栏杆或其他金属设备；多人在野外时要彼此离开一定距离；胶底鞋或橡胶轮胎不能抵抗闪电。

5. 浓雾

（1）不要进行户外活动，必须外出时戴上口罩，尽量减少在雾中时间。

（2）患有高血压、冠心病和呼吸系统疾病患者不要外出。

（3）雾中行车时必须打开防雾灯，与前车保持距离，缓慢行驶。

6. 高温

（1）多喝水，少食多餐，适当多吃苦味和酸性食物。

（2）避免剧烈运动，用凉水冲手腕、温水冲澡。

（3）日间需要休息，保持体力。

（4）注意防晒，携带遮阳伞、防晒霜。

（二）公共卫生事件应急处理

1. 食物中毒

（1）注意饮食、饮水卫生，尽量不要在路边摊就餐，少吃甚至不吃生冷食物。

（2）发现食物中毒，要立即停止食用可疑食物。

（3）可采用催吐的方法，用筷子、勺子或手指按压舌根部，轻轻刺激咽喉，引起呕吐，吐出有毒的食物。

（4）大量喝水，可以是淡盐水，稀释毒素。

（5）保留好可疑食物、呕吐物或排泄物，供化验使用。

（6）及时就医。

2. 感冒

（1）旅行期间，特别是感冒高发季节，要劳逸结合，防止受凉，少去甚至不去拥挤不卫生的场所，房间要注意通风换气，保持清洁。

（2）有感冒症状时，要注意多休息，多喝水。

（3）感冒病人应自觉同旅客保持一定距离，并佩戴口罩，分开吃住。

（4）感冒病人用的垃圾要包好，扔进垃圾桶。

（5）若怀疑患有感冒的人员，应及时就医，及时诊断。

3. 疟疾和登革热

（1）旅行前要了解一下所去的地区是否有疟疾和登革热症状，流行情况，熟悉疟疾和登革热防治的基本知识。

（2）提前准备好个人防护用品，配备必要的防蚊虫药具等物品。

（3）注意个人防护，避免蚊虫叮咬。

（4）如果出现疟疾或登革热症状，要及时就医，并告知旅行史；若得不到及时医治，应服用自己携带的备用药。

（三）事故灾难事件应急处理

1. 水运事故

（1）发生水运事故时，要利用救生设备逃生，紧急情况下必须跳水逃生时应采取应有的应急措施。

（2）跳水前尽一切可能发出遇险求救信号，尽可能地向水面抛投漂浮物，如空木箱木板，大块泡沫塑料等；多穿厚实保暖的衣服，系好衣领袖口，如果有可能穿上救生衣。

（3）跳水时不要从五米以上的高度直接跳入水中，可利用绳索滑入水中；两肘夹紧身体两侧，一手捂鼻，一手向下拉紧救生衣，深呼吸，闭口，两腿伸直，直立式跳入水中。

（4）跳水后，尽快游离遇难船只，防止被卷入漩涡；如果发现四周有油火，脱掉救生衣，潜水到上风口；到水面换气时，先用双手将头顶油火拨开，再抬头呼吸，不要将厚衣服脱掉；如果没有救生衣，尽可能以最小的运动幅度，使身体漂浮，会游泳者可采用仰泳姿势；尽可能地在漂浮物附近；两人以上跳水逃生，尽可能拥抱在一起，既减少热量散失，也易于被发现。

2. 道路交通事故

（1）发生事故后，要听从工作人员统一指挥，待列车停稳后，在工作人员的组织下，有序地向车厢两端紧急疏散。

（2）不要盲目跳车，以防摔伤或被其他列车撞伤。

(3）撞车瞬间要两腿尽量伸直，双脚踏实，双臂护胸，手抱头，保持身体平衡。

（4）列车发生火灾爆炸事故时，列车服务人员应迅速疏散旅客，尽力切断火源、远离爆炸物源，并保护好现场。

3. 拥挤踩踏事故

（1）要保持冷静，提高警惕，不要受周围环境影响。

（2）服从组织者指挥，有序撤离。

（3）发觉拥挤的人群向自己行走的方向来时，应立即躲到一边，切记不要逆着人流前进。

（4）陷入拥挤的人流时，要远离店铺柜台的玻璃或其他危险物。

（5）若被人群挤倒，则设法靠近墙角，身体蜷成球状，双手在背后紧扣，以保护身体。

（6）如果带着孩子，要尽快把孩子抱起来，尽可能抓住身边坚固牢靠的东西。

4. 火灾

（1）火灾发生时应及时拨打119报警，小火应立即扑救，如果火势扩大，应迅速撤离。

（2）逃生时应准确识别疏散指示方向，千万不要拥挤，快速逃离火场。

（3）火场逃生过程中要一路关闭背后的门，逃出现场后切勿重返屋内取贵重物品。

（4）火灾发生时，切不可搭乘电梯逃生，更不要盲目跳楼。

（5）如果烟雾弥漫，要用湿毛巾掩住口鼻呼吸，降低姿势，沿墙壁边爬行逃生。

（6）当衣物着火时，最好脱下或就地卧倒，用手覆盖脸部，并翻滚压熄火焰，或跳入就近的水池将火熄灭。

（7）夜间发生火灾时，应先叫醒熟睡的人，尽量大声喊叫，提醒他人逃生。

（8）如果发现自己身处森林着火区域，应准确判断风向和火灾蔓延方向，逆风逃生。

（9）如果大火包围在半山腰，要绕开火头，快速向山下跑，切忌往山上跑。

（四）社会安全事件应急处理

1. 恐怖事件

（1）及时报警。向就近的工作人员报警，或通过警报器向警方报警，并迅速疏散周围的人员。

（2）报警时避免使用无线电通信工具，以免引爆无线电遥控的爆炸物。

（3）适当应对。根据恐怖事件的情况及其所在的位置，要采取不同的紧急处置方法。

（4）迅速撤离。在工作人员或警方的组织下，保持冷静、听从指挥，按规定路线，迅速有序地撤离现场。撤离时不要相互拥挤，以免堵塞出口，发生骚乱或引起踩踏事故。

2. 抢劫

（1）保持镇定，及时作出反应，若无能力制服，可保持距离追赶，并大声呼救，以求援助。

（2）追赶不及的，看清作案人员的逃跑方向和有关衣着、发型、动作等特征，及时报警。

3. 暴乱

（1）保持冷静、沉着应对，保持与暴乱分子的距离，不与其接触或者搭话，不要围观。

（2）被暴乱分子盯上时，应向熟悉的或人多的安全地带奔跑。

（3）在逃跑时，要学会利用和制造障碍物阻止暴乱分子，把身上多余的东西向后扔。

（4）不要与暴乱分子拼命搏斗，被击倒时，双手重叠捂住后脑，双肘向内可以护住眼睛、鼻梁，找到其薄弱环节，然后迅速地"连滚带爬"冲出去。

4. 绑架

（1）学会保护自己，要运用自己的智慧，同坏人进行周旋。

（2）在被绑架的过程中，要尽量记住沿途的路名和绑匪的特征，或留下亲人熟悉的标记。

（3）尽可能拖延时间，寻找各种借口给绑匪制造困难，如说身体不适，或者大哭和扭动身体，或做出其他反常的行为，趁绑匪不注意的时候发出信号，以引起外界注意或趁机呼救。

参 考 文 献

[1] 薛兵旺，杨崇君.研学旅行概论［M］.北京：旅游教育出版社，2020.

[2] 邓德智，景朝霞，刘乃忠.研学旅行课程设计与实施［M］.北京：高等教育出版社，2021.

[3] 李岑虎.研学旅行课程设计［M］.北京：旅游教育出版社，2021.

[4] 陈大六，徐文琦.研学旅行理论与实务［M］.武汉：华中科技大学出版社，2020.

[5] 甄鸿启，李凤堂.研学旅行教育理论与实践［M］.北京：旅游教育出版社，2020.

[6] 孟红兵.山东省红色旅游指南［M］.北京：中共党史出版社，2018.

[7] 邵瑜，南海玉.在蓝色海洋教育中探索前行——青岛西海岸新区第一幼儿园"蓝色海洋教育"课题研究纪实［M］.青岛：中国海洋大学出版社，2018.

[8] 张凌云，朱莉蓉.红色旅游概论［M］.北京：旅游教育出版社，2014.

[9] 自刚勋.大教育视野下的特色课程构建——海洋教育的开发实施［M］.重庆：西南大学出版社，2014.

[10] 胡庆芳.跨学科实践推进与教师能力发展［M］.上海：华东师范大学出版社，2021.

[11] 郝兆祥，赵亚伟，丁志强.中国石榴文化［M］.北京：中国林业出版社，2019.

[12] 王崇涛.中小学生研学旅行课程指引［M］.北京：首都师范大学出版社，2019.

[13] 于冲.山东红色之旅［M］.济南：山东友谊出版社，2008.

[14] 魏巴德，邓青.研学旅行实操手册［M］.北京：教育科学出版社，2020.

[15] 邓德智，伍欣.研学旅行指导师实务［M］.北京：旅游教育出版社，2020.

[16] 石媚山.研学旅行市场营销［M］.北京：旅游教育出版社，2020.

[17] 张建忠.旅游景区管理实务［M］.上海：上海交通大学出版社，2016.

[18] 王道俊，郭文安.教育学［M］.北京：人民教育出版社，2016.

[19] 全国十二所重点师范大学.教育学基础［M］.北京：教育科学出版社，2014.

[20] 拉尔夫·泰勒.课程与教学的基本原理［M］.北京：中国轻工业出版社，2017.

[21] 钟启泉，汪霞，王文静.课程与教学论［M］.上海：华东师范大学出版社，2011.

[22] 张华.课程与教学论［M］.上海：上海教育出版社，2000.

[23] 夏雪梅.项目化学习设计：学习素养视角下的国际与本土实践［M］.北京：教育科学出版社，2021.

[24] 朱传世.研学旅行设计［M］.北京：中国发展出版社，2019.

[25] 陆庆祥，汪超顺.研学旅行理论与实践［M］.北京：北京教育出版社，2018.

[26] 孙月飞，朱嘉奇，杨卫晶.解码研学旅行［M］.长沙：湖南教育出版社，2019.

[27] 梅继开，曹金平.研学旅行导师实务［M］.武汉：华中科技大学出版社，2021.

［28］彭其斌.研学旅行课程概论［M］.济南：山东教育出版社，2019.

［29］广东教育出版社基础教育课程发展研究所.最美课堂在路上——研学旅行实践指南［M］.广州：广东教育出版社，2019.

［30］李峰.我的研学足迹［M］.济南：山东人民出版社，2018.

［31］余国志.研学实战方法论［M］.北京：中国旅游出版社，2020.

［32］马勇，周婵.旅游产业生态圈体系构建与管理创新研究［J］.武汉商学院学报，2014，28（117）:5-9.

［33］魏锐，刘坚，白新文，等."21世纪核心素养5C模型"研究设计［J］.华东师范大学学报（教育科学版），2020，38（154）:20-28.

［34］崔允漷.追问"学生学会了什么"——兼论三维目标［J］.教育研究，2013（7）:98-104.